Gerhard Friedrich

Die Verkündigung des Todes Jesu im Neuen Testament

Neukirchener Verlag

Biblisch-Theologische Studien, 6

Herausgegeben von
Ferdinand Hahn, Hans-Joachim Kraus,
Werner H. Schmidt und Wolfgang Schrage

CIP-Kurztitelaufnahme der Deutschen Bibliothek

Friedrich, Gerhard:
Die Verkündigung des Todes Jesu im Neuen
Testament/Gerhard Friedrich. – Neukirchen-
Vluyn: Neukirchener Verlag, 1982.
(Biblisch-theologische Studien; 6)
ISBN 3-7887-0673-2
NE: GT

Umschlaggestaltung: Kurt Wolff, Düsseldorf
Gesamtherstellung: Breklumer Druckerei Manfred Siegel
Printed in Germany – ISBN 3-7887-0673-2

Meiner Frau

Inhalt

1
Die Diskussion um die Bedeutung des Sterbens Jesu

1.1

Im Jahre 1910 hielt A. Harnack auf dem »Weltkongreß für freies Christentum und religiösen Fortschritt« seinen berühmten Vortrag über das »doppelte Evangelium im Neuen Testament«.[1] In ihm führte er aus, daß man zwischen dem Evangelium, das Jesus verkündigt hat, und dem Evangelium, wie es später formuliert worden ist, klar unterscheiden muß. Jesus habe von dem nahen Gottesreich und der Gotteskindschaft gesprochen, in der Botschaft des Urchristentums dagegen gehe es um den Gottessohn, seinen Sühnetod und seine Auferstehung.

Harnack sagt mit diesen Worten nichts grundsätzlich Neues, sondern er hat das, was andere schon früher in ähnlicher Weise geäußert hatten, in eine einprägsame Formel gefaßt. Schon im vorigen Jahrhundert hatte der Theologe und Orientalist P. de Lagarde[2], indem er Gedanken von H. S. Reimarus und Johann Gottlieb Fichte[3] aufnahm, ausgeführt, das Evangelium Jesu enthalte die Idee vom Reiche Gottes. Im Laufe der Zeit sei dieses Evangelium dann aber ergänzt und durch jüdische, griechische und römische Elemente mit einem neuen Inhalt erfüllt worden. »Paulus hat uns das Alte Testament in die Kirche gebracht, an dessen Einflusse das Evangelium, so weit dies möglich, zu Grunde gegangen ist . . . Paulus hat uns die jüdische

1 *Harnack,* Aus Wissenschaft und Leben II S. 211–224.

2 *Lagarde,* S. 57–59, vgl. auch 61.

3 *H.S.Reimarus* hatte in seiner »Schutzschrift«, die seit 1774 in Teilstücken *G.E.Lessing* veröffentlicht und zu dem sog. Fragmentenstreit mit dem Hamburger Hauptpastor *J.M.Goeze* geführt hatte, Paulus »den vorzüglichen Urheber und Stifter des Christentums« genannt (S. 546); vgl. *Regner* S. 103.105–107. *J.G.Fichte* hatte Paulus für die »Ausartung des Christentums« verantwortlich gemacht. Das ganze Drama von der Sühneleistung Jesu zur Versöhnung des zürnenden Gottes habe nur deshalb im Kopfe des Paulus entstehen können, weil sich um seine Stirn »der drückende Wahn von Sünde« gelegt hatte (S. 190).

Opfertheorie und alles, was daran hängt, in das Haus getragen.« Ähnliche Gedanken hat dann später W. Wrede[4] in seinem berühmten Paulusbuch dargeboten. Paulus sei im Vergleich mit Jesus »eine neue Erscheinung«. Während Jesus seinem Tode keine Bedeutung für das Heil der Menschen zuerkannt habe, sei bei Paulus der Tod Jesu zum eigentlichen Mysterium der Welterlösung geworden. Er habe die Heilstatsachen, die Menschwerdung, den Tod und die Auferstehung Christi zum Fundament der Religion und damit das Christentum zur Erlösungsreligion gemacht.

Immer wieder wird in dieser Zeit der *Unterschied zwischen Jesus und Paulus* herausgestellt. Die Aussagen des verkündigenden Jesus und des verkündigten Christus dürften nicht verwischt werden. A. Hausrath[5] schreibt: »Jesus hatte das Reich Gottes gepredigt, seine Jünger den König des Reiches, Paulus ergründet die Bedeutung des Todes des Messias, den er nach Analogie des jüdischen Opferdienstes als Sühnetod ansieht«. Als Beweis für den ursprünglichen Glauben an Jesus ohne den Opfergedanken verweist man auf die Geschichte des Gelähmten und auf das Gleichnis vom Verlorenen Sohn. Als man den Gelähmten durch das Dach zu Jesus bringt, spricht dieser, ohne irgendwelche Vorbehalte zu machen: »Dir sind deine Sünden vergeben« (Mk 2,5). Diese Vergebung der Sünden ist in keiner Weise an ein nachfolgendes, genugtuendes Sühneleiden oder an eine Opferleistung gebunden. Sie gilt und ist auch ohne das Kreuz Jesu wirksam. Dasselbe bringt Jesus im Gleichnis vom Verlorenen Sohn zum Ausdruck (Lk 15). Er verkündigt anschaulich und eindrucksvoll die voraussetzungslose Liebe Gottes. Der Vater streckt seine Arme nach dem verlorenen Sohne aus. Er verlangt keine Sühne und kein Opfer, keine Stellvertretung. Er braucht, wenn er vergeben und Menschen als Söhne Gottes annehmen will, kein Kreuz und kein Blut. Die einzige Forderung, die Jesus erhebt, lautet: Umkehr, Herzensreinigung und Gehorsamsleistung.[6] Erleichtert stellt J. Weiß fest[7]: »Für uns Heutige, denen der Gedanke eines Sühneopfers viele Schwierigkeiten bereitet, ist es erfreulich, daß wir uns mit dem

4 *Wrede,* S. 94f.97.103f, vgl. *A.Meyer,* Wer hat das Christentum begründet?
5 *Hausrath,* I S. 308.
6 *Holtzmann,* I S. 254f.
7 *J.Weiß,* Evangelien S. 175; *Jülicher,* Gleichnisse II S. 365.

Gedanken begnügen dürfen: sein Tod war nichts anderes als sein ganzes Leben, ein treuer Dienst gegen die Brüder.«
Auch in der gegenwärtigen Theologie zeigt sich, sowohl bei evangelischen[8] wie bei katholischen Theologen[9], die Tendenz, die Fragestellung der älteren liberalen Theologie wieder aufzunehmen und das Christentum ganz vom irdischen Leben Jesu her zu verstehen.[10] Man führt aus: Nach dem tradierten Jesuskerygma stellt Jesus durch sein Verhalten und sein Reden die Menschen unmittelbar vor Gott, wenn er Dämonen austreibt und Kranke heilt, mit Zöllnern und Sündern Tischgemeinschaft hält, wenn er die Gottesherrschaft verkündigt, zur Umkehr aufruft und in unerhörter Vollmacht Menschen zuspricht, daß Gott sich ihnen gnädig zuwendet. Von seinem Opfertod ist nicht die Rede. Das Eschaton ist präsent, die Sünden werden vergeben. Der christliche Glaube basiert auf dem Tun und der Botschaft des irdischen Jesus, nicht auf der Mythisierung der Christusbotschaft. Die Verwirklichung des Heils wird von Jesus selbst in keiner Weise von seinem späteren Tod abhängig gemacht, so daß die Einbeziehung des Todes Jesu für das Heil der Menschen nicht unbedingt erforderlich ist. Der absolute Vergebungswille Gottes in der Botschaft Jesu ist wichtiger als die urchristliche Lehre vom Sühnetod Jesu. »Jesus hatte den bedingungslos vergebungswilligen Vater verkündigt. War dieser nun doch in seiner Gnade nicht so großzügig oder gar souverän, daß er auf einer Sühne bestand?«, fragt P. Fiedler.[11]

1.2
Zu dieser Fragestellung ist folgendes zu sagen: *Es ist richtig, daß Jesus nicht über seinen stellvertretenden Opfertod gesprochen hat.*[12] Das *Wort vom Menschensohn, der sein Leben als Lösegeld für viele läßt* (Mk 10,45), ist wohl kaum von Jesus so gesprochen worden, wie es uns überliefert ist, sondern wird eine sachgemäße, urchristliche Interpretation des Lebens und Sterbens Jesu nach seinem Tode am Kreuz sein.[13] In dem Ge-

8 *Marxsen,* Auferstehung S. 25.33.35, *ders.,* Erwägungen S. 165; *J. Jeremias,* Jesus und seine Botschaft S. 17.
9 *Kessler,* S. 234f.
10 *Friedrich,* Auferweckung S. 326–328.
11 *Fiedler,* S. 569; *Vögtle,* Todesankündigung S. 51–113.
12 *Schrage,* Verständnis des Todes S. 51; *Vögtle,* Geschichte S. 21; *Reventlow,* Rechtfertigung S. 122.
13 *Bultmann,* Tradition S. 154; *Vielhauer,* RGG II 588; *Klostermann,* Markus S.

samtzusammenhang von Mk 10,32–45 ist das Logion vom stellvertretenden Sterben verständlich und sinnvoll. Mk 10,33f enthält die zweite Leidensankündigung mit den Aussagen über Geißelung und Tötung Jesu. Es folgt die Anfrage der Zebedaiden mit der Antwort Jesu vom Trinken des Kelches und dem Getauftwerden mit der Taufe (Mk 10,38). Zu diesen Leidensaussagen paßt das Wort von der Hingabe des Lebens zu einem Lösegeld für viele (10,45). Anders sieht die Sache aus, wenn man die synoptischen Sprüche vom Herrschen und Dienen aus dem weiteren Zusammenhang herauslöst und für sich nimmt (Mk 10,42–45 und Lk 22,24–27). In den Mk 10,45 unmittelbar vorausgehenden Versen werden die Jünger zum Dienen aufgerufen. Die Großen knechten ihre Völker gewalttätig (Mk 10,42), die Jünger sollen anders leben. Wer groß sein will, soll aller Diener und Knecht sein (Mk 10,43f). Diese Forderung an die Jünger wird V.45 mit dem Verhalten Jesu begründet. Beim Schlußsatz V.45b, der davon handelt, daß Jesus sein Leben zum Lösegeld gibt, geht es aber nicht mehr um eine Anweisung zu einer demütigen Einstellung den Mitmenschen gegenüber, sondern um die Hingabe des Lebens. Das entspricht nicht mehr der vorausgehenden Gedankenführung. Das Dienen Jesu kann den Jüngern durchaus als vorbildliches Tun hingestellt werden. Sein sühnendes Sterben dagegen ist unnachahmbar. Entweder ist dieser Passus eine spätere Erläuterung, die man in den Spruch eingefügt hat, als man nach seinem Tode erkannte, daß seine größte Niedrigkeit und Hilfsbereitschaft darin bestand,

122; *A.Schulz*, S. 261–265; *E.Lohse*, Märtyrer S. 117; *Tödt*, Menschensohn S. 190–194; *Schrage*, Verständnis des Todes S. 51f; *Kramer*, S. 31; *Strecker*, ZThK 64 S. 28; *Whiteley*, S. 252; *Hahn*, Hoheitstitel S. 52.59; *Popkes*, S. 172; *Schweizer*, Erniedrigung S. 73; *ders.*, Menschensohn S. 69; *ders.*, Markus S. 118; *Percy*, Botschaft S. 245; *Haenchen*, Weg Jesu S. 369; *Grundmann*, Markus S. 220; *Colpe*, ThWNT VIII S. 451, 18ff; *Kertelge*, Vögtle-Festschr. S. 227f; *Gnilka*, QD 1976 S. 43; *Wrege*, S. 103; *Kessler*, S. 282f; *Pesch*, Markusevangelium S. 162–164. Abwegig ist die These von *Thyen*, Sündenvergebung S. 156f, daß Mk 10,45 die »Kritik hellenistischer Kreise an der urgemeindlichen Messianologie« enthalte. Während die palästinische Gemeinde das Heil von dem zu Gericht und Herrschaftsanspruch erscheinenden Menschensohn erwartete, hätten die hellenistischen Christen den in der Lebenshingabe bestehenden Liebesdienst Jesu betont, durch den das Äonen wendende Heilswerk erbracht sei.

Für ein von Jesus stammendes Wort setzen sich ein *H.W.Wolff*, S. 60; *Schelkle*, Passion S. 135f; *W.Manson*, S. 159f; *Cullmann*, Christologie S. 64.163f; *Schniewind*, Markus S. 145; *Maurer*, Knecht Gottes S. 30; *J.Jeremias*, Abba S. 216; *Patsch*, S. 180.183; *Jeremias*, Theologie S. 279; *Goppelt*, Theologie I S. 244; *Grimm*, Weil ich dich liebe S. 258; *Stuhlmacher*, Versöhnung S. 20f; *ders.*, Existenzstellvertretung S. 414.422.

daß er sein Leben zur Erlösung hingegeben hat, oder aber das Wort vom Lösegeld war schon in dem Einzellogion enthalten, und dieses ist gegen die Intention des Zusammenhangs auf Grund der Stichwort-Assoziation angehängt worden. Betrachtet man den Satz als Einzellogion, dann muß man, wenn man die religionsgeschichtliche Anschauung der damaligen Zeit beachtet, zu dem Resultat kommen, daß Jesus es so nicht gesprochen haben kann, weil es von den Hörern nicht verstanden worden wäre. Der Menschensohn ist eine Hoheitsaussage, und der erwartete Messias ist keine Leidensgestalt. Der Gedanke von einem den Sühnetod auf sich nehmenden Messias läßt sich mit den Vorstellungen des palästinischen Judentums schwer vereinigen. In der alten Synagoge ist von einem Leiden, einem Sühnetod oder einem Sterben des Messias mit allgemeiner Heilsbedeutung nicht die Rede, weil die messianische Zeit die absolute Heilszeit ist.[14]

Auch die *Abendmahlsworte* sind so, wie das Neue Testament sie überliefert, nicht als ipsissima vox Jesu anzusehen.[15] In den ursprünglichen Einsetzungsworten ist die ›pro nobis‹-Formel expressis verbis noch nicht enthalten gewesen.[16] Die im Neuen Testament wiedergegebenen Worte sind durch später hinzugesetzte Interpretationen im Sinne des sühnenden Sterbens Jesu aufgefüllt worden.[17] Den ursprünglichen Wortlaut haben wir weder bei Markus noch bei Paulus, erst recht nicht bei Lukas.[18] Wahrscheinlich hat Jesus bei der Abschiedsfeier vor seinem Sterben beim Brotbrechen nur gesagt: »Das ist mein Leib«, d.h. ›Das bin ich‹.[19] Das Brot symbolisiert die Person, die Präsenz des Sprechenden. Beim Austeilen des Abendmahls sagte Jesus: »Das ist mein Blut«, d.h. ›Ich muß sterben‹.[20]

14 *Strack-Billerbeck,* II S. 282; *Schelkle,* Passion S. 100f; *Lohse,* Bezüge S. 118; *ders.,* Tod u. Leben S. 94; *Vögtle,* Geschichte S. 21; *Jüngel,* S. 515; *K.G.Kuhn,* Abendmahlsworte S. 406; *Schrage,* Verständnis des Todes S. 57; *Kuss,* Grundgedanke S. 293.

15 *Patsch,* S. 88.

16 *Roloff,* Anfänge S. 62.

17 *J.Jeremias,* Abendmahlsworte S. 185–189; *Pesch,* Abendmahl S. 90ff.

18 *Patsch,* S. 87; *F.Hahn,* Ev. Theol. (1975) S. 558.

19 *Kümmel,* Jesus und Paulus S. 100; *ders.,* Theologie 83; *Schniewind,* Markus S. 184; *Behm,* ThWNT III S. 735, 21; *Schweizer,* ThWNT VII S. 1056, 11; *ders.,* Markus S. 165f; *Grundmann,* Markus S. 285; *Pesch,* Markus II S. 357; *ders.,* Abendmahl S. 92; *Gnilka,* Markus S. 244.

20 Vgl. die Kurzform Justin Apol 66, 3; *Dibelius,* Formgeschichte S. 208; *Bultmann,* Theologie S. 148; *Friedrich,* Ursprung S. 305; *Kümmel,* Theologie S. 81; *Hahn,* Ev. Theol. (1975) S. 559.

Weder aus Markus 14,24 noch aus Mk 10,45 hat sich ergeben, daß Jesus von seinem Sterben als einer Sühne für alle Menschen geredet hat.[21] Daraus folgt aber keineswegs, daß er seinen Tod nicht als Heilsereignis aufgefaßt hat.[22] Wenn er eine Sinndeutung seines Sterbens nicht gegeben und eine solche auch nicht angedeutet hat, darf daraus nicht geschlossen werden, er habe sich über den Sinn seines gewaltsamen Todes überhaupt keine Gedanken gemacht. Auf Grund der kritischen Sichtung der Texte muß man sich mit der Feststellung begnügen, »daß wir nicht wissen können, wie Jesus sein Ende, seinen Tod verstanden hat«.[23]

1.3
Es ist zutreffend, daß in gewissen Kreisen der Urchristenheit *der Tod Jesu nicht unbedingt im Mittelpunkt der Theologie gestanden hat.* Man weist immer wieder darauf hin, daß sich in der *Logienquelle* kein einziges Wort über das Sterben Jesu findet.[24] Diese weithin anerkannte These ist in mehrfacher Hinsicht einzuschränken. Einmal kennen wir den ursprünglichen Umfang und den vollen Inhalt der Logienquelle nicht, sondern wir arbeiten mit aus Matthäus und Lukas herausgelösten Sprüchen. Diese stehen in Evangelien, die ausführliche Passionsberichte enthalten. Dann scheint Q das Schicksal Jesu nach den damals allgemein bekannten Aussagen vom gewaltsamen Tode der Propheten verstanden zu haben (vgl. Lk 11,49ff und 13,34f).[25] Wenn Jesus diese Worte auch nicht selbst gesprochen haben sollte, so sind sie doch für die Deutung der Person Jesu in Q wichtig. Man weist auf das Geschick der verfolgten Propheten zurück, um den Menschen der damaligen Zeit die Tötung Jesu verständlich zu machen. Schließlich ist darauf zu achten,

21 Anders *Jeremias,* Abendmahlsworte S. 223; Abba S. 216; *Patsch,* S. 169–183; *Riesenfeld,* ThWNT VIII S. 513f; *Gubler,* S. 234.

22 *Marxsen,* Erwägungen S. 165; *Kessler,* S. 235; *Vögtle,* Geschichte S. 20f. 24; Todesankündigung S. 75f.

23 *Bultmann,* Christusbotschaft S. 452; vgl. *Kessler,* S. 235; *Reventlow,* Rechtfertigung S. 122; *Jüngel,* S. 514; *A.Kolping,* S. 619; *Schürmann,* Jesu Todesverständnis S. 285f.

24 *Harnack,* Beiträge 121; *Dibelius,* Formgeschichte S. 244; *Bornkamm,* RGG II S. 759; *Tödt,* S. 201.217.229.250; *Kramer,* S. 31; *Schrage,* Verständnis S. 63f; *Balz,* S. 166; *Schreiber,* S. 69; *Käsemann,* Apokalyptik S. 115; *Schrage,* R 3,21–26 S. 82; *Lührmann,* Logienquelle S. 94f; *H.W.Kuhn,* Der irdische Jesus S. 309; *Kessler,* S. 236–241; *Weth,* S. 239; *Hoffmann,* S. 188; *Patsch,* S. 194; *Wengst,* S. 71; *Reventlow,* Rechtfertigung S. 122.

25 *Schoeps,* Prophetenmorde S. 126–143; *Friedrich,* ThWNT VI S. 836.

daß von Q-Gemeinden gesprochen wird. Sollten diese keine Abendmahlsfeiern gehalten haben? In Q ist, soweit uns Texte zur Verfügung stehen, nichts über die soteriologische Bedeutung des Sterbens Jesu gesagt. Aber man wird nicht behaupten können, daß die Frage des Todes Jesu Q überhaupt nicht interessiert hat.[26]

Es gibt nun allerdings eine Reihe christologischer Formeln, die das Sterben Jesu überhaupt nicht erwähnen. In dem vorpaulinischen Kerygma scheinen die Auferstehungsaussagen zunächst ganz stark im Vordergrund gestanden zu haben. Einen klaren Beleg dafür bietet die kurze *Glaubensformel Röm 10,9b:* »Gott hat ihn (den Kyrios) von den Toten auferweckt«. Paulus bemerkt dazu, daß man, wenn man dieses im Herzen glaubt, gerettet wird (vgl. auch 1Kor 15,11 und Röm 4,24). Zu beachten ist, daß auch bei Paulus nicht nur das Wort vom Kreuz, sondern auch der Glaube an die Auferweckung Jesu durch Gott soteriologische Bedeutung hat. Diese Glaubensformel, in der mit Gott als Subjekt von der Auferweckung Jesu gesprochen wird, ist ein Hinweis auf das zentrale Anliegen urchristlicher Zeugnisse von Jesus Christus in alter Zeit. Die Auferweckung war in den ersten Tagen der Urchristenheit für viele etwas so Großes und Gewaltiges, daß sie alles überstrahlte und alle Fragen beantwortete.[27]

Das wird durch *1Thess 1,9f* bestätigt. Dort zitiert Paulus ein Lied, das aus Kreisen hellenistischer Judenchristen stammt, in seinem Bestand aber auf ältere Traditionen zurückgeht.[28] Der Inhalt zeigt uns etwas von der Thematik urchristlicher Missionspredigt. Als entscheidende Ereignisse der Christusgeschichte werden die Auferweckung und die Parusie des Gottessohnes erwähnt, nicht aber sein Sterben. Das Heilswirken Jesu besteht nicht in der Vergebung der Sünden, sondern in der Errettung vor dem vernichtenden Zorn Gottes.

Von besonderem Interesse für unsere Fragestellung ist *Röm 1,3f.* Wie allgemein anerkannt ist, benutzt Paulus zur inhaltli-

26 *Kümmel,* Einleitung S. 46; *Strobel,* Deutung des Todes S. 51; *Boman,* S. 105. 110f; *Lehmann* S. 123f; *Kessler,* S. 238–241; *Hoffmann,* S. 188; *S. Schulz,* Q. S. 353f.360.483; *Kasper,* S. 134; *Goppelt,* Theologie I S. 235; *Gubler* S. 15f.33.52.70.

27 *Schweizer,* Ev. Theol. (1950/51) S. 275f; *ders.,* Erniedrigung S. 60; *Kramer,* S. 16f.29; *Deichgräber,* S. 112; *Friedrich,* Auferweckung S. 363–366; *Wengst,* S. 27f.

28 *Friedrich,* Tauflied S. 236–250; *Bussmann,* Themen S. 38–56; *Kramer,* S. 120–123; *Wengst,* S. 29f.41f; *Becker,* Auferstehung S. 32–45; *Friedrich,* Thessal. S. 215f.

chen Formulierung des Evangeliums altes christologisches Traditionsgut: Jesus stammt dem Fleisch nach aus dem Geschlecht Davids, nach dem Heiligen Geist ist er mit der Auferstehung als Sohn Gottes eingesetzt. Paulus übernimmt die Formel nicht so, wie sie überliefert wurde, sondern er korrigiert sie, indem er sie durch Zusätze uminterpretiert. In der Forschung ist umstritten, welche Wörter von Paulus hinzugefügt sind.[29] Diese Spezialfrage ist hier ohne Interesse. Das Erstaunliche ist, daß Paulus bei seiner Umgestaltung nicht den für seine Theologie so entscheidenden Satz vom Tode Jesu am Kreuz einfügt, wie er es Phil 2,8 getan hat, daß er nicht auf das Sterben Jesu für die Menschen hinweist, sondern daß er durch Voranstellen der Charakterisierung Jesu als Sohn Gottes und durch den Zusatz »in Kraft« die ursprüngliche, im Sinne der jüdischen Auffassung vom Sohne Gottes adoptianisch anmutende Christologie umwandelt. Das Evangelium, das durch die Propheten Gottes in den heiligen Schriften verkündigt ist und das Paulus nun als Apostel ausruft, handelt von Jesus Christus, der nach seiner menschlichen Abstammung aus dem Geschlechte Davids stammt und mit der Auferstehung von den Toten nach dem Heiligen Geist nun als Sohn Gottes in Kraft eingesetzt ist. Sowohl die alte Formel wie die Neuinterpretation durch Paulus sagen nichts über die Bedeutung des Sterbens Jesu.

Mit Röm 1,3f berührt sich *2Tim 2,8.* Die paulinische Botschaft von Jesus Christus ist in die Worte zusammengefaßt: »Auferweckt von den Toten, aus Davids Geschlecht«. In dieser judenchristlichen Formel wird die menschlich-messianische Herkunft aus dem königlichen Geschlecht und der göttliche Machterweis bei der Auferweckung von den Toten erwähnt. Dagegen werden Passion, Kreuz, Tod Jesu übergangen. Das Schwergewicht der Aussage liegt, wie es die Reihenfolge zeigt, bei der Auferweckung. Das Sterben Jesu ist schweigend einbegriffen,

29 *Cullmann,* Christologie S. 299; *Wegenast,* S. 70–76; *Schweizer,* Erniedrigung S. 91–93; *ders.,* R 1,3f S. 180–189; *Prümm,* S. 644.648; *Kramer,* S. 105–108; *F.Hahn,* Hoheitstitel S. 251–259; *Stuhlmacher,* Römerbriefpräskript S. 381–385; *Bartsch,* Bekenntnisformel S. 329–339; *Bultmann,* Theologie S. 52f; *Blank,* Paulus und Jesus S. 250–255; *Burger,* Davidssohn S. 25–33; *Zimmermann,* Methodenlehre S. 192–202; *Linnemann,* S. 264–275; *Eichholz,* S. 123–132; *Schlier,* Cullmann-Festschr S. 207–218; *ders.,* Römerbrief S. 23–27; *Wengst,* S. 112–116; *Brandenburger,* Frieden S. 19–22; *Käsemann,* Römerbrief S. 8–11; *Becker,* Auferstehung S. 18–31; *Michel,* Römerbrief S. 73–75; *Wilckens,* Römerbrief S. 56–61; *Friedrich,* Exeget. Wört. S. 863f.

weil es die Voraussetzung für die Auferweckung ist. Ihm kommt aber dem Wortlaut dieser Formel nach keine spezielle Bedeutung zu.[30]
Ähnliches läßt sich bei dem *Lied 1Tim 3,16* beobachten. In dem sechszeiligen Hymnus, der die Theologie einer bestimmten Gruppe in der Urchristenheit widerspiegelt, werden wohl Inkarnation und Erhöhung erwähnt, nicht aber der Tod Jesu. In indirekter Weise wäre das der Fall, wenn ἐδικαιώθη ἐν πνεύματι in dem Sinne zu verstehen wäre, daß Gott den als Verbrecher am Kreuz Hingerichteten als Gerechten erwiesen habe. δικαιόω im Passiv kann die Bedeutung »recht bekommen«, »als gerecht dastehen« (Ps 51(50),6; Röm 3,4) haben. Es wäre dann zwar nicht expressis verbis vom Sterben Jesu gesprochen, aber die Rechtfertigung durch den Geist als Verteidigung gegen Vorwürfe und Anklagen würde den diskriminierten Tod Jesu einschließen.[31] Nun ist der Hymnus 1Tim 3,16 antithetisch aufgebaut. ἐδικαιώθη ἐν πνεύματι steht im Gegensatz zu ἐφανερώθη ἐν σαρκί. Gegensatz zur Menschwerdung, dem Offenbarwerden im Bereich des Menschenlebens, ist nicht die Rechtfertigung im Hinblick auf den Tod Jesu, sondern die Entnahme aus der menschlichen Sphäre, seine Erhöhung. Das ἐν πνεύματι kann wegen ἐν σαρκί nicht instrumental gedeutet werden. Dem Erscheinen des Präexistenten in der Menschenwelt wird die neue göttliche Seinsweise entgegengesetzt. δικαιόω hat in der hellenistischen Welt nicht nur einen juridischen Sinn. Es kann auch eine Statusveränderung zum Ausdruck bringen, so daß es der Bedeutung »erlösen«, »vergotten« nahekommt.[32] Als Beleg führt man an Od Sal 17,2.4:

Ich bin gerechtfertigt worden durch meinen Herrn.
Meine Erlösung aber ist unvergänglich.
Antlitz und Gestalt einer neuen Person habe ich empfangen
und wandelte in ihr und wurde erlöst.

Das theologische Interesse des Liedes 1Tim 3,16 liegt bei der Erhöhung, der Kundgebung dieses Aktes an die himmlische und irdische Welt, nicht beim Sterben Jesu.[33] Mit der Heraus-

30 *Wengst*, S. 116f; *Windisch*, Christologie S. 214–216.
31 *Jeremias*, Pastoralbriefe S. 29; *Schrenk*, ThWNT II S. 218,18ff; *Deichgräber*, S. 134f.
32 *Wengst*, S. 158f; *Bauer*, Wörterbuch S. 392; *Dibelius-Conzelmann*, S. 50; *Schrage*, Verständnis S. 62 A36.
33 *Schweizer*, Erniedrigung S. 104; *ders.*, Creeds S. 126.

stellung von Menschwerdung und Erhöhung haben wir 1Tim 3,16 dieselbe Zweiteilung wie Röm 1,3 und 2Tim 2,8.
In dem *christologischen Tauflied Kol 1,15–20* handelt, auch wenn man wie bei den meisten Liedern über die ursprüngliche Gestalt und über nachträgliche Erläuterungen und Zusätze verschiedener Meinung ist, die erste Strophe von der Schöpfung, die zweite von der Versöhnung. Kommt man von der durch Paulus geprägten Theologie her, dann meint man, daß das Sterben Jesu ein unaufgebbarer Bestandteil der urchristlichen Erlösungslehre ist. Das ist aber in diesem Lobpreis auf Christus nicht der Fall. Christus wird als der Erstgeborene vor aller Schöpfung und der Erstgeborene von den Toten geehrt. Er hat das All versöhnt, aber das geschah nicht durch seinen Tod, sondern durch seine Auferweckung. Das Sterben Jesu wird übersprungen. Erst der Autor des Briefes an die Kolosser ergänzt das nach seiner Meinung an der Erlösungslehre Fehlende. Darum setzt er die Worte hinzu: durch das Blut seines Kreuzes (1,20).[34]
Im engsten Zusammenhang mit Kol 1,15–20 und 1Tim 3,16 (vgl. auch Phil 2,6ff) stehen die christologischen Aussagen *Hebr 1,3,* die von der göttlichen Wirklichkeit des Sohnes, seiner Bedeutung für die Erhaltung der Welt, seiner soteriologischen Wirksamkeit auf Erden und seiner Erhöhung handeln. Daß es sich beim Proömium des Hebräerbriefs um einen Hymnus handelt, ist lange bekannt.[35] Umstritten ist, wie der Hymnus ursprünglich gestaltet gewesen ist.[36] Da in den andern Christusliedern die Befreiung von Sünden nicht erwähnt wird, die Reinigung von Sünden in den Ausführungen des Briefes als das erlösende Werk Christi beschrieben wird (9,14.23; 10,22), liegt die Vermutung nahe, daß dieser Passus vom Verfasser des Hebräerbriefs in den Hymnus eingefügt ist.[37] Hinzu kommen andere Bedenken. Das 1,3 erwähnte Wort hypostasis gehört zur Terminologie des Verfassers vom Hebräerbrief (3,14; 11,1). Ferner ist zu beachten, daß die Charakterisierung der Erhöhung Christi mit den Worten aus Ps 110,1 »Er setzte sich zur Rechten« eine im Hebräerbrief besonders häufige Verwendung fin-

34 Andere Auffassungen werden vertreten von *Lohmeyer,* S. 41; *Maurer,* Herrschaft Christi S. 82f; *Bammel,* S. 88–95; *Cerfaux,* S. 245–247; *Schattenmann,* S. 16–20; *Schille,* Hymnen S. 81f; *Lähnemann,* S. 38–42; *Wengst,* S. 172–175; *Kümmel,* Einleitung S. 301f; *Burger,* Schöpfung S. 26.
35 *Norden,* S. 386; *Michel,* Hebr. S. 96f; *Wengst,* S. 166–170.
36 *Deichgräber,* S. 137.
37 *Theissen,* S. 50f; *Grässer,* Hebr 1,1–4 S. 66f.88.

det (Hebr 1,13; 8,1; 10,12; 12,2). Es ist schlecht zu entscheiden, was zum ursprünglichen Hymnus gehört und was ein Beitrag des Verfassers ist. Man wird sich damit begnügen müssen, daß der Autor des Hebräerbriefs ein Christuslied übernommen, es aber nicht wörtlich wiedergegeben, sondern es dem Anliegen seiner Theologie entsprechend umgestaltet hat.[38] Jedenfalls scheint der ursprüngliche Hymnus über die Heilsbedeutung des Sterbens Jesu nichts enthalten zu haben. Nach Hebr 6,1f gehören zum Grundstock der christlichen Lehre Abkehr von den toten Werken, Hinkehr zum Glauben an Gott, Taufe, Handauflegung, Auferstehung der Toten und ewiges Gericht. Der Tod Jesu, das Kreuz, sein Sterben für uns werden nicht genannt.

Schließlich möchte ich noch auf den *Prolog des Johannesevangeliums* aufmerksam machen, der von der Schöpfertätigkeit und Menschwerdung des Logos handelt (Joh 1,1–16). Umstritten ist auch bei diesem Hymnus Umfang und Gliederung.[39] Wahrscheinlich handelt es sich um vier Strophen, die vom Verfasser kommentiert werden (V.2.5–8.12–13.15.17–18). Unabhängig von den konkreten Entscheidungen, von wem der Hymnus herrührt, wie weit er reicht und wie er formal gestaltet ist, steht fest: in ihm fehlt jeder Hinweis auf das Sterben oder gar auf die Heilsbedeutung des Todes Jesu.

An anderen Stellen des Neuen Testaments wird der Tod Jesu zwar erwähnt, aber es wird nicht die soteriologische Bedeutung seines Sterbens herausgestellt, ja sie wird nicht einmal angedeutet. 1Thess 4,14 zitiert Paulus eine alte christologische Formel, in der ohne jeden Zusatz von Jesus gesagt wird: »Wir glauben, daß Jesus gestorben und auferstanden ist«. Auch in dem urchristlichen Lied Phil 2,6ff heißt es nur: »Er erniedrigte sich selbst und ward gehorsam bis zum Tode«. Bekanntlich sind die Worte »bis zum Tode am Kreuz« ein Zusatz von Pau-

38 *Bornkamm,* Bekenntnis S. 197f; *Kuss,* Hbr (RNT), S. 29.

39 *Gächter,* S. 99–111; *Ruckstuhl,* S. 63–97; *Haenchen,* Gott und Mensch S. 114–143; *Richter,* S. 539–544; *Demke,* S. 45–68; *Schille,* Hymnen S. 121–128; *Eltester, S. 109–134; Blank,* Johannesevang. S. 28–39.112–127; *Hofrichter,* S. 214–237; *Becker,* Das Evang. des Johannes S. 65–86; *Schnackenburg,* Joh.Evang I S. 200–205; *Schlier,* Im Anfang S. 274–287; *Schnackenburg,* Logoshymnus S. 69–109; *Käsemann,* Aufbau S. 155–180; *S.Schulz,* Komposition des Joh.prologs S. 351–362; *ders.,* Herkunft der johanneischen Reden S. 7–69; *Rissi,* S. 321–336; *U.B.Müller,* S. 13–22; *Becker,* Beobachtung S. 73–78; *Thyen,* ThR (1974) S. 53–69; *Zimmermann,* Christushymnus S. 249–265; *Wengst,* S. 200–208; *Schmithals,* Prolog S. 16–43; *Gese,* Johannesprolog S. 154–173.

lus. Das Sterben Jesu wird in diesen beiden Traditionsstücken nur als eine Durchgangsstufe genannt, nicht aber als ein Heilsereignis verkündigt.

Dasselbe läßt sich bei den *Reden in der Apostelgeschichte* feststellen. Obwohl Lukas, wie die Worte vom Abendmahl zeigen (Lk 22,19f), etwas von der Heilsbedeutung des Todes Jesu weiß – nur er bringt sowohl beim Brot- wie beim Weinwort das ›für euch‹ zum Ausdruck, und in den Abschiedsreden an die Ältesten von Ephesus in Milet spricht Paulus von der ›Kirche Gottes, die er sich durch sein eigenes Blut erworben hat‹ (Act 20,28) –, wird in den Reden der Apostelgeschichte die soteriologische Bedeutung des Sterbens Jesu übergangen. Der Tod wird in Antithese zur Auferweckung angeführt. Lukas geht es dabei nicht um die für Paulus zentrale Aussage des Sterbens »für uns«. Das Kreuz wird nicht als Heilsereignis proklamiert[40], sondern als Anklage gegen die Juden gerichtet. Ihnen wird immer wieder zugerufen: Ihr habt ihn getötet – Gott hat ihn erweckt.[41] In den Missionsreden an die Heiden (Act 14,15ff; 17,22) fehlt die Aussage über das Sterben Jesu ganz, dagegen spricht Paulus in Athen von der Auferweckung Jesu (Act 17,31). Kein Autor des Neuen Testaments redet so viel von der Vergebung der Sünden wie Lukas.[42] Aber an allen diesen Stellen wird sie nicht in Zusammenhang mit dem Sterben Jesu gebracht, sondern man erhält sie durch Umkehr (Act 3,19), durch die Taufe (Lk 3,3; Act 2,38; 22,16), durch den Namen Jesu (Lk 24,47; Act 10,43), durch die Erhöhung Jesu (Act 5,31), durch den Auferweckten (Act 13,37f), durch den Glauben an Jesus (Act 26,18). Lukas kennt die Heilsbedeutung des Todes Jesu. Aber für seine Theologie ist sie nicht von Belang.[43] Ganz sicher ist Lukas kein Verräter des Evangeliums – in diesen Geruch war Lukas bei einigen Neutestamentlern geraten[44], wogegen sich Karl Barth mit der ironi-

40 *Schweizer*, Ev.Theol. (1950/51) S. 274f; *Conzelmann*, Mitte S. 187; *Kränkel*, S. 120.209; *Wilckens*, Missionsreden S. 197; *Luz*, Theologia crucis S. 120; *Schnackenburg*, QD S. 214f.

41 Act 2,23f, vgl. 2,36; Act 3,15; 4,10; 5,30; 10,40; 13,28.30.

42 Lk 1,77; 3,3; 24,47; Act 2,38; 5,31; 10,43; 13,38; 26,18, vgl. 22,16; *Stuhlmacher*, Jesus als Versöhner S. 94 betont die soteriologischen Aussagen der Apostelgeschichte, indem er auf die Stellen über Sündenvergebung hinweist.

43 *Weiss*, Urchristentum S. 82; *E.Lohse*, Märtyrer S. 188f; *Stalder*, S. 224; *Voss*, S. 130; *S.Schulz*, Botschaft S. 236.289; *Schweizer*, Jesus Christus S. 142.

44 *Bultmann*, Theologie S. 469 sagt von Lukas, »daß er den ursprünglich kerygmatischen Sinn der Jesusüberlieferung preisgegeben und sie historisiert hat«. Lukas stieß bei *Käsemann* und *Vielhauer* wegen seines angeblichen Frühkatholizismus auf Widerspruch, vgl *Kümmel*, Anklage S. 154f.

schen Bemerkung gewandt hatte, man solle endlich mit dem Schlachtruf aufhören: Hau den Lukas! –, doch auch P. Stuhlmacher muß zugeben, daß das spezielle Kerygma von der Heilsbedeutung des Kreuzes bei Lukas in den Hintergrund getreten ist.[45] Es ist auffällig, daß in der Geschichte von dem äthiopischen Kämmerer (Act 8,32f) beim Verlesen von Jes 53 die entscheidenden Verse 6 und 8d, die von der sühnenden Bedeutung des Leidens des Gottesknechtes handeln, nicht zitiert werden.

In diesem Zusammenhang ist es wichtig, auf die Ausführungen von Paulus über Adam und Christus (Röm 5,12ff) hinzuweisen. Adam und Christus werden vergleichend einander gegenübergestellt, und es wird die Überlegenheit des Christus über Adam gezeigt. Durch den Ungehorsam (Röm 5,19), die Sünde (5,16) und den Fehltritt Adams (14,17.18) kommen das Gericht (5,16.18) und der Tod (5,15.17) über alle Menschen. Durch den Gehorsam (5,19) und die Rechttat Jesu (5,18) gibt es Gnade (5,15), Rechtfertigung (5,16) und Leben (5,17.18). Paulus ist der Theologe des Kreuzes. Vom Sterben Jesu hatte er Röm 3,25 und 5,6ff gesprochen, und Röm 6,3ff nimmt er das Thema wieder auf. Aber *in dem Abschnitt über Adam und Christus erwähnt er den Tod Jesu mit keinem Wort,* sondern er weist auf das rechte Tun und den Gehorsam Jesu hin, ohne wie Phil 2,8 »bis zum Tode am Kreuz« hinzuzufügen. Natürlich ist für Paulus auch Röm 5 bei »Gehorsam« der Gedanke ›bis zur Aufgabe des Lebens‹ mit eingeschlossen.[46] Aber die Ausführungen von Paulus in diesem Abschnitt sind doch auch ein Hinweis darauf, daß man von Rechtfertigung und Leben im Sinne des Neuen Testaments oder, noch genauer gesagt, im Sinne des Apostels Paulus sprechen kann, ohne den Tod Jesu expressis verbis zu erwähnen.

Auch die Stellen, die nicht von dem Sterben Jesu für uns handeln, sprechen von der soteriologischen Bedeutung Jesu. Nur sind die Akzente anders gesetzt. Sie reden nicht von dem versöhnenden Handeln Gottes am Kreuz, sondern von der eschatologischen Sendung, die Gott durch Auferstehung und Erhöhung Jesu herbeigeführt hat, die das Sterben Jesu zur Voraussetzung haben.

45 *Stuhlmacher,* Versöhnung S. 39f.

46 *Schlatter,* Gottes Gerechtigkeit S. 192; *Käsemann,* Römer S. 147; *Schlier,* Römer S. 175; *Wilckens,* Römer S. 326.

1.4

Es steht außer Zweifel, daß im Mittelpunkt der paulinischen Theologie die Aussagen über das Sterben Jesu *»für uns«* stehen. Aber das ist *keine Neuinterpretation des Todes Jesu durch Paulus,* wie es die liberale Theologie verkündet hat, sondern die soteriologischen Aussagen »er starb für uns« bzw. »für unsere Sünden« hat Paulus, wie es die kritische Forschung eindeutig herausgestellt hat, als Lehrmeinung bereits aus der vorpaulinischen Urchristenheit übernommen. Dieses ist ganz eindeutig *1Kor 15,3f* der Fall. Daß Paulus die Aussagen über Tod und Auferstehung Jesu nicht frei formuliert, sondern festgefügtes Traditionsgut wiedergibt, sagt er selbst, wenn er die rabbinischen Zitationsformeln »empfangen« und »weitergeben« verwendet. Kontrovers ist nur die Frage, ob die Wendung »Christus starb für unsere Sünden nach der Schrift und wurde begraben . . .« aus der palästinischen oder der hellenistisch-jüdischen Gemeinde stammt. Paulus schweigt über die Herkunft der Formel. Sprachliche Untersuchungen führen nicht weiter, weil sie kein eindeutiges Resultat liefern. Es ist durchaus möglich, daß ein hellenistischer Judenchrist ein semitisierendes Griechisch schreibt, weil er in der semitischen Welt zu Hause ist, so daß seine Semitismen kein Beweis für aramäischen Ursprung seiner Ausführungen sind. Ebenso ist es denkbar, daß der Übersetzer einer aramäischen Formel sich nicht sklavisch an den Wortlaut des Urtextes hält, sondern als hellenistischer Judenchrist mit der Welt der Septuaginta vertraut ist und er den Text so überträgt, wie er es für sachgerecht hält. Für unsere Fragestellung ist es nicht unwichtig, wo und wann man über den Tod Jesu reflektiert hat[47] und zu der Überzeugung gekommen ist,

47 Für palästinische Herkunft treten ein: *Seeberg,* Katechismus S. 193 (». . . die Glaubensformel zwischen den Jahren 30 und 35, also bald nach Christi Tod entstanden . . . Ursprung der Formel im Kreise der Urapostel«); *E.Lohse,* Märtyrer S. 113 (»Das Kerygma ist sicher palästinischen Ursprungs und stammt aus Jerusalem«), vgl. *ders.,* Geschichte S. 12; *ders.,* Bezüge S. 117; *Hahn,* Hoheitstitel S. 56 (». . . unter aramäisch sprechenden Christen entstandene Bekenntnisformel«); S. 199 (»die früher bisweilen vertretene Ansicht einer Entstehung im Bereich der ersten hellenistischen Gemeinden von Damaskus oder Antiochien steht auf schwachen Füßen«), vgl. S. 200; *Campenhausen,* S. 52 (»Jerusalem, wo die Formel wahrscheinlich entstanden ist«); *Rengstorf,* S. 47 (»Eines der ältesten uns überhaupt erhaltenen Stücke urchristlicher Tradition«); *J.Jeremias,* Abendmahlsworte S. 96 (»Das Bekenntnis Übersetzung eines semitischen Urtextes«); *ders.,* παῖς S. 199 (»Ob die Formel Übersetzung eines semitischen Urtextes ist, ist mir . . . nicht mehr sicher«); *ders.,* Ursprache S. 215 (». . . spricht das hohe Alter des Bekenntnisses sowie die Versicherung des Apostels, daß es auch von den Ur-

daß Christus für unsere Sünden nach der Schrift gestorben ist. Haben hellenistische Judenchristen erst später diese Überzeugung gewonnen, war eine solche Überlegung bei der Jerusalemer Gemeinde möglich, oder hat gar Jesus selbst über seinen Tod eine in diese Richtung weisende Aussage gemacht? Auf jeden Fall stammt die Formel des Sterbens Jesu »für uns« nicht von Paulus; denn sie findet sich nicht nur bei ihm, sondern mit Ausnahme von Apostelgeschichte, Jakobus, Judas und dem 2. Petrusbrief im ganzen Neuen Testament. Sie ist nicht ein Spezifikum der paulinischen Theologie, sondern Paulus hat sie aus der Urchristenheit übernommen.

Dieses wird durch das Wort *Röm 4,25* bestätigt: »Er wurde um unserer Übertretungen willen dahingegeben und um unserer Rechtfertigung willen auferweckt.« Es herrscht weitgehend Übereinstimmung, daß Paulus diese Wendung ebenfalls aus der

aposteln verkündigt werde [1Kor 15,11], von vorneherein für aramäische oder hebräische Ursprache«); *Goppelt,* Thielicke-Festschr. S. 63 (»In der nach Ostern unter den Juden Palästinas entstehenden Gemeinde Jesu wird sein Sterben von früher Zeit an als stellvertretende Sühne für alle bekannt. Bekenntnisformeln wie 1Kor 15,3 und R 4,25 reichen im Ansatz bis dorthin zurück.«), vgl. *Klappert,* Frage S. 173, *Kremer* S. 29; *Bammel,* Herkunft S. 418 (»So darf man mit ziemlicher Wahrscheinlichkeit die christologische Formel in Jerusalem lokalisieren.«); *P.Brunner,* Wesen S. 39 (»Daraus geht hervor, daß unsere Glaubensformel den Jerusalemer Uraposteln nicht nur bekannt, sondern von ihnen als normativ verpflichtende Verkündigungs- und Lehrformel auch anerkannt und angewandt wurde.«); *G.Delling,* Bedeutung S. 68 (»Der Anfang dieser Tradition liegt der Sache nach – in den Tagen selbst, in denen die Jünger der Auferstehung Jesu gewiß wurden.«); vgl. ferner *Graß,* S. 95 u. 300; *Patsch,* S. 168; *Roloff,* Anfänge S. 46; *ders.,* Apostolat S. 46; *Lehmann,* S. 112 u. 152; *Mussner,* Schichten S. 61; *Wilckens,* Überlieferungsgeschichte S. 48 (». . . auf den Kreis der Hellenisten zurückgeht, die sie wieder ihrerseits [in welchem Wortlaut auch immer] von der Urgemeinde kennengelernt haben«); *Blank,* Paulus S. 140. Für die Entstehung in hellenistisch-jüdischen Gemeinden setzen sich ein: *Dibelius,* Formgeschichte S. 18; *H.Schlier,* Kerygma S. 216 (»Fünf Jahre nach Jesu Tod gab es in Syrien eine relativ gefestigte, griechisch überlieferte Formel über die Heilsereignisse von Tod und Auferstehung Jesu.«); *Seidensticker,* Auferstehung S. 24 (»Paulus wird sie in Antiochien aus der hellenistischen Tradition des palästinensischen Judenchristentums erhalten haben.«); *Conzelmann,* Theologie S. 85 (». . . daß die Gemeinde, die diese Formel verfaßte, das AT in der griechischen Übersetzung benutzte, also griechisch sprach. Damit ist nicht bestritten, daß in ihr jerusalemische Tradition verarbeitet ist.«); *ders.,* Korinther S. 297; *Kessler* S. 271 (»Die Bekenntnisformel wurde höchstwahrscheinlich von hellenistischen Judenchristen in einem semitisierenden Griechisch formuliert.«); *P.Stuhlmacher,* Evangelium S. 272 (». . . weist also sprachlich in den Bereich des frühen hellenistischen Judenchristentums . . . die Möglichkeit nicht ganz auszuschließen, daß die Hauptdaten der Paradosis in vorpaulinischer Zeit von Jerusalem aus an die Gemeinden in Antiochien oder Damaskus vermittelt worden sind.«); *Käsemann,* Nichtobjektivierbarkeit S. 225; *Kramer,* S. 32; *Vielhauer,* Christologie S. 180; *Schrage,* Verständnis S. 64; *Schreiber,* S. 62; *Thyen,* Sündenvergebung S. 154; *Wengst,* S. 101.

Tradition übernommen hat.[48] Formelhaftes Lehrgut enthält auch der Satz »der sich für unsere Sünden hingegeben hat« (Gal 1,4).[49] Der Plural »unsere Sünden« weist auf Übernahme aus der Tradition hin, da Paulus, wenn er selbst formuliert, von der Sünde in der Einzahl spricht. Wahrscheinlich lautete wegen der guten Bezeugung durch den alten Papyrus P[46] und den unkorrigierten Sinaiticus ursprünglich der Text περὶ τῶν ἁμαρτιῶν und nicht ὑπὲρ τῶν ἁμαρτιῶν, was für Tradition sprechen würde, weil Paulus in einem solchen Zusammenhang die Präposition ὑπέρ bevorzugt. Wie Röm 1,3 und 1Kor 1,2, so hat Paulus auch Gal 1,4 in den Briefeingang eine in der Urchristenheit geläufige Wendung eingefügt. Alle diese Stellen zeigen, daß man bereits vor Paulus überzeugt gewesen ist, daß Jesus »für unsere Sünden« gestorben ist.

Nicht so sicher ist es, ob der Passus »Er hat seinen eigenen Sohn nicht verschont, sondern für uns alle dahingegeben« (Röm 8,32) ein christologisches Bekenntnis ist, das Paulus nicht selbst geprägt, sondern übernommen hat.[50] »Nicht schonen« kommt sonst in christologischen Formeln nicht vor. Paulus dagegen gebraucht das Verb »schonen«, das im Neuen Testament nur 10mal begegnet, an sieben Stellen in verschiedenen Zusammenhängen, so daß man es innerhalb des Neuen Testaments zu den dem Paulus eigentümlichen Worten rechnen muß. Man wird trotzdem nicht annehmen dürfen, daß der Satz eine paulinisch geprägte Formel enthält. Paulus spielt in diesem mit rhetorischer Kunst formulierten Abschnitt auf eine Bekenntnisformulierung an, aber er zitiert nicht einen Bekenntnissatz wörtlich. Wie man auch zu Röm 8,32 in dieser Hinsicht steht: auf jeden Fall handelt es sich um einen Rückgriff auf den in der Urchristenheit verbreiteten Glaubenssatz, daß Christus für uns dahingegeben ist. Darum ist auch Röm 8,32 ein Beleg dafür, daß die ›für uns‹-Formel nicht eine Interpretation des Sterbens Jesu durch Paulus ist.[51] Auf die Traditionsformel Röm 3,25f wird später noch ausführlich eingegangen.

48 *Fuchs*, Freiheit S. 118; *Michel*, Römerbrief z.St.; *Schweizer*, Erniedrigung S. 73; *Wegenast*, S. 80–82; *Lohse*, Märtyrer S. 133; *Jeremias*, παῖς S. 200; *Popkes*, S. 193f; *Bultmann*, Theologie S. 49 u. 85; *Kessler*, S. 268; *Wengst*, S. 101–103; *Käsemann*, Römer S. 121; *Schlier*, Römer S. 136; *Strecker*, Befreiung S. 502f; anders: *Kuss*, Römerbrief (1957) S. 195; *Kramer*, S. 26f.116; *Wilckens*, Römerbrief S. 279f.

49 *Deichgräber*, S. 113 A2; *Wengst*, S. 56; *Mussner*, Galaterbrief S. 50.

50 *Schlier*, Römerbrief S. 276, vgl. *Kramer*, S. 112f.

1.5
Nach dem, was die Evangelien berichten, ist Jesus von dem tödlichen Anschlag auf sein Leben nicht überrascht worden. Er ist bei seinem Gang nach Jerusalem nicht blindlings in den Tod getaumelt, sondern nach Lage der Dinge *hat er mit einem gewaltsamen Tod rechnen müssen.*[52] Er hat die Sabbatgebote, auf deren Einhalten die Juden nicht nur aus kultischen, sondern auch aus eschatologisch-messianischen Gründen so großen Wert legten, gebrochen und die Reinheitsvorschriften nicht eingehalten. Solche Vergehen waren nicht versehentliche Verstöße. Jesus hat vielmehr in seinem Reden und in seinem Verhalten bewußt gegen die jüdische Gesetzesfrömmigkeit polemisiert und sich nicht gescheut, mit deklassierten Personen, die jeder fromme Jude, der etwas auf sich hielt, mied, wie z.B. mit Zöllnern und Dirnen Gemeinschaft zu pflegen und ein solches Tun als dem Willen Gottes gemäß zu deklarieren. Ein solcher Generalangriff auf die Grundlagen der jüdischen Frömmigkeit konnte nicht ungestraft bleiben. Das Synhedrium in Jerusalem durfte auf die Dauer diesen Provokationen nicht tatenlos zusehen. Es ist klar, daß jeder, der so auftrat, mit den Folgen seines Verhaltens rechnen mußte. Hinzu kommt, daß Jesus die Ermordung des Täufers erlebt hat. Außerdem wußte er aus der Geschichte und der Tradition seines Volkes, welches Schicksal die Propheten in der Vergangenheit erlitten hatten.[53] Da er kein

51 *Fuchs,* Freiheit S. 116.119; *Popkes,* S. 195.275f; *Schille,* Liebe Gottes S. 230–244; *Luz,* Geschichtsverständnis S. 371; *Wengst,* S. 55f; *Käsemann,* Römerbrief S. 235.237; *Michel,* Römerbrief S. 280.

52 *Sjoeberg,* Menschensohn S. 244f; *Kümmel,* Verheißung S. 62–65; *Conzelmann,* Jesus Christus S. 647; F.Hahn, Hoheitstitel S. 382; *Wilckens,* Offenbarungsverständnis S. 60f; *Käsemann,* Historischer Jesus S. 206f; *Fuchs,* Aufsätze III S. 18f; *J.Jeremias,* παῖς S. 211–213; *ders.,* Neutestamentliche Theologie S. 265f; *Schrage,* Verständnis S. 52.56f; *Lohse,* ThWNT VII S. 327; *ders.,* Theologie S. 49; *Colpe,* ThWNT VIII S. 446f; *Vögtle,* Geschichte S. 21; *Kessler,* S. 232–235; *Delling,* Kreuzestod S. 74; *Patsch,* S. 198.211f.219; *Kasper,* S. 136; *F.Hahn,* Rückfrage S. 50f; *Bornkamm,* Jesus von Nazareth S. 89f.142f; *Stuhlmacher,* Versöhner S. 98f.102; *ders.,* 18 Thesen S. 522f; *ders.,* Versöhnung S. 22; *Schürmann,* S. 27.33.49.55.63; *Kümmel,* Theologie S. 77f; *Gnilka,* Jesus über seinen Tod S. 24; *Roloff,* Neues Testament S. 183f; *Jüngel,* S. 514; *A.Schlatter,* Jesu Gottheit S. 11 A 1 bemerkt: »Es ist von geringer Wichtigkeit, daß wir den Moment, in welchem der auf das Kreuz gerichtete Wille Jesu entstanden ist, nicht fixieren können; ungleich wichtiger ist, daß durch denselben keine Krümmung und Wendung in seinem Verhalten sichtbar wird. Es gibt unter allen Worten Jesu nicht ein einziges, das nicht mit seiner Sterbenswilligkeit völlig vereinbar wäre.«

53 *Friedrich,* ThWNT VI S. 836,1ff; *Schoeps,* Prophetenmorde S. 126–143; *Steck.*

Träumer war, der gedankenlos in den Tag hineinlebte, hat er die gefährliche Situation sehen müssen, in der er sich befand.[54] Vor diesem Hintergrund wird man einige Jesusworte in den Evangelien nicht ohne weiteres als vaticinia ex eventu abtun dürfen, sondern man muß ernsthaft erwägen, ob Jesus sie nicht tatsächlich so oder in ähnlicher Weise gesprochen hat, wie sie uns überliefert sind. Auf die *Bitte der Zebedaiden,* in der Herrlichkeit zur Rechten und zur Linken Jesu sitzen zu dürfen, antwortet dieser mit der Frage, ob sie den Kelch trinken können, den er trinkt, oder mit der Taufe getauft werden können, mit der er getauft wird (Mk 10,38f). Über den Sinn dieses Wortes ist viel diskutiert worden. Schniewind hat die Ursprünglichkeit des Logions damit begründet, daß die Aussage über die Zebedaiden so nicht in Erfüllung gegangen ist und Mt 20,22f darum das Wort von der Taufe weggelassen ist.[55] Dieser Beweis fällt weg, wenn man Mk 10,38f aus dem Zusammenhang löst und die Worte als Einzelspruch ansieht. Dann geht es nicht um die Zebedaiden, sondern um Jesus und das Schicksal seiner Jünger.[56] In dem Logion vom Becher und von der Taufe hat man eine Anspielung auf die Sakramente gesehen[57], weil das Substantiv βάπτισμα erst im christlichen Schrifttum auf Grund der ausgeübten Praxis erscheint, somit ein spezifischer Terminus für die christliche Taufe ist[58] und einige Verse weiter das Wort vom Dienst des Menschensohnes steht (Mk 10,45), das Lk 22,27 in abgeänderter Form mit dem Abendmahl in Zusammenhang gebracht wird. Diese Überlegungen geben einigen Exegeten Anlaß, auch bei Mk 10,38f an Taufe und Abendmahl zu denken. Nun ist aber Mk 10,45 kaum von Lukas 22,27 her auszulegen[59], so daß die Komposition von Lukas als Beweis für sakramentale Auslegung von Mk 10,38 ausfällt. Ein sakramentales Verständnis wäre sehr viel leichter möglich, wenn die

54 Anders *R.Bultmann,* Verhältnis S. 453: Der Tod Jesu sei keine notwendige Folge seines Wirkens, sondern eine zufällige, auf Grund von Mißverständnissen eingetretene Katastrophe gewesen.

55 *Schniewind,* Markus S. 144.

56 *Dibelius,* Formgeschichte S. 57; *Bultmann,* Tradition S. 23; *Braumann,* Leidenskelch S. 180; *Patsch,* S. 172.

57 *Schweizer,* Markus S. 119; *Braumann,* S. 181.183; *Schmithals,* Markus S. 468.

58 *Oepke,* ThWNT I S. 543,17.

59 *Bultmann,* Tradition S. 154; *ders.,* Reich Gottes S. 5.29f; *Patsch,* S. 175; *Lohse,* Märtyrer S. 118; *Tödt,* S. 187; *Schelkle,* Passion S. 136; *Büchsel,* ThWNT IV S. 343, 13ff; *Percy,* Botschaft S. 245; *Roloff,* Anfänge S. 51.

Worte in der Reihenfolge Taufe – Kelch ständen. Wie sie jetzt lauten, haben sie mit dem urchristlichen Sakrament nichts zu tun. »Kelch« ist nicht eine abgekürzte Ausdrucksweise für die gesamte Feier des Herrenmahls. Zum Abendmahl gehört neben dem Kelch auch das Brot, und gerade das Brot, das so wichtig ist, daß man das Herrenmahl direkt als Brotbrechen bezeichnet hat (Act 2,42.46; 20,7), fehlt. Eine Polemik gegen eine Feier sub una[60], wie diese in der Urchristenheit aus ökonomischen, nicht aber aus dogmatischen Gründen gelegentlich praktiziert werden mußte[61], ist bei dem Wort beim besten Willen nicht zu finden. Ebensowenig ist aus der Stelle eine Ablehnung der Taufe herauszulesen.[62] Die Auslegung hat mit dem Kelchwort einzusetzen. Dieses ist aus dem Sprachgebrauch des Alten Testaments her zu verstehen. Dort wird mit dem Bildwort vom Kelch vom Zorngericht Gottes gesprochen.[63] Das Taufwort steht in einem so offensichtlichen Parallelismus zum Kelchwort, daß es nicht erlaubt ist, aus ihnen zwei unterschiedliche Aussagen herauszulesen. Weil βάπτισμα im außerbiblischen Schrifttum bisher noch nicht belegt ist, muß man bei diesem Wort nicht unbedingt sogleich an die christliche Taufe denken. Wegen des strengen Parallelismus kann beim Übersetzen aus dem Aramäischen in das Griechische der Wendung »den Kelch trinken« entsprechend aus formalen Gründen zu βάπτω noch βάπτισμα hinzugefügt worden sein.[64] Sprachgeschichtliche Beobachtungen lassen die Entstehung des Wortes auf palästinischem Boden durchaus als möglich erscheinen.[65] Inhaltlich darf man die Stelle auch nicht von Röm 6 her auslegen.[66] Nach Mk 10,38 sollen die Nachfolger Jesu dasselbe Schicksal erleiden wie der Meister. Sie sollen denselben Kelch trinken und mit derselben Taufe getauft werden wie er. Mk 10,38 und Röm 6 sprechen in verschiedener Weise über das Verhältnis der Christen zu Christus. Röm 6 handelt es sich nicht um eine Wiederholung dessen, was Christus widerfahren ist, sondern die Christen erhalten durch die Taufe soteriologisch Anteil an dem

60 *Braumann*, S. 181; völlig anders *Clemen*, S. 176.
61 *Schlatter*, Lukas S. 422; *Jeremias*, Abendmahlsworte S. 108.
62 *Braumann*, S. 182.
63 Jes 51,17.22; Jer 25,15–17.28; 49,12; Ez 23,33; Hiob 2,16; Ps 75,9; *Goppelt*, ThWNT VI S. 149,21ff.
64 *Kuss*, Todestaufe S. 173.
65 *Delling*, βάπτισμα S. 242.
66 *Schmithals*, Markus S. 467; *Braumann*, S. 183.

einmaligen, unwiederholbaren, eschatologischen Faktum von Tod und Auferstehung Jesu. Mk 10 ist die Taufe eine Metapher für das Geschehen, Röm 6 ist sie das Mittel, durch das man in die Schicksalsgemeinschaft mit Christus kommt. Die Aussagen über die Taufe in Mk 10 und Röm 6 differieren. Röm 6 geht es um das Sterben mit Christus, Mk 10 dagegen um ein Sterben wie Jesus. Mk 10 darf man nicht von Röm 6 her interpretieren.[67]
In Mk 10,38 ist »taufen« nicht vom christlichen Sprachgebrauch her zu verstehen. Im außerbiblischen Griechisch kann durch das Verb eine bedrängte Lage bildhaft ausgedrückt werden. Taufen kann heißen »untertauchen«, »in eine lebensgefährliche Situation bringen«.[68] Eine ähnliche Bedeutung hat das Wort auch Mk 10,38. Becher und Taufe sind Metaphern für das unheilvolle Geschick, das Jesus treffen wird. Bei einer solchen Interpretation braucht das Wort nicht eine Gemeindebildung zu sein. Es geht auf alte Tradition zurück, als Taufe noch nicht ein terminus technicus für eine sakramentale Handlung war. Bei einer solchen Auslegung spricht nichts dagegen, daß Jesus vom Becher und von der Taufe und damit von seinem Tod gesprochen hat.[69]
Ebenfalls umstritten ist Übersetzung und Auslegung von *Lk 12,50:* »Mit einer Taufe muß ich getauft werden, und wie bedrückt es mich, bis sie vollzogen ist.« Voraus geht der Satz: »Ein Feuer auf die Erde zu werfen, bin ich gekommen, und wie wünschte ich, daß es schon entfacht wäre« (Lk 12,49). Diese beiden Sätze sind formal gleich gebaut. Wie Mk 10,38 Kelch und Taufe dasselbe aussagen, so hier Feuer und Taufe. Wie mit Kelch, so wird mit Feuer im Alten Testament vom Gerichtsgeschehen Gottes gesprochen. »Ein Feuer lodert auf in meinem Zorn, das ewig brennt« (Jer 17,4). »Ich will meinen Grimm über dich ausschütten; das Feuer meines Zornes wider dich entfachen« (Ez 21,36).[70] Das Wirken Jesu entfacht das mit dem Gericht verbundene eschatologische Geschehen, in das Jesus einbezogen ist. In ähnlichem Sinn ist auch das Wort von der Taufe gemeint. Es handelt sich nicht um eine Gemeindebildung, son-

67 *Patsch,* S. 207.
68 *Oepke,* ThWNT I S. 529, 31ff.
69 *Kümmel,* Verheißung S. 62f; *Haenchen,* Weg Jesu S. 364–366.
70 Ez. 22,31; Klagel. 2,4; Zeph 3,8. Dieselbe Anschauung vertritt das Judentum. »Über die Gottlosen wird der Herr ewiges Feuer bringen und wird sie vertilgen«, Test Seb 10,3. »In den Flammen seines Glanzes brennen alle (. . .) zum sengenden Feuer unter allen Männern der Schuld bis zur Vernichtung« 1 QH 6,18f.

dern es spricht von bevorstehenden Ereignissen im Leben Jesu. Daß die Gemeinde, in der die Taufe allgemein praktiziert wurde, Jesus ein Wort über die Angst vor der Taufe in den Mund gelegt haben sollte, ist schwer vorstellbar. Jesu Angst vor dem Sterben spricht für das Alter des Logions.[71]

Zu beachten ist auch das Wort *Lk 13,33:* »Heute, morgen und übermorgen muß ich noch wandern; denn unmöglich ist es für einen Propheten, daß er außerhalb von Jerusalem umkommt.«[72] Jesus nimmt die Tradition von der Ermordung der Propheten auf und bezeugt damit, daß er mit einem gewaltsamen Tod gerechnet hat.[73] Sollte das Wort von der Urgemeinde gebildet sein, dann muß man fragen, warum es so unbestimmt, ohne jede konkrete Anspielung auf die Passionsgeschichte formuliert ist.[74] Weil Jesus nicht als Prophet verurteilt ist, hat sich dieses Logion nicht wörtlich erfüllt, und darum ist es nicht ex eventu gestaltet, sondern Jesus hat mit ihm auf sein Sterben in Jerusalem hingewiesen.

In Jerusalem hat Jesus angesichts des bevorstehenden Endes ähnlich wie die Väter Israels nach den Zeugnissen der Testamente der 12 Patriarchen mit einem feierlichen Mahl von dem engsten Kreis seiner Anhänger bewußt Abschied genommen (Mk 14,25).[75] Alle solche Worte sind Hinweise, daß Jesus mit einem gewaltsamen Tod gerechnet hat.

1.6

Der Verbrechertod Jesu führte trotz der Andeutungen Jesu über sein bevorstehendes Sterben bei seinen Anhängern zu einer Krise. Zu den Lebzeiten Jesu hatten seine Jünger mit einer solchen Katastrophe nicht gerechnet.[76] Seine Kreuzigung wirkte auf sie wie ein Schock. Einige Andeutungen in den synopti-

71 *Kümmel,* Verheißung S. 63; *Grundmann,* Lukas S. 271; *Patsch,* S. 211.

72 Zur Textgestaltung vergleiche die Vorschläge von *Wellhausen,* Lucae S. 76, vgl. *Blinzler,* S. 82–87; *Grimm,* Eschat. Saul S. 114–133. Wahrscheinlich handelt es sich Lk 13,32.33 um zwei verschiedene Logien der Überlieferung, die Lukas durch seine Formulierungen miteinander verbunden hat.

73 *Bultmann,* Tradition S. 35; *Kümmel,* Verheißung S. 65; *Jeremias,* παῖς S. 211f; *Bornkamm,* Jesus S. 142; *Friedrich,* ThWNT VI S. 836, 1ff; 846, 24f; *E. Lohse,* ThWNT VII S. 327, 18ff; *Stuhlmacher,* 18 Thesen S. 522; anders: *Steck,* S. 46f; *Patsch,* S. 204; *Rese,* S. 224.

74 *Kittel,* Jesu Worte S. 170.

75 *Friedrich,* Ursprung S. 310; *Bornkamm,* Jesus S. 147; *Stuhlmacher,* 18 Thesen S. 522; *Reicke,* Diakonia S. 141f.

76 *Kuss,* Grundgedanke S. 286f.

schen Passionsgeschichten zeigen ihre Aporie. Die Notiz »sie flohen alle« (Mk 14,50) ist »das Rudiment alter Tradition«.[77] Die Worte der Emmausjünger: »Wir dachten, er würde Israel erlösen« (Lk 24,21) charakterisieren die resignierte, enttäuschte Haltung der Jünger nach der Katastrophe des Kreuzestodes. Sie standen fassungslos vor dem entsetzlichen Ende ihres Lehrers.

Dann erfolgte das Osterereignis. Die *Erscheinungen des Auferstandenen gaben den Jüngern neue Zuversicht und Hoffnung.* Die verstörten und die Einsamkeit aufsuchenden, die erschrokkenen und sich versteckenden Anhänger Jesu (Joh 20,19) kehrten wieder nach Jerusalem zurück, wo sie sich zur ersten christlichen Gemeinde zusammenschlossen und mit der Verkündigung der Auferweckung Jesu an ihre Volksgenossen begannen.[78] Durch die Auferweckung Jesu war der Schrecken des Todes Jesu überwunden. Man schaute nicht rückwärts nach dem, was gewesen war, sondern nach vorne auf das, was kommen wird. Die Erwartung der unmittelbar bevorstehenden Parusie des Menschensohnes[79] ließ die Ereignisse der letzten Tage vergessen.[80] Nicht mehr Erschrockenheit und Angst, sondern freudige Zuversicht beseelte die junge Christengemeinde. Auferstehung und Parusie standen im Mittelpunkt ihres Denkens und ihrer Verkündigung. Die Botschaft der Auferweckung hatte den Tod zur Voraussetzung. War Jesus auferweckt, dann muß er vorher gestorben gewesen sein. Das mußte nicht besonders ausgeführt werden. Der Tod Jesu war die dunkle Folie, von der sich das helle Licht von Ostern abhob.

Dann aber setzte die *Reflexion über die Bedeutung des Sterbens Jesu* ein. Die Anhänger Jesu konnten das, was geschehen war, nicht einfach verdrängen. Zur Bewältigung der Fragen gaben die Ostertat Gottes und die Abendmahlsworte Jesu Anlaß. Wenn Ostern mehr war als eine nachträgliche Korrektur der von Gott nicht verhinderten Hinrichtung des Gottessohnes, dann konnte der Tod Jesu keine Katastrophe gewesen sein, sondern er mußte dem Heilswillen Gottes entsprechen. Jesu Kreu-

77 *Bultmann,* Tradition S. 290, vgl. *Schrage,* Verständnis S. 57.

78 *Stuhlmacher,* Bekenntnis S. 141. »Es gibt zwar in der Urchristenheit eine vom Kreuz isolierte Auferstehungstheologie, nirgendwo aber eine von Ostern isolierte Theologie des Kreuzes«; *Schrage,* Verständnis S. 60 A 32.

79 1Thess 1,9f; Mk 14,25; 1Kor 16,22.

80 *Schille,* Leiden S. 162; *Kessler,* S. 241; *Wengst,* S. 70.

zigung war dann nicht ein gottwidriger Willkürakt von Menschen, sondern dieses zunächst so rätselhaft erscheinende Geschehen war dem Willen Gottes gemäß. Man erkannte: »Der Menschensohn wird den Menschen ausgeliefert werden« (Mk 9,31), d.h. Gott selbst hat Jesus den Menschen zur Hinrichtung übergeben.[81] Sein Tod beruht, wie es Lukas Act 2,23 formuliert hat, auf »Gottes festgesetztem Ratschluß und Vorbestimmung« (vgl. Act 4,28). Der scheinbare Triumph der Gottlosigkeit war von Gott so gewollt. Nachdem man dieses erkannt hatte, sah man die Leidensgeschichte Jesu mit anderen Augen an. Der Aufenthalt Jesu vor seiner Verhaftung in Gethsemane offenbarte, daß Jesus in Gehorsam gegen den Willen Gottes den ihm gewiesenen Weg gegangen ist und er den ihm von Gott gewiesenen Auftrag erfüllt hat: »Nicht, was ich will, sondern was Du willst« (Mk 14,36). Das Leiden und der Tod Jesu verstoßen nicht gegen den Heilswillen Gottes.

War Ostern ein eschatologisches Ereignis, dann mußte man auch die der Auferweckung vorausgehenden Ereignisse in die endgeschichtliche Betrachtung einbeziehen. So verwertete man *beim Erzählen der Passionsgeschichte apokalyptische Vorstellungen.* Der Bericht von der großen Finsternis, die über das ganze Land zur Mittagszeit ausbrach und drei Stunden dauerte (Mk 15,33), das Zerreißen des Vorhangs im Tempel von oben bis unten in zwei Teile (Mk 15,38) und andere Züge der Leidensgeschichte (Mt 27,51–53) sind ganz offensichtlich Hinweise auf gottgewollte apokalyptische Vorgänge, die der Auferweckung vorausgingen.[82] Diese Darstellung wird im hellenistischen Judenchristentum entstanden sein; denn das Zerreißen des Vorhangs, das das Ende des Tempelkultes bedeutet, wird kaum in der Jerusalemer Gemeinde erzählt worden sein, die treu zum Tempel stand und ihn aufsuchte. Dagegen war das hellenistische Judenchristentum nicht an den Tempel mit dem Opferkult der Priester im Heiligtum gebunden, sondern offen für eine universale Verkündigung der Botschaft von Jesus.[83]

Entsprachen Passion und Ostern dem Ratschluß Gottes, dann muß auch die Schrift darüber etwas gesagt haben. Der einsetzende *Schriftbeweis* ist »ein im Osterglauben wurzelndes

81 *Popkes,* S. 272.

82 *Bartsch,* Bedeutung S.94–96; *Strobel,* Kerygma S. 138–161; *Popkes,* S. 230–232; *Schreiber,* S. 33–40; *Kessler,* S.244f.

83 *Friedrich,* Die Gegner S. 210.217.

Postulat«.[84] Man zitiert nicht immer sogleich bestimmte Stellen in vollem Wortlaut, sondern läßt beim Erzählen der Passionsgeschichte Psalmworte anklingen wie bei der Verteilung der Kleider (Mk 15,24), der Verspottung (Mk 15,29) und beim Tränken des Sterbenden mit Essig (Mk 15,36). Diese Ausgestaltung der Passionsgeschichte durch Anklänge an das Alte Testament ist bei Matthäus noch weiter fortgeschritten, so z.B. die Verabreichung von Myrrhenwein vor der Kreuzigung (Mt 27,34) und die Verspottung Jesu durch die Hohenpriester und Schriftgelehrten (Mt 27,43).[85] An anderen Stellen verweist man ganz allgemein auf Aussagen des Alten Testaments, ohne Worte aus der Schrift anzuführen oder eine Stelle anzugeben. So heißt es z.B. Mk 14,21: »Der Menschensohn geht dahin, wie über ihn geschrieben ist«, oder Mk 9,12: »Wie ist vom Menschensohn geschrieben, daß er vieles leide und verworfen werde?« (Mk 9,12). Die Ausdrucksweise »wie geschrieben steht« entspricht der Terminologie in der jüdischen Theologie.[86] In Qumran findet sich häufig diese Wendung. Allerdings wird dann auch ganz konkret die Schriftstelle zitiert, auf die man sich beruft.[87] Wenn man in den Evangelien auf die Schrift hinweist, dann geschieht es nicht in apologetischem Interesse, um Juden gegenüber, die nicht an den Gekreuzigten und Auferstandenen glauben, das Anstößige in der Passionsgeschichte zu beseitigen, sondern es werden Jünger belehrt, damit sie das Ärgernis der Kreuzigung Jesu überwinden. Nach dem Abendmahl sagt Jesus zu ihnen: »Es steht geschrieben, ich werde den Hirten schlagen, und die Schafe werde ich zerstreuen« (Mk 14,27). Mit allen diesen Stellen soll durch den Verweis auf die Schrift den Lesern gesagt werden, daß die Passion von Gott gewollt und darum bereits im Alten Testament vorausgesagt ist.

Diese Jüngerbelehrung tritt besonders stark im Lukasevangelium hervor. Der Auferstandene »öffnete ihnen den Sinn der Schrift« (Lk 24,45). Die Emmausjünger und mit ihnen die Christen überhaupt werden gefragt: »Mußte nicht der Messias dieses erleiden und in seine Herrlichkeit eingehen? Und er begann von Mose und allen Propheten und legte ihnen aus, was in allen Schriften über ihn geschrieben war« (Lk 24,26f). Mehr in der

84 *Dibelius,* Formgeschichte S. 185.
85 *Bultmann,* Tradition S. 304; *Dibelius,* Formgeschichte S. 187–189.
86 *Patsch,* S. 192.
87 CD 7,19; 19,1; 1 QS 5,15.17; 8,14.

Form des Streitgespräches wird Mk 12,10 argumentiert: »Habt ihr nicht diese Schrift gelesen? Der Stein, den die Bauleute verworfen haben, ist zum Eckstein geworden.« Der Gemeinde gegenüber ist es meist nicht nötig, auf bestimmte Schriftstellen direkt hinzuweisen, weil man von der Übereinstimmung der Christusgeschichte mit den Aussagen des Alten Testamentes überzeugt ist. In dem Sterben Jesu hat sich erfüllt, was die Schrift über ihn gesagt hat (Mk 14,49). »Siehe, wir gehen hinauf nach Jerusalem, und es wird alles vollendet werden, was durch die Propheten über den Menschensohn geschrieben ist« (Lk 18,31). Es bedarf keiner großen Begründung des Todes Jesu. In der glaubenden Gemeinde bestehen keine Zweifel, daß Gott es in seinem Heilswillen so haben wollte. Was er im Alten Testament gesagt hat, das hat sich im Leiden und Sterben Jesu erfüllt. Wie die Reden der Apostelgeschichte zeigen, hat man von dieser Überzeugung aus auch in der missionarischen Predigt an die Juden in dieser Weise argumentiert. Act 3,18 sagt Petrus in seiner Tempelrede: »Gott hat das, was er durch den Mund aller Propheten vorherverkündigt hat, daß sein Messias leiden werde, auf diese Weise erfüllt.« Ähnlich ist auch die Ansprache des Paulus an die Juden in der Synagoge in Antiochien formuliert (Act 13,27.29).

Zu den Hinweisen auf die Schrift kommen die Aussagen über *das »Muß« des Geschehens.* »Zuerst muß er viel leiden« (Lk 17,25). »Der Menschensohn muß in die Hände sündiger Menschen übergeben werden« (Lk 24,7). Für solche Formulierungen finden sich weder im Alten Testament noch bei den Rabbinen Beispiele. Wenn die Propheten Zukunftsaussagen machten, so sagten sie mit Ausnahme von Daniel nie, daß etwas geschehen »muß«. Eine solche Redeweise entspricht nicht der jüdischen Anschauung, sondern sie kommt aus dem griechischen Sprachgebrauch, wo mit diesem Wort die göttliche Notwendigkeit zum Ausdruck gebracht wird, die den Weltenlauf schicksalhaft und unabänderlich bestimmt. Im Neuen Testament begegnet diese Wendung hauptsächlich bei Lukas, dem sie von seiner hellenistischen Herkunft her geläufig ist. Aber weder bei ihm noch bei den andern Evangelisten – und bei ihnen erst recht nicht – soll damit gesagt werden, daß die Passion ein »grausig-rätselhaftes Geschehen« ist, das auf ein unverständliches göttliches »Müssen« zurückzuführen ist[88], son-

88 *Bultmann,* Johannes S. 489.

dern das »Muß« meint den Willen Gottes, den er in der Schrift offenbart hat. Die griechische Anschauung von »müssen« ist für die Evangelisten nicht akzeptabel, weil Gott für sie nicht eine rätselhafte, neutrale Notwendigkeit, sondern ein fordernder, schenkender und gestaltender Wille ist.[89] Während Markus entweder von der Schrift (9,12; 14,21) oder von dem göttlichen »Muß« des Leidens (8,31) spricht, er aber beide Aussageweisen nicht zu einer Einheit verbindet, ist dieses bei Lukas der Fall. Das Leiden-Müssen beruht bei ihm auf dem heilsgeschichtlichen Willen Gottes, den Gott im Alten Testament kundgetan hat. Nach Act 17,2f diskutiert Paulus mit den Juden in der Synagoge von Thessalonich. Auf Grund der Schriften legt er ihnen dar, »daß der Messias leiden und von den Toten auferstehen mußte«. Dieses »Muß« bringt dasselbe zum Ausdruck wie die Wendung »es steht geschrieben«. Es spricht von der Notwendigkeit der Schrifterfüllung. »Es muß alles erfüllt werden, was im Gesetz Moses, den Propheten und Psalmen über mich geschrieben steht« (Lk 24,44, vgl. Mt 26,54). Am stärksten tritt die Verbindung des göttlichen »Muß« mit dem Hinweis auf Schrifterfüllung Lk 22,37 hervor, wo das gemeinte Schriftzitat sogleich angefügt ist: »Dieses Schriftwort muß sich an mir erfüllen: Er ist unter die Übeltäter gezählt worden«. Sowohl die Sprachgeschichte wie die theologische Konzeption weisen auf Entstehung in der Zeit der hellenistisch-jüdischen Gemeinde hin. An allen Stellen, sowohl bei Inanspruchnahme der Schrift wie bei denen von dem göttlichen »Muß«, wird nichts über die soteriologische Bedeutung des Sterbens Jesu gesagt.

1.7

Anlaß zu Formulierungen über das stellvertretende Leiden und Sterben gab es in zweifacher Hinsicht. Zuerst ist auf die *Abendmahlsworte* aufmerksam zu machen. Was bedeutet es, wenn Jesus bei seinem Abschiedsmahl über den Wein die Worte sprach: »Das ist mein Blut«? Im Alten Testament ist das Blut der Sitz des Lebens.[90] Aber Blut ist im Alten Testament nur an ganz wenigen Stellen gleichbedeutend mit Leben.[91] Blut

89 *Grundmann,* ThWNT II S. 22, 20ff; *Fascher,* Beobachtungen S. 228–254; *Tödt,* S. 174–179; *Patsch,* S. 191–194.

90 Gen 9,4f; Lev 17,11.14; Deut 12,23.

91 Ps 72,14; 94,21.

vergießen heißt, ein Leben gewaltsam zerstören.[92] Von daher kann Blut im Alten Testament direkt zur Bezeichnung für einen gewaltsamen Tod werden.[93] Das Hinmorden kann »Blut« genannt werden[94] (Gen 42,22), auch wenn nicht expressis verbis vom Blutvergießen gesprochen wird. Wenn Jesus den Wein im Becher als sein Blut benennt, dann spricht er von seinem gewaltsamen Sterben, das er erleidet.[95]

Welche Assoziationen erwecken die Worte bei der Gemeinde jedes Mal, wenn sie sie zur Feier des Herrenmahles hört: »Das ist mein Blut«? Damit soll sie doch unmöglich nur auf den gewaltsamen Tod Jesu hingewiesen werden, der ihnen, besonders in den ersten Tagen nach der Hinrichtung Jesu, auch ohne diese Worte lebendig und schreckenerregend vor Augen stand. Wenn die Apostelgeschichte richtig von dem Jubelcharakter der Abendmahlsfeiern berichtet[96], dann kann man trotz der Worte »Das ist mein Blut« nicht zu einem Trauerzeremoniell zusammengekommen sein. Die Abendmahlsfeier erinnerte die Gemeinde nicht nur an ein Geschehen in der Vergangenheit. Der Tod Jesu muß, wenn er bei jeder Zusammenkunft als ein entscheidendes Ereignis verkündet wurde (1Kor 11,26), eine Gegenwartsbedeutung für die versammelte Gemeinde gehabt haben. Darum begann man, das Sterben Jesu zu interpretieren, und kam zu den Formulierungen: »für viele vergossen« (Mk 14,24), »für viele vergossen zur Vergebung der Sünden« (Mt 26,28), »für euch vergossen« (Lk 22,20). Der Sitz im Leben für das Wort vom Sühnetod Jesu ist die Abendmahlsfeier der urchristlichen Gemeinde.[97] Jesus ist nicht einer feindlichen Obrigkeit zum Opfer gefallen. Sein Tod ist auch nicht nur die Voraussetzung für seine Auferweckung, sondern er ist den Menschen zugute gestorben. Sein Tod hat sühnende Kraft.

Ein zweiter Gesichtspunkt ist in Betracht zu ziehen, um die

92 Gen 9,6; 37,21f; Deut 19,10; 1Sam 25,31; 2Kön 21,16; 24,4; 1Chron 22,8; Ps 79,3.10; 106,38; Prov 1,16.18; 6,17; Jes 59,7; Jer 7,6; 22,3.17; Ez 18,10; 22,27; Zeph 1,17.

93 1Kön 2,9; Ps 30,10; Ez 5,17.

94 *Seidensticker*, Lebendiges Opfer S. 153f; *B.Kedar-Kopfstein*, ThWAT II S. 256f.

95 *Friedrich*, Ursprung S. 314; *Kutsch*, Neues Testament S. 116.

96 *Du Toit*, Aspekt.

97 *E.Lohse*, Märtyrer S. 136; *Wilckens*, Ursprung S. 74; *Riesenfeld*, ThWNT VIII S. 513, 25ff; *Käsemann*, Heilsbedeutung S. 73; *Roloff*, Anfänge S. 50; *Patsch*, S. 169f; *Gnilka*, Jesus über seinen Tod S. 48.50; *Hahn*, Alttestamentliche Motive S. 358.

Entstehung der Theologie vom stellvertretenden Sterben Jesu zu erklären. Wenn die urchristliche Gemeinde nach Karfreitag und Ostern das Leben Jesu überdachte, so mußte sie zu dem Resultat kommen, daß es ein Leben für andere war. Weil er nicht an sich selbst dachte und er keine eigenen Ziele verfolgte, weil es ihm um die Menschen ging, denen er begegnete, darum nahm sich Jesus derer an, die am Rande der Gesellschaft standen oder aus der frommen Gemeinschaft ausgestoßen waren, um sie zu Gott zu rufen. Sein Leben war ein Sein für die anderen, nicht ein Beherrschen der anderen, war Hingabe, nicht Eigennutz. Er hat sich selbst nicht als Gottesknecht bezeichnet, er hat auch keine Sühnetheorie vorgetragen und sie auf sich angewendet. Wenn aber die Gemeinde nach Ostern sich das Leben Jesu während seiner irdischen Tätigkeit vergegenwärtigte, dann stand ihnen der Dienende und Leidende vor Augen.[98] *War die Aufgabe Jesu im Leben ein Dienen, dann mußte auch sein Sterben ähnlich zu verstehen sein.*[99] So kam die Gemeinde dazu, sein Wort vom Dienen (Mk 10,45) in diesem Sinne auszuweiten und zu sagen, er habe sein Leben als Lösegeld für viele dahingegeben.

Es entspricht nicht der allgemeinen Anschauung, daß der Ursprungsort für die soteriologische Deutung des Todes Jesu in den Einsetzungsworten des Herrenmahles zu suchen ist. *Ist das Sterben Jesu erst in der missionarischen Verkündigung an die Heiden erwähnt worden?* Man meinte, in der Urgemeinde brauchte man über die Passionsgeschichte nichts zu sagen, weil sie allen bekannt war, und die heilbringende Wendung erwartete man nicht aus dem Leiden und Sterben Jesu, sondern von der Parusie des Menschensohnes. Bei der Verkündigung an die Juden sprach man von Jesus als dem Messias und von seiner Auferstehung. Als dann die hellenistischen Judenchristen mit der Heidenmission begannen, konnte der Tod Jesu nicht mehr schweigend übergangen werden. Sein Sterben mußte in die Verkündigung einbezogen und über seinen Tod etwas Positives gesagt werden. So kam man zur soteriologischen Interpretation. Nach dieser Anschauung sind die griechisch sprechenden Judenchristen die Urheber der Sühneaussagen. Sie haben Tod und Auferstehung Jesu in ihrer Verkündigung zu einer einheitlichen Formel verbunden.[100]

98 *Schweizer,* Erniedrigung S. 72.
99 *Kasper,* S. 142.

Es besteht kein Zweifel, daß das Abendmahl nicht nur in der hellenistischen Judenchristenheit, sondern auch in der aramäischen Urgemeinde gefeiert wurde. Gewiß hat man, wie die verschiedenen Abendmahlsberichte und die Maranatha-Formel zeigen[101], an den wiederkommenden Herrn geglaubt. Aber in jeder Abendmahlsfeier wurden auch die Worte gesprochen: »Das ist mein Blut«, und dabei muß man sich etwas gedacht haben. Wenn die soteriologische Deutung erst durch die Heidenmission notwendig wurde, dann fragt man sich, warum Lukas, der das Missionsbuch der Urkirche geschrieben hat, soteriologische Aussagen über Jesus meidet. Man müßte meinen, daß gerade er, der Heidenchrist, nachdem in seiner Generation die eschatologische Naherwartung geschwunden war, die heilwirkende Bedeutung des Todes Jesu stark herausstellen und bei seiner Darstellung den Tod Jesu nicht nur als Anklage gegen die Juden benutzen würde. Die soteriologischen Aussagen des Sterbens Jesu im Abendmahl sprechen für eine frühere Zeit.

Für die These, daß die Theologie des stellvertretenden Sterbens im hellenistischen Christentum entwickelt ist, verweist man auf *die bei den Griechen weit verbreitete Anschauung, daß Menschen sich für andere einsetzen und bereit sind, für sie ihr Leben hinzugeben.* So sagt Perikles in seiner berühmten Rede, es sei das schönste Opfer, daß die Gefallenen ihre Leiber für die Polis, den Staat, dargebracht haben (Thuc II 43,1f). Soldaten sterben für ihre Familie, ihre Stadt, ihr Vaterland (Aristot Eth Nic IX 8 p 1169 a 18–20), Liebende für den Partner (Plat Symp 179 b), ein Freund für den anderen (Epict Diss II 7,3).[102] Das hellenistische Judentum habe diese Gedanken des Sterbens für den anderen aus dem Griechentum übernommen und mit der alttestamentlichen Anschauung verbunden, daß der vor Gott schuldige Mensch Sühne für seine Sünden braucht. So sei im hellenistischen Judentum die Vorstellung vom stellvertretenden Sühnetod entstanden, die es in dieser Form weder in der griechischen noch in der alttestamentlichen Tradition gab.

In den *Märtyrerberichten des 2. und 4. Makkabäerbuches* glaubt man die Synthese von griechischem und jüdischem

100 *Kramer,* S. 31–33; *Thyen,* Sündenvergebung S. 153.
101 *K.L.Schmidt,* Abendmahl S. 10.12; *Vögtle,* Geschichte S. 23f.
102 *Stählin,* ThWNT IX S. 151, 19ff; *Wengst,* S. 67; *Gnilka,* Martyriumsparänese S. 238.

Denken gefunden zu haben. 2Makk 7,37f sagt der letzte der 7 Brüder, er gebe sein Leben für die Gesetze, indem er Gott anrufe, daß er bald dem Volke gnädig werde und »bei mir und meinen Brüdern der Zorn des Allgewaltigen zum Stehen komme, der über unser ganzes Geschlecht mit Recht ergangen ist«. Das stellvertretende Sühneleiden ist hier expressis verbis noch nicht ausgedrückt.[103] Der Beter stirbt für die väterlichen Gesetze. Er fleht die Gnade Gottes herbei in der Überzeugung, daß das Gebet des Märtyrers erhört wird, und er hofft, daß durch seinen und seiner Brüder Tod der sich gegen das ganze Volk richtende Zorn Gottes zum Stillstand kommt. Deutlich ist der Gedanke von dem sterbenden Greis Eleazar ausgesprochen: »Ich sterbe um des Gesetzes willen. Sei gnädig deinem Volke. Laß dir die Strafe genügen, die wir für sie erdulden. Zu ihrer Läuterung laß ihnen mein Blut dienen, und als Ersatz für ihr Leben nimm mein Leben hin« (4Makk 6,27–29). Hier wird vom stellvertretenden Leiden gesprochen. Der Sterbende nimmt die Strafe der anderen auf sich, damit das Volk verschont wird. Sein Tod soll Reinigung von den Sünden bringen. Schließlich wird festgestellt: »Sie sind gleichsam Ersatz geworden für die Sünden des Volkes. Durch das Blut jener Frommen und ihren Sühnetod hat die göttliche Vorsehung das vorher schlimm bedrängte Israel gerettet« (4Makk 17,22). Diese Männer starben stellvertretend für die Sünden ihres Volkes. Ihr Tod ist Sühne für das schuldbeladene Leben der anderen. Sie haben das von Feinden bedrängte Volk Israel gerettet.

Das hellenistische Judenchristentum – so sagt man[104] – hat diese Gedanken aufgegriffen und den *stellvertretenden Sühnetod der Märtyrer auf das Sterben Jesu angewendet.* Sitz im Leben ist dann weder die sakramentale Feier noch die missionarische Heidenpredigt, sondern die katechetische Unterweisung oder das gottesdienstliche Gebet. Aber selbst wenn man von den Märtyrerzeugnissen der Makkabäerbücher ausgeht, läßt sich die These nicht halten, daß die Aussagen des Neuen Testaments über den stellvertretenden Tod Jesu eine gradlinige Fortsetzung der im Judentum verbreiteten Anschauung sind. Die von den Märtyrern vollbrachte Sühne galt nur für das eigene Volk, für ihr Vaterland, für Israel. Das Lösegeld, das Jesus

103 Anders *Gnilka,* Martyriumsparänese S. 236.
104 *Wengst,* S. 71.

zahlt, ist nicht nur für einen bestimmten Kreis von Menschen bestimmt. Es gilt für alle, für die ganze Welt. Ebenso ist der zeitliche Geltungsbereich des stellvertretenden Sterbens bei den jüdischen Frommen beschränkt. Sie starben für die Sünden ihrer Zeitgenossen. Dagegen ist der Tod Jesu von unbegrenzter Sühnekraft und darum in jeder Hinsicht von universaler Bedeutung.[105] Solche Anschauungen finden sich nur Jes 53 und im Neuen Testament, nicht dagegen in der jüdischen Auslegung von Jes 53. Wengst ist der Meinung[106], die Zufügung von ›Lösegeld für viele‹ zu dem Wort vom Dienen Mk 10,45 sei durch das hellenistische Judenchristentum erfolgt. Von einer universalen Sühne weiß man weder in der griechischen Anschauung vom stellvertretenden Sterben noch im hellenistischen Judentum etwas. Dagegen blickt Jes 53 über die Grenzen Israels hinaus und denkt an die Sünden der Völker, die nicht durch tierische Opfer, sondern durch den Tod eines Menschen gesühnt werden, auf den Gott die Sünden der Menschen häuft.[107]

Nun bietet Mk 10,45 ganz sicher kein wörtliches Zitat aus Jes 53. Aber da die Aussage von dem universalen Sühnetod nur Jes 53 und im Neuen Testament vorkommt[108], muß man annehmen, daß Berührungen vorliegen. Gewisse Züge aus Jes 53 hat man auf Jesus angewendet, um die Bedeutung seines Todes zu charakterisieren. So hat sich Jes 53 auf die Formulierung von Mk 10,45 ausgewirkt.[109] Der *aramäische Hintergrund von Mk 10,45* ist unbestreitbar.[110] Natürlich kann auch ein hellenistischer Judenchrist semitisierend formulieren. Aber wie ein hellenistischer Christ denselben Tatbestand zum Ausdruck bringt, wird durch einen Vergleich von 1Tim 2,6 mit Mk 10,45 deutlich.[111]

Wenn sich Belege für ein stellvertretendes Sterben im hellenistischen Judentum nachweisen lassen, so ist das noch kein zwingender Beweis dafür, daß man im palästinischen Juden-

105 *Lohse,* Märtyrer S. 120f; *Patsch,* S. 178.

106 *Wengst,* S. 74.

107 *Koch,* S. 233.

108 *Lohse,* Märtyrer S. 106.120; *Barrett,* Background 1ff.

109 *Hahn,* Hoheitstitel S. 58; *Tödt,* S. 191; *Kertelge,* Vögtle-Festschr. S. 238; *Gnilka,* Jesus über seinen Tod S. 45; *ders.,* Martyriumsparänese S. 243.

110 *Jeremias,* Lösegeld S. 216–229; *Lohse,* Märtyrer S. 117–122; *Patsch,* S. 179f.

111 Vgl. *Lohse,* Märtyrer S. 118f; *Jeremias,* Lösegeld S. 226; *Büchsel,* ThWNT IV S. 351, 32ff; *Dibelius–Conzelmann,* S. 35; *Patsch,* S. 177; *Stuhlmacher,* Existenzstellvertretung S. 414f.

tum nicht ähnlich gedacht hat. Es ist aber auffallend, daß Billerbeck in seinem Kommentar aus Talmud und Midrasch keinen einzigen Beleg aus seinem Quellenmaterial für den Satz aus dem Johannesevangelium beibringen kann: »Es gibt keine größere Liebe als die, wenn man sein Leben für seine Freunde hingibt« (Joh 15,13). In dem Loblied auf die Freundschaft Sir 6,14–17 wird der Freund zwar als eine das Leben erhaltende Arznei bezeichnet. Aber es wird dort nicht gesagt, daß die Verbundenheit von zwei Freunden so weit geht, daß man auch bereit ist, sein Leben für den anderen zu lassen.

Trotzdem braucht man für das stellvertretende Sterben und den Sühnetod für andere nicht ausschließlich auf das Griechentum und das hellenistische Judentum als Quelle für die Aussagen über Jesus zurückzugreifen. Neben Jes 53 ist auf *das Gebet des Asarja* hinzuweisen, das dieser nach dem Text der Septuaginta Dan 3,26–45 mit seinen Freunden sprach, als diese im Feuerofen saßen.[112] Zwar ist uns dieser Text nur im griechischen Wortlaut erhalten. Aber wahrscheinlich liegt ihm ein hebräischer oder aramäischer Text zugrunde[113], so daß seine Aussagen nicht für das hellenistische Judentum in Anspruch genommen werden können. Gottes Gericht über Jerusalem, die heilige Stadt der Väter, daß er sie in die Hände der Feinde ausgeliefert habe, sei gerecht, weil man gesündigt habe, von Gott abgefallen sei und den Geboten des Gesetzes nicht gehorcht habe (3,27–32). Gott wird um der Verheißungen an Abraham, Isaak und Jakob willen gebeten, sein Erbarmen nicht einzustellen (3,35f). In der Notsituation, in der es keine Herrscher und keine Propheten, keine kultischen Opfer gibt, um Gnade zu erlangen (3,38), wollen Asarja und seine Freunde ihr Leben als Opfer darbringen: »Wie Brandopfer von Widdern und Stieren, wie Myria-

112 *Gnilka,* Martyriumsparänese S. 240.

113 *Eißfeldt,* S. 799; *Rost,* S. 66. Wichtig ist Test B 3, 8. Umstritten ist, ob der Text der 12 Patriarchen ursprünglich hebräisch (so *Eißfeldt,* S. 862; *Rost,* S. 106) oder griechisch (so *Becker,* Testament S. 373; *Burchard,* S. 27) abgefaßt worden ist. Auf jeden Fall ist die »Prophetie des Himmels« bedeutsam, die nach der armenischen Übertragung in Test B 3,8 über Joseph ausgesprochen wird: »Der Unschuldige wird für Gesetzlose befleckt werden und der Sündlose wird für Gottlose sterben.« Da diese Stelle nicht ein christlicher Einschub ist (vgl. *W.Bousset,* Testamente S. 156; *Lohse,* Märtyrer S. 85–87; *Becker,* Untersuchungen S. 51–56) und die »Prophetie« vielleicht Wiedergabe einer sprichwörtlichen Sentenz ist, ist sie ein wichtiger Beleg, daß das Judentum das stellvertretende Sterben eines Frommen für die Gottlosen gekannt hat und diese Anschauung vielleicht auf breiterer Basis beruhte, als zufällige Zeugnisse oder das Fehlen von solchen dieses belegen.

den fetter Lämmer, so soll unser Opfer vor dir heute sein und dich versöhnen« (3,39f). Dieser Text spricht von dem stellvertretenden Lebenseinsatz zur Sühne von Schuld. Die Hingabe des Lebens ist ein kultisches Opfer, das den Zorn Gottes besänftigen wird, so daß Gott dem Volk Gnade erweist.

Im *rabbinischen Judentum* finden sich Aussagen ähnlicher Art erst aus verhältnismäßig später Zeit.[114] Das ist aber noch kein Grund zur Annahme, daß man in den theologischen Schulen in Palästina nichts von der Bedeutung eines stellvertretenden Todes gewußt hat. Da für die vorchristliche Zeit die Quellen nicht sehr stark fließen, ist man auf Rückschlüsse angewiesen. R. Jonathan (um 140) sagt: »So findest du überall, daß die Väter und Propheten ihr Leben für Israel dahingegeben haben.«[115] Und R. Simon ben Jochai (um 150) hat gemeint: »Jener Tropfen (Blut), der aus jenem Gerechten kam (1Kön 20,37), hat für ganz Israel gesühnt.«[116] Es ist durch nichts angedeutet, daß der Gedanke vom Sühnetod der Gerechten eine völlig neue Erkenntnis dieser Theologen gewesen wäre. Es kann eine durchaus allgemein bekannte Vorstellung gewesen sein, die erst später mit dem Hinweis auf eine bestimmte Schriftstelle begründet worden ist.[117]

Man muß bedenken, daß der Verbundcharakter und damit auch der *Stellvertretungsgedanke* im Judentum eine Selbstverständlichkeit war. Man dachte nicht so individualistisch wie heute. Wer zu einer Gemeinschaft gehörte und in dieser Gemeinschaft vielleicht sogar eine hervorragende Stellung einnahm wie der König, der Priester oder der Prophet, bestimmte durch sein Handeln das Schicksal der Gemeinschaft.[118] Was der einzelne tat, hatte Auswirkungen auf die Gesamtheit. Hatte jemand gesündigt, so wurde der Gesamtverband der Familie oder des Volkes in den Strudel der Schuld mit hineingezogen. Als Korah und seine Anhänger sich gegen Mose auflehnten, wurden nicht nur sie dafür bestraft, sondern die Erde verschlang alle, die zu ihm gehörten (Num 16,32). Ebenso mußte, nachdem Achan sich an gebanntem Gut vergriffen hatte, die gesamte Familie dafür büßen (Jos 7,1.24f, vgl. auch 2Sam 24,17). Wie ein Einziger Schuld

114 *Lohse,* Märtyrer S. 76f.104.
115 Mekh Ex 12,1 (2a); *Strack-Billerbeck,* II S. 280.
116 pSan 11,30 c 28; *Strack-Billerbeck,* II S. 279.
117 *Lohse,* Märtyrer S. 80.
118 *von Rad,* Theologie I S. 277; *Reventlow,* Rechtfertigung S. 130.

auf die Gesamtheit bringt, die Versündigung eines Priesters Verschulden des ganzen Volkes bewirkt (Lev 4,3), so kann die Sünde der Gesamtheit auf einen übertragen werden und das Opfer des einen die Gesamtheit retten (2Sam 20,21f). Es gibt nicht nur eine Verbundenheit der Schuld, sondern auch des Segens (Ps 103,17). Während die Sünden der Väter die Nachkommen bis zu den Urenkeln belasten, soll der Segen Tausenden zuteil werden (Ex 20,5f; 34,7; Deut 5,9f). Die Gerechtigkeit eines Frommen hat bewahrende Kraft vor dem Zorngericht Gottes (Gen 18,23ff; 2Kön 20,6). Das Verhalten des einzelnen hat Konsequenzen für das Ergehen der Gesamtheit.

Im Judentum wußte man etwas vom stellvertretenden Leiden. Diese Anschauung war so bekannt, daß es fast eine sprichwörtliche Redensart war, sich für die Sünden anderer zur Sühne anzubieten.[119] Ursprünglich kam der Ausruf »Ich will eine Sühne sein« aus der Bereitschaft, Leiden, die einen andern wegen einer Verschuldung treffen konnten, stellvertretend zu übernehmen. R.Jischmael (135) wollte alle Leiden, die über Israel kommen, stellvertretend erdulden.[120] So kann man fremde Schuld auf sich nehmen und stellvertretend sühnen. Nach 1QS 8,10 (vgl. 3.6) sollen zwölf Männer und drei Priester im Rat der Gemeinschaft »wohlgefällig sein, zu sühnen für das Land«. Das geschieht nicht im Tempel zu Jerusalem, sondern in der Gemeinde, die das neue Heiligtum ist.[121] Ähnlich heißt es 1QSa 1,3: »Sie sind die Männer seines Rates, die seinen Bund bewahrt haben inmitten der Gottlosigkeit, um Sühne zu (leisten für das Land)«. Der schon erwähnte R. Simon ben Jochai (um 150) erhebt den Anspruch, eine weitgreifende Sühne schaffen zu können: »Ich könnte die ganze Welt vom Strafgericht befreien, vom Tage, da ich geschaffen wurde, bis jetzt.«[122]

In diesem Zusammenhang kann man auch *auf Mose hinweisen.* Als Israel durch Anfertigung des goldenen Stierbildes Schuld auf sich geladen hat, da sprang Mose in die Bresche (Ps 106,23). »Wenn du nun ihre Sünden vergibst (dann ist gut), wenn nicht, dann lösche mich doch aus dem Buche, das du geschrieben hast« (Ex 32,32). Nach Deut 3,25f durfte Mose das Land jenseits des Jordan nicht betreten, weil Israel sich versün-

119 *Sjoeberg,* Sünder S. 174.
120 Neg 2,1; *Strack-Billerbeck,* III S. 261.
121 *Klinzing,* S. 62.105.
122 *Sukka 45 b; E.Lohse,* Märtyrer S. 103f.

digt hatte. Stellvertretend mußte er die Schuld des Volkes büßen und außerhalb des verheißenen Landes sterben (Deut 1,37; 4,21). In der Exegese ist umstritten, ob Ex 32,32 der Gedanke der Sühne für die Sünden anderer vorliegt.[123] Von Rad ist der Meinung, daß Mose »stellvertretend für die Sünden des Volkes« gestorben ist.[124] Die Schilderung des Gottesknechtes in Jes 53 ist nicht ohne gewisse Berührungen mit der Vorstellung vom Wesen der prophetischen Aufgabe, wie das Deuteronomium es an Mose dargestellt hat.[125] Auf jeden Fall haben die Rabbinen Mose verherrlicht, weil er sein Leben als Sühne für die Sünden des Volkes angeboten hat.[126] Nun stammen die meisten Aussagen von Rabbinen über Mose ebenfalls aus später Zeit. Daß die Tradition seines stellvertretenden Einsatzes im Judentum lebendig war, zeigt die Aussage des Apostels Paulus: »Ich wünschte, selbst verflucht und von Christus geschieden zu sein für meine Brüder« (Röm 9,3). Die Stelle erinnert an Ex 32,32.[127] Ein solches Denken kommt aus dem jüdischen Verständnis der Sühne. Paulus bietet sich Gott als Selbstopfer an. Er ist bereit, den Vertilgungsfluch auf sich zu nehmen, wenn er dadurch Israel retten könnte.

Für die neutestamentliche Fragestellung geht es um das Problem, *ob auch in der rabbinischen Theologie der Tod eines Menschen sühnende Kraft hat.* Ein altes feststehendes Theologumenon, das keiner Begründung bedurfte, lautete: »Alle, die sterben, erlangen durch ihren Tod Sühne.«[128] Der Tod sühnt, wenn der Sterbende umkehrt. Aber er ist eine Sühne nur für die eigenen Sünden, nicht für die der anderen. Ein gewisser Ansatz ergibt sich aus der Erörterung über das Sterben unschuldiger Kinder. Nach R.Jehuda (um 150)[129] machen ohne eigene Schuld verstorbene Kinder, die sich in der Gemeinschaft der Gerechten befinden, vor Gott ihre Verdienste zugunsten der Sünden ihrer Väter geltend. Das hat zwar keine umfassende Geltung, weil die Väter nach dem Tode der Kinder weiter gesündigt haben, aber diese Stelle zeigt, daß der vorzeitige Tod Unschuldiger

123 *Lohse,* Märtyrer S. 96f.
124 *von Rad,* Theologie I S. 307; II S. 273; *Noth,* 2. Mose S. 206.
125 *von Rad,* Theologie II S. 273–289.
126 *Jeremias,* ThWNT IV S. 858, 16ff; *Lohse,* Märtyrer S. 87–90.
127 *Lohse,* Märtyrer S. 193f; *Schlier,* Römerbrief S. 285.
128 Sifr Num § 112 zu 15, 31 (*H.S. Horovitz* 121,13); *K.G.Kuhn,* R 6,7 S. 305–310; *Sjoeberg,* Sünder S. 121.172; *Lohse,* Märtyrer S. 49f.
129 Midr Qoh 4,1 (22 a); *Strack-Billerbeck,* IV S. 768.

sühnende Bedeutung haben kann. Was ergibt sich daraus für die Deutung des Todes Jesu? Wenn das Sterben unschuldiger Kinder für eine begrenzte Zeit die Sünden der Väter sühnt, wenn die Verdienste der Frommen der Allgemeinheit zugute kommen konnten, muß dann das unschuldige Sterben Jesu nicht auch irgendeine Auswirkung auf andere gehabt haben? Da die palästinischen Christen treu in ihrem jüdischen Verband verblieben, können sie die Erwähnung des Sterbens Jesu nicht nur als Anklage gegen ihre jüdischen Glaubensgenossen verwendet haben, wie es die Apostelgeschichte schildert. Der Tod Jesu muß für sie einen Sinn gehabt haben. Darum ist es nicht ausgeschlossen, daß der Gedanke vom Sühnetod Jesu bereits aus dem Kreis der palästinischen Judenchristen stammt.[130] Ob man nun auf das hellenistische oder palästinische Judentum schaut, die soteriologischen Aussagen über das Sterben Jesu für alle Menschen lassen sich aus den allgemein-jüdischen Vorstellungen direkt nicht ableiten. Denn dort gilt allgemein der Grundsatz: »Für die Völker gibt es kein Lösegeld.«[131] Jesus hat aber sein Leben zu einem Lösegeld für die vielen gelassen. Ob die Interpretation seines Lebens und Sterbens aus dem palästinischen oder dem hellenistischen Judenchristentum gekommen ist, läßt sich mit historischer Eindeutigkeit nicht beweisen. Man wird das Entweder-Oder aufgeben und sich mit der Feststellung begnügen müssen, daß die Entstehung des soteriologischen Verständnisses des Todes Jesu zeitlich weit in das Urchristentum zurückreicht.

1.8

Überblickt man die theologische Diskussion der letzten Jahre, so scheinen die aufsehenerregenden Thesen der Entmythologisierung, der Gott-ist-tot-Theologie, der Theologie der Revolution, der Befreiung und der Hoffnung im Vordergrund des allgemeinen Interesses gestanden zu haben. Sieht man aber genauer hin, so stellt man mit Erstaunen fest, daß *mit großer Intensität in ganz verschiedenen Kreisen das Thema des Sterbens Jesu behandelt worden ist.* Der Theologische Ausschuß der Evangelischen Kirche der Union nahm eine Entschließung über den Kreuzestod Jesu an, nachdem diese durch eingehende

130 *Schlatter,* Petrus und Paulus S. 123; *Hahn,* Hoheitstitel S. 55; *Vielhauer,* Christologie S. 180; *Braun,* Christologie S. 251; *Bultmann,* Theologie S. 49.
131 Mekh Ex 21,30 (93 b); *Strack-Billerbeck,* III S. 644.

Studiensitzungen vorbereitet war.[132] Auf der Landessynode Schleswig-Holstein sprachen E. Lohse und L. Goppelt über »Das Kreuz Christi im Widerstreit der Meinungen«.[133] Verschiedene Arbeitsgruppen beschäftigten sich mit diesem Thema, z.B. das Seminar der Evangelischen Akademie in Tutzing[134] und der Theologische Konvent Augsburgischen Bekenntnisses.[135] Die Tagungen der Herausgeber der »Evangelischen Theologie« standen in den Jahren 1972 und 1973 unter der Überschrift »Kreuzestheologie«[136], und der Kongreß Katholischer Neutestamentler in Deutschland behandelte das Thema »Der Tod Jesu«.[137] Daß diese Frage in den verschiedensten Kreisen behandelt worden ist, zeigt die theologische Aktualität des Problems. Es handelt sich nicht um Einzeluntersuchungen interessierter Theologen, sondern um das Ringen ganzer Gruppen um einen im Neuen Testament sehr wichtigen theologischen Grundgedanken. Zu den genannten Veröffentlichungen kommen Sammelbeiträge[138] und Monographien, sowohl von katholischen Theologen[139] wie von evangelischen Autoren[140]. Angesichts dieses Tatbestandes stellt H. Küng die Frage: »Ist Theologie des Kreuzes die neueste theologische Mode?« Seine Antwort lautet: Keineswegs. Es geht vielmehr um eine »ernüchterte Konzentration auf die Mitte des christlichen Glaubens«, »um eine Besinnung der christlichen Theologie auf ihren letzten Grund und ihr innerstes Kriterium«.[141]
Spricht das Neue Testament von der Bedeutung des Sterbens Jesu, so bedient es sich nicht einer einförmigen Terminologie, sondern es gebraucht verschiedene Wörter und veranschaulicht das Geschehen durch Anspielen auf mehrere den damaligen Hörern und Lesern bekannte Vorstellungen. Diese verschiedenen Anschauungen, Bilder und Begriffe werden nicht immer säuberlich getrennt, sondern, wie es orientalischem Denken

132 *Viering*, Bedeutung; *ders.*, Das Kreuz Jesu Christi; *ders.*, Kreuzestod.
133 *Baader*.
134 *Rieger*.
135 *Asendorf-Nagel*.
136 Vgl. die Aufsätze von *J. Moltmann* und *H. Küng* (Ev. Theol. 33, 1973) und von *U. Luz* und *W. Schrage* (Ev. Theol. 34, 1974).
137 *Kertelge*. Der Tod Jesu.
138 *Klappert*, Diskussion um Kreuz ...
139 *Kessler* und *Schürmann*.
140 *J. Jeremias*, Der Opfertod Jesu; *Delling*, Kreuzestod; *Moltmann*, Der gekreuzigte Gott; *Popkes*, Christus traditus.
141 *H. Küng*, Ev. Theol. 33 (1973) S. 401f.

entspricht, gemischt gebraucht und in einem Atemzug genannt. Sie sollen hier zunächst isoliert betrachtet und danach befragt werden, was das Spezifische jeder dieser Aussagen ist und wie weit sie dem heutigen Menschen noch verständlich sind.

2
Jesus, das Opferlamm

2.1

In der theologischen Diskussion wird viel vom Opfertod Jesu gesprochen. Nach A.Ritschl[1] enthalten mit Ausnahme von Jakobus und Judas sämtliche Schriften des Neuen Testaments Betrachtungen über den Tod Jesu als Opfer. Im Judentum gab es verschiedene Arten von Opfern.[2] Einige – so meint man – seien auch vom Neuen Testament herangezogen, um den Tod Jesu zu deuten. So sagt man, daß die Vorstellung von Jesus als Passalamm in der Urchristenheit allgemein verbreitet gewesen ist.[3] In der Tat schreibt Paulus: *»Unser Passalamm ist schon geopfert: Christus«* (1Kor 5,7). Das ist aber die einzige Stelle, an der Jesus expressis verbis als Passalamm bezeichnet wird. Aus ihr läßt sich nicht zwingend beweisen, daß diese Anschauung ein allgemein verbreitetes und anerkanntes Theologumenon gewesen ist. Aus dem Zusammenhang der Stelle muß man vielmehr schließen, daß es sich um eine zufällige Bemerkung handelt, die Paulus durch Verweis auf die Sitten des Passafestes über die Heiligkeit der Gemeinde macht, so daß ihr keine theologische Bedeutung zukommt.[4]

Paulus spricht 1Kor 5,6f vom Sauerteig und in diesem Zusammenhang nur ganz nebenbei auch vom Passalamm. Wie die Stellen bei den Rabbinen[5] und Äußerungen im Neuen Testament (Mt 16,6; Gal 5,9) zeigen, zitiert er wahrscheinlich ein sprichwortartiges Wort vom Sauerteig. Die Erwähnung des Sauerteiges veranlaßt ihn, von der jüdischen Passasitte zu reden. Wie beim Passafest das jüdische Haus durch Entfernung

1 *A.Ritschl* S. 160f.

2 *von Rad,* Theologie I S. 263–275; *Rendtorff,* Geschichte des Opfers.

3 *J.Weiß,* 1Kor S. 135f; *Goppelt,* Typos S. 180; *Walther,* S. 80; *Jeremias,* ThWNT V S. 899,24; *Lohse,* Märtyrer S. 141f; *Conzelmann,* Korinther S. 119; *Bultmann* 2.Kor S. 162.

4 *Schmiedel* z.St; *Bousset,* 1Kor S. 91; *Bauer,* Johannesev. S. 209; *O.Kuss,* Grundgedanke S. 296f.

5 *Strack-B.,* I S 728f; IV S. 469.

des Sauerteiges gereinigt wurde, so soll sich auch die Gemeinde von ihrer Bosheit und Schlechtigkeit frei machen. Es geht Paulus um die Heiligkeit der Gemeinde, nicht aber um den Opfertod Jesu. Die Erörterung über gesäuerte und ungesäuerte Brote, die verhältnismäßig frei durchgeführt wird, veranlaßt Paulus, da das jüdische Passafest anscheinend unmittelbar bevorstand (1Kor 5,8; vgl. 16,8), auch eine Bemerkung über das Passalamm zu machen, auf das er, wie Gal 5,9 zeigt, wo er ebenfalls vom Sauerteig spricht, sonst nicht eingeht und das auch 1Kor 5,7 nicht weiter behandelt wird. Vielmehr kommt Paulus gleich wieder auf das Brot zu sprechen: »So laßt uns das Passafest feiern, nicht im alten Sauerteig, nicht im Sauerteig des Schlechten und Bösen, sondern im ungesäuerten Brot der Lauterkeit und Wahrheit« (1Kor 5,8). Paulus spricht nicht deshalb von Jesus, dem Passalamm, an dieser Stelle nur so kurz, weil der Vergleich allgemein bekannt war, sondern weil die Anschauung von Jesus als Passalamm unzutreffend ist.

Das Passa war kein Sühn- und Versöhnungsfest. In Ägypten schützte das an die Türpfosten und an die Oberschwellen gestrichene Blut des geschlachteten Lammes die Israeliten vor dem Verderben.[6] Der Akt hatte eine apotropäische Bedeutung. Auch für die spätere Zeit hat das Passaopfer, wie Jub 49,15 zeigt, bewahrende Kraft. Als die Passalämmer nur noch im Tempel zu Jerusalem geschlachtet wurden, war es eine kultische Handlung, wie andere Opfer.[7] Aber das Passalamm wurde nicht als Ersatz für das Sündopfer angesehen. Das Passa war ein Erinnerungsfest (Jub 49,15) mit dem sehnsuchtsvollen Blick auf die kommende Erlösung.[8]

Wäre Jesus im Urchristentum als Opferlamm verehrt worden, so hätte man nicht an die damalige Anschauung vom Passa angeknüpft. In der alten Kirche hat man das Passafest noch gefeiert. Aber man gedachte nicht an Jesus als das Opferlamm, an die befreiende Tat Jesu durch sein Sterben, sondern man schaute, wie die Nachrichten von den Quartadecimanern zeigen, ähnlich wie die Juden in der damaligen Zeit, nach der kommenden Erlösung aus.[9] Hätte man im Urchristentum bei der Bezeich-

6 Ex 12,7.13.23.27; Jub 49,3; Hbr. 11,28.
7 *Füglister,* S. 98–105. 256–265.
8 *G.Dalman,* S. 166.
9 *B.Lohse,* Passafest S. 78–84; *Jeremias,* ThWNT V 900, 12ff; *Strobel,* Passaerwartung S. 176.

nung Jesu als Passalamm auf die Aussagen des Alten Testaments zurückgegriffen, dann hätte man seinen Tod als Schutz vor der vernichtenden Macht in diesem Äon ansehen müssen. Die Bezeichnung Jesu als Passalamm (1Kor 5,7) hat in der Urchristenheit keine theologische Relevanz gehabt.

2.2

Einen weiteren Hinweis auf Jesus als Passalamm findet man in den *Abendmahlsworten*. Nach J. Jeremias sind »Leib« und »Blut« wie auch »vergießen« Opfertermini. Daraus schließt er, daß Jesus sich als Passalamm verstanden hat.[10] Die Synoptiker berichten zwar von der Stiftung des Herrenmahles während der Passafeier. Ob Jesus aber das Passamahl mit seinen Jüngern vor seiner Gefangennahme gehalten hat, ist sehr fraglich. Die Deutung von Jeremias steht und fällt mit dem Passacharakter des letzten Mahles Jesu. Ist Jesu letztes Zusammensein mit seinen Jüngern keine Passafeier gewesen[11], dann kann Jesus sich bei der Stiftung des Abendmahls auch nicht als Passalamm bezeichnet haben. Aber selbst bei der Anerkennung des letzten Mahles Jesu als Passa erheben sich gegen die Interpretation von Jeremias Bedenken. σῶμα kann man nicht ohne weiteres als einen Opferterminus bezeichnen. Es ist auch schwer, σῶμα und αἷμα als ein Begriffspaar zusammenzunehmen. Im Ritus eines Passafestes wären die Worte vom Leib und vom Blut weit voneinander getrennt gesprochen worden.[12]
Wenn Jesus sich den Jüngern gegenüber als Passalamm kundgetan hätte, dann hätten diese verstehen müssen, daß er mit seinen Worten und mit seiner Handlung einen mehrfachen Vergleich durchgeführt hätte: Das zerbrochene Brot wäre ein Gleichnis für seinen Leib, die rote Farbe des Weines für sein Blut. Leib und Blut gehörten zusammen und stellten das Passalamm dar, und dieses geschlachtete Passalamm wäre er selbst. Das sind doch sehr komplizierte Denkvorgänge, die den Jüngern zugemutet werden und die sie wohl kaum verstanden hätten, wenn man sie nicht ausführlich erläuterte. Hinzu kommt, daß das Passa zur Zeit Jesu, wie Jeremias selbst zugibt, keine Sühnkraft hatte, sondern ein ganz gewöhnliches Opfer war. Al-

10 *Walther*, S. 39–42; *Jeremias*, ThWNT V 899, 26ff; *ders.*, Abendmahlsworte S. 213.
11 *Friedrich*, Ursprung S. 309f.
12 *Lohse*, Märtyrer S. 125–127; *F.Hahn*, Herrenmahl S. 558f.

les, was wir von Paulus über das Abendmahl hören, spricht gegen den Passacharakter. Wo er Jesus als Passalamm erwähnt, sagt er nichts über das Herrenmahl (1Kor 5,7), und wo er die Frage des Herrenmahles behandelt (1Kor 10,16f; 11,23ff), bezeichnet er Jesus nicht als Passalamm. Beides hat, soweit wir es aus den Texten entnehmen können, für Paulus nichts miteinander zu tun.[13]

2.3
Viele sehen im Wort des Täufers: *»Siehe, das ist Gottes Lamm!«* (Joh 1,29.36) ebenfalls einen Hinweis auf Jesus als Passalamm.[14] Um die Richtigkeit dieser Interpretation zu stützen, verweist man auf Joh 19,36[15]: »Kein Knochen an ihm soll zerbrochen werden!« In diesem Wort sieht man ein Zitat über das Passalamm von Ex 12,46 und Num 9,12.[16] Wahrscheinlich ist aber an dieser Stelle nicht an das Passalamm, sondern an den Gerechten in Ps 34 gedacht, der viel leiden muß, aber von Gott nicht im Stich gelassen wird: »Er behütet alle deine Gebeine, daß ihrer keins zerbrochen wird« (Ps 34,21).[17] Die Entscheidung, an welche Stelle im Alten Testament gedacht ist, ist deshalb so schwierig, weil Joh 19,36 keine ganz wörtlich zitiert wird. Vom Wortlaut aus gesehen, steht der Psalmvers der Aussage in der Passionsgeschichte insofern etwas näher, als sowohl im Psalm wie bei Johannes das Passiv »zerbrochen werden« gebraucht wird, während Ex 12,46 und Num 9,12 die aktive Verbform haben: »Ihr sollt keinen Knochen an ihm zerbrechen«. Auch von der inhaltlichen Tendenz sowohl des engeren Zusammenhanges wie des ganzen Evangeliums her liegt kein Grund vor, an das Passalamm zu denken. Nun ist zwar Jesus nach dem Johannesevangelium gekreuzigt worden, als die Passalämmer im Tempel geschlachtet wurden; aber in dem ganzen Abschnitt Joh 19,31–37 ist in keiner Weise auf das Passalamm

13 *Bornkamm,* Herrenmahl S. 150.

14 *Walther,* S. 69; *Lohse,* Märtyrer S. 144.191; dagegen *A.Schlatter,* Der Evangelist Johannes S. 46f: Die Passalämmer waren nicht »Gottes Lämmer«, wie die beiden täglich geopferten Lämmer.

15 *Bauer,* Johannes S. 33; *Jeremias,* ThWNT I S. 343, 31; *Barrett,* Lamb S. 211; *Schnackenburg,* Joh-Ev.I S. 286f; *F.Hahn,* Alttestamentliche Motive S. 352.

16 *Goppelt,* Typos S. 229; *Schelkle,* Passion S. 146f; *Wikenhauser,* Johannes S. 277; *Lohse,* Wort und Sakrament S. 197; *Füglister,* S. 279; *Gryglevicz,* S. 144; *Strathmann,* Johannes S. 243.

17 Vgl. *Zahn,* Johannes S. 653; *Dibelius,* Joh 15,13 S. 216 A 15; *Forestell,* S. 90–92; *Torrey,* S. 231; *Dodd,* Scriptures S. 98f; *Schweizer,* Erniedrigung S. 117.

angespielt, so daß man genötigt wäre, bei dem Zitat an das Passalamm zu denken. Ein Zitat aus dem Pentateuch würde innerhalb der Passionsgeschichte ein erratischer Block sein. Dagegen werden mehrmals Psalmworte über den leidenden Gerechten zitiert, Joh 19,24 aus Ps 22,19 und Joh 19,28f aus Ps 69,22.[18] Das auf Joh 19,36 folgende Wort aus Sach 12,10: »Sie werden sehen, wen sie durchbohrt haben« (Joh 19,37) hat mit dem Passalamm nichts zu tun. Ist Jesus aber der Gerechte, der unter Gottes Schutz steht, dann ist es verständlich, daß von ihm gesagt wird: man wird sehen, wer dieser Jesus ist.[19] Blickt man auf den Inhalt des ganzen Evangeliums, so muß man feststellen, daß nirgendwo eine Passalamm-Typologie vorliegt. Das Evangelium erwähnt wohl wiederholt das Passafest[20], aber an keiner Stelle werden christologisch-soteriologische Konsequenzen gezogen. Da das Passalamm nicht die Sünden der Welt trägt, ist beim Gotteslamm Joh 1,29.36 entweder an das tägliche Opferlamm, das bei dem Morgenopfer die Sünden der Nacht und beim Abendopfer die des Tages sühnt[21], oder an den Gottesknecht zu denken, der mit einem Lamm verglichen wird, das zur Schlachtbank geführt wird (Jes 53,7), auf dem die Strafe zu unserm Heil liegt (53,5) und der die Sünden vieler trägt (53,12).[22] Wahrscheinlich ist es gar nicht möglich, sich konkret auf diese oder jene Anschauung festzulegen. Das Lamm, das geopfert wurde, wirkte Sühne, so daß die Sünden vergeben werden konnten (Lev 4,32–35; 5,5f).[23]

2.4

Ähnlich unprägnant sind die anderen Stellen, die man als Beleg für die Bezeichnung Jesu als Passalamm anführt. *1 Petr 1,19* wird von dem fehlerfreien und makellosen Lamm gesprochen (ἀμνὸς ἄμωμος καὶ ἄσπιλος). Damit ist aber nun keineswegs eine eindeutige Charakterisierung Jesu als Passalamm gegeben,

18 *Bultmann,* Johannes S. 524 A8; *Dodd,* Tradition S. 42–44; *Dibelius,* Motive S. 237; *Becker,* Das Evang. des Johannes S. 600f.
19 *Dauer,* S. 140f.
20 Joh 2,13.23; 6,4; 11,55; 12,1; 13,1; 18,28.39; 19,14.
21 Pesiqu 55b; *Strack-B.* II S. 247; *Schlatter,* Johannes S. 46f.
22 *H.Strathmann,* Johannes S. 47; *Hahn,* Hoheitstitel S. 55; *S.Schulz,* Johannesevang. S. 38f. Ein Hinweis auf Apk 5,6.8.12f; 6,1; 7,9f. 14.17; 12,11; 13,8 usw. hilft nicht weiter, weil sich dort mit dem Wort »Lamm« verschiedene Anschauungen verbunden haben; vgl. *Hadorn,* S. 76f, *Schlatter,* Johannes S. 354; *Lohse,* Offenbarung Joh. S. 42f; *Kraft,* Offenbarung Joh. S. 107–110.
23 *Schmitz,* S. 240; *Bultmann,* Johannes S. 66f.

wie man die Stelle meist versteht.[24] Ex 12,5 wird das Opfertier beim Passa als ein »vollkommenes Kleintier« (πρόβατον τέλειον) bezeichnet, das aus Schafen oder Ziegen genommen werden kann. Das »Passalamm« kann also durchaus auch eine junge Ziege sein, während die Tiere, die beim täglichen Opfer im Tempel geschlachtet wurden, Lämmer sein mußten, deren Beschaffung man sich auch bei den widrigsten Zeitumständen angelegen sein ließ.[25] Diese Opferlämmer werden im Alten Testament genau so wie 1Petr 1,19 als »fehlerfrei« bezeichnet (ἀμνὸς ἄμωμος)[26], wie überhaupt im Alten Testament die dargebrachten Lämmer »fehlerfrei« sein müssen.[27] Von der Terminologie her liegt es nahe, bei den Aussagen über Christus als das fehlerfreie und makellose Lamm (1Petr 1,19) an die Lämmer beim täglichen Opferdienst zu denken.[28] Auch von der Bedeutung der Opferhandlung her kommt das Passalamm kaum in Betracht. 1Petr 1,18f wird das Befreiende, Sühnende des Opfers Jesu herausgestellt. Das im Tempel zu Jerusalem geschlachtete Passalamm hatte keine sühnende Kraft.[29] Wohl aber war dies bei den täglichen, am Morgen und Abend dargebrachten Opfern der Fall. Wie Joh 1,29.36, so verbindet sich auch 1Petr 1,19 das Opfer des fehlerfreien Lammes mit den Aussagen vom Gottesknecht von Jes 53 zu einer Einheit.

24 *Schelkle,* Passion S. 106; *Lohse,* Märtyrer S. 143; *Windisch, Preisker,* Katholische Briefe S. 57; *Jeremias,* ThWNT I 344,4ff; V 899,25; *Gryglevicz,* S. 143; *Holtz,* S. 44; *Barrett,* Lamb S. 217; *Schrage,* Kathol. Briefe S. 77; *Schelkle,* Petrusbriefe S. 49; *Goppelt,* 1.Petrusbrief S. 123.

25 *Schlatter,* Johannes S. 46f.

26 Ex 29,38; Num 28,3.9; Ez 46,13.

27 Lev 12,6; 14,10; 22,19.21; 23,12; Num 6,14; 28,11.27; 29,2.17. 23.26.32.36; Ez 43,22f; 46,4 vgl. Ex 29,1.

28 *Knopf,* S. 74f; *Schlatter,* Petrus und Paulus S. 82.

29 *Jeremias,* Abendmahlsworte S. 216.

3
Das Bundesopfer

3.1

Oft wird angenommen, daß die *Abendmahlsworte* vom Opfer Jesu handeln. Bei Markus lauten sie: »Das ist mein Leib . . . das ist mein Blut des Bundes, das für viele vergossen ist« (14,22.24). Wenn man σῶμα im Sinne von σάρξ versteht und beide Abendmahlsworte zusammen nimmt, dann scheinen sie auf Ex 24,8 hinzuweisen, wo das »Blut des Bundes« erwähnt wird. Die Einsetzungsworte würden dann vom Tode Jesu als Bundesopfer handeln. Wie Israel durch das Bundesblut entsühnt wurde, so sei der Tod Jesu eine Entsühnung Israels für einen neuen Bund. Ist Jesu Tod ein Bundesopfer?[1] Abgesehen davon, daß σῶμα kein Terminus der Opfersprache ist[2] und Blutvergießen nicht kultisch verstanden werden muß, ist zunächst einmal zu klären, was die Wendung *»Blut des Bundes« Ex 24,8* bedeutet. Bei der »Bundesschließung« am Sinai beauftragte Mose, nachdem er einen Altar errichtet hatte, junge Israeliten, ein Brand- und Schlachtopfer darzubringen. Das aufgefangene Blut der Opfertiere wurde in zweifacher Weise verwendet. Einen Teil goß Mose in Schalen, den andern sprengte er auf den Altar. Nachdem er das »Bundesbuch« verlesen und das Volk versprochen hatte, alles, was Jahwe geredet hatte, gehorsam zu befolgen, besprengte Mose mit dem in den Schalen aufgefangenen Blut das Volk, wodurch es in den »Bund« Gottes eingeschlossen und zum Halten der Worte Jahwes verpflichtet wurde.[3] Dieses Blut des Besprengens wurde von Mose als »Blut des Bundes« bezeichnet, »den Jahwe mit euch auf Grund aller dieser Worte

1 *Bornkamm,* Herrenmahl S. 157; *Conzelmann,* Korintherbr. S. 235; *Neuenzeit,* Herrenmahl S. 168; *Hahn,* Motive S. 362; *J.Betz,* Eucharistie S. 134f; *Kertelge,* Abendmahl S. 75–77; *Pesch,* Markusev. II S. 358f; *Bultmann,* Theologie S. 295.

2 *Lohse,* Märtyrer S. 125f; *Schweizer,* ThWNT VII S. 1056.

3 *Kutsch,* Neues Testament S. 27–34.

schließt« (Ex 24,8). Aus dem Zusammenhang geht eindeutig hervor, daß das »Blut des Bundes« als Blut der Besprengung ursprünglich in keiner Weise die Darbietung eines Opferaktes meint und Bundesblut kein Opferterminus ist.[4]

Bei den Rabbinen[5] verstand man unter »Blut des Bundes« gewöhnlich das *Beschneideblut.* Obwohl Gen 17,10f bei der Einsetzung der Beschneidung als Bundeszeichen das Blut gar nicht erwähnt wird, reden die rabbinischen Zeugnisse wiederholt vom Blut des Bundes, das beim Akt der Beschneidung träufeln muß (pJeb 8,9a,5). Vielleicht ist schon Sach 9,11: »Um deines Bundesblutes willen lasse ich deine Gefangenen aus der Grube frei« an das Beschneidungsblut gedacht.[6] Besteht zwischen dem Bundesschluß mit der sakramentalen Handlung der Beschneidung und dem Abendmahl ein Zusammenhang?

Beim Abendmahl wird weder ein Besprengen der Teilnehmer mit Blut vollzogen wie beim Bundesschluß am Sinai, noch ereignet sich beim Abendmahl ein Tröpfeln von Blut oder sonst etwas, das in irgendwelcher Weise mit dem Akt der Beschneidung Ähnlichkeit hat. Darum hat das Abendmahl weder mit den Ereignissen von Gen 17,10f[7] noch mit denen von Ex 24,8[8] etwas zu tun. Der Wortlaut des Abendmahlstextes von Mk 14,24 wirkt hart und überladen. Die sprachlichen Bedenken, die besonders Jeremias herausgestellt hatte, daß man im Aramäischen einem Substantiv nicht zwei Attribute zuordnen könne, sind zwar weggeräumt, so daß dieser Stelle ein aramäischer Wortlaut zugrunde liegen kann.[9] Trotzdem werden die vorliegenden Einsetzungsworte nicht ursprünglich sein. Wahrscheinlich ist das Wort vom »Bund« erst später in den Abendmahlstext eingefügt.[10]

Der Bundesgedanke spielt in den *Schriften von Qumran* eine große Rolle. Wer sich dieser Gemeinde anschloß, trat in den Bund ein (CD 6,11; 1QS 1,18.24), den Bund Gottes (CD 13,14) oder, wie es CD 6,19 direkt heißt, in den neuen Bund (CD 8,21; 20,12; Midr Hab 2,3). In diesen Gemeinden des neuen Bundes

4 *Patsch,* S. 86; *Kutsch,* Neues Testament S. 115.
5 *Dalman,* S. 151f; *Strack-B.,* I 991f; IV 34 i; vgl. *Füglister,* S. 86.
6 *Kutsch,* Ex 24, 8 S. 29.
7 *Dalman,* S. 152.
8 *Behm,* ThWNT II S. 466, 4ff.
9 *Jeremias,* Abendmahlsworte S. 187; *Gottlieb,* S. 115–118; *Kutsch,* Neues Testament S. 114.
10 *Bultmann,* Theologie S. 148; *Conzelmann,* Korintherbr. S. 236.

wurden gemeinsame Mahlzeiten abgehalten, bei denen Brot gegessen und Wein getrunken wurde (1QS 6,4f). Wie die Anordnungen zeigen[11], handelte es sich dabei nicht um irgendwelche Mahlzeiten, sondern um durchaus kultische Handlungen.[12] Es könnte durchaus sein, daß die Qumran-Mahle die Formulierung der Abendmahlstexte beeinflußt haben. In Abgrenzung gegen Qumran bekennt die christliche Gemeinde, daß bei ihr, wenn sie das Herrenmahl feiert, der neue Bund da ist.[13] Der Tod Jesu hat mit einem Bundesopfer nichts zu tun.[14]

Nun gibt es im Judentum eine Interpretation von Ex 24,8, die anders lautet als die oben gegebene. Diese ist möglicherweise nicht ohne Einfluß auf das Neue Testament gewesen. *Targum Onkelos* und *Targum Jeruschalmi I* unterscheiden nicht die beiden Ex 24,6 und 8 erwähnten Blutbesprengungen auf den Altar und auf das Volk, sondern vereinigen beide und betonen, daß es sich dabei um einen Akt der Sühne handele, die Ex 24 nicht erwähnt ist: »Mose nahm das Blut und sprengte es auf den Altar, um für das Volk Sühnung zu schaffen, und er sprach: Siehe, das ist Blut des Bundes, den Jahwe mit euch auf Grund aller dieser Worte geschlossen hat«.[15]

Wenn es Mt 26,28 heißt: »Das ist mein Blut des Bundes, das für viele vergossen wird zur Vergebung der Sünden«, so ist das kaum auf die Auslegung von Ex 24 bei *Targum Onkelos* zurückzuführen[16]; denn in den Abendmahlsworten wird nicht vom Besprengen, sondern vom Vergießen des Blutes gesprochen. Anders verhält es sich mit den Aussagen im Hebräerbrief. Hebr 9,18–22[17] wird direkt auf den ersten Bund angespielt. Das Volk wird besprengt, und das Mosewort wird zitiert: »Das ist das Blut des Bundes, den Gott für euch angeordnet hat« (Hebr 9,20). Es wird zwar nichts über den Gehorsam gesagt, der für den Sinaibund wichtig ist; wohl aber heißt es: »Ohne Blutvergießen gibt es keine Vergebung« (Hebr 9,22). Der Hebräerbrief deutet nicht nur auf den Bundesschluß hin, sondern auch auf

11 1QS 6,16f.20; 7,3.16.19f; 9,17.24; 1QSa 2,17f.

12 *K.G.Kuhn,* Ursprüngl. Sinn S. 511; *Allegro,* S. 101; *Bardtke,* S. 54f; *Schubert,* Gemeinde S. 50f; *O.Betz,* Proselytentaufe S. 214; *R.Mayer-J.Reuss,* S. 97; *J.Betz,* S. 81f; *Gnilka,* Gemeinschaftsmahl S. 54; *Schelkle,* Gemeinde S. 85; *Cullmann,* Significance S. 215.

13 *Patsch,* S. 28–34; *Friedrich,* Ursprung S. 307f.

14 *Kutsch,* Neues Testament S. 115.

15 *Strack-B.,* I 991; *Kutsch,* Neues Testament S. 34f.

16 *Kutsch,* Neues Testament S. 36f.112.

17 *Kutsch,* Neues Testament S. 105.

den Versöhnungstag (9,11–14) und auf Reinigungsriten (9,19). Wenn er den Text aus Ex 24,8 ἰδοὺ τὸ αἷμα umwandelt in τοῦτο τὸ αἷμα, so will er damit doch wohl offensichtlich auf die Einsetzungsworte des Abendmahls hinweisen.

3.2

Im Gegensatz zur Abendmahlsformel erinnert *1 Petr 1,2* ganz eindeutig an das Bundesopfer, wenn dort wie Ex 24,7 vom »Gehorsam« und von der »Besprengung mit dem Blut Jesu Christi« gesprochen wird. Abgesehen vom Bundesschluß erfolgte im Alten Testament eine Bestreichung mit Blut noch bei der Priesterweihe (Ex 29,20f) und bei der Reinigung von Aussatz (Lev 14,14f). Da aber bei diesen beiden kultischen Handlungen zu Blut noch Öl hinzugenommen werden mußte, 1Petr 1,2 aber wie Ex 24,4–8 Gehorsam und Besprengung mit Blut zusammengestellt sind, werden wir annehmen müssen, daß an dieser Stelle der Tod Jesu als ein Bundesopfer angesehen worden ist.[18] Bei »Besprengung« ist wohl kaum an einen bestimmten sakramentalen Ritus gedacht.[19] Wie Israel durch Besprengung mit dem Blut der Opfertiere in den Bund mit Gott aufgenommen und zum Befolgen der Worte Jahwes verpflichtet wurde, so erwartet man von den Christen Gehorsam, da sie durch das Blut Jesu Christi zum neuen Bund gehören. Der Tod Jesu hat bundesschließende Kraft. Wer sich besprengen läßt, d.h. wer den Heilstod Jesu glaubend annimmt, wird in die Gottesgemeinschaft aufgenommen und zum Gehorsam verpflichtet.

18 *Knopf,* S. 34; *Brox,* Petrusbr. S. 57; *Schelkle,* Petrusbriefe S. 22f; *Schrage,* 1Petr S. 67.

19 *Schlatter,* Petrus und Paulus S. 20f verweist auf das Abendmahl, *Hunzinger,* ThWNT VI 984,1ff auf die Taufe.

4
Römer 3,23–26

4.1

Die Hauptstelle, die man für die Deutung des Todes Jesu als Sühnopfer heranzieht, ist Röm 3,25. Im Anschluß an das Ritual des Großen Versöhnungstages werde das Sterben Jesu als Darbringen des Sühnopfers geschildert. Wie im Alten Bund durch das Opfer des Versöhnungstages dem Volk Israel die Möglichkeit der Sühne geboten wird, so bestehe jetzt durch den Tod Jesu für alle Menschen, die glauben, die Möglichkeit der Versöhnung.[1] Von Wichtigkeit für unsere Frage ist es, festzustellen, was die Röm 3,24f erwähnten Begriffe ἀπολύτρωσις und ἱλαστήριον bedeuten. Wie meist anerkannt[2], zitiert Paulus Sätze aus einem *Traditionsgut.* Nach R. Bultmann und E. Käsemann stammen die Verse 3,24 und 25 aus der Überlieferung, vielleicht aus einem Hymnus.[3] Andere Ausleger[4] streichen mit guten Gründen den Vers 24 aus der Traditionsformel und reduzieren diese auf Vers 25 und 26a, weil nur dort die für Paulus auffälligen Worte sich häufen. Demnach gehört der zur Diskus-

1 *Roloff,* Kritische Überlegungen S. 82; *ders.,* Neues Testament S. 192; *Stuhlmacher,* Festschr. Kümmel S. 330.332; *ders.,* Christologie S. 456; *Lührmann,* Rechtfertigung S. 438.443; *Roloff,* Anfänge S. 49.

2 Dagegen *Kuss,* Römerbrief (1957) S. 160; *Schlier,* Römerbr. S. 107.109.

3 *Bultmann,* Theologie S. 49; *Käsemann,* Verständnis S. 96–100; *Bornkamm,* Offenbarung S. 12; *Wegenast,* S. 76f; *Lührmann,* Offenbarungsverständnis S. 143.150f; *Stuhlmacher,* Gerechtigkeit S. 88; *Kertelge,* Rechtfertigung S. 53; *Lührmann,* Rechtfertigung S. 437; *Thyen,* Sündenvergebung S. 164; *Eichholz,* S. 191; *Käsemann,* Römer S. 88f.

4 *Lohse,* Märtyrer S. 150; *Schrage,* Römer 3,21–26 S. 77f; *Kessler,* S. 265; *Delling,* Kreuzestod S. 13; *Wengst,* S. 57f; *Stuhlmacher,* Kümmel-Festschr. S. 319; *ders.,* Christologie S. 458; *Talbert,* Röm 3,24–26; *Strecker,* Befreiung S. 501f; *Wilckens,* Römerbr. S. 183f. Zu Röm 3,25 vgl. 1QH 17,17–20: »Ich will eine Antwort der Zunge finden, um deine Gerechtigkeitserweisungen zu erzählen und die Langmut (. . .) und die Werke deiner mächtigen Rechten (und die Vergebungen) der Sünden der Früheren und zu bitten und zu flehen wegen (der Vergehungen) meiner Werke und der Verkehrtheit (meines) Herzens. Dir, ja Dir gehört die Gerechtigkeit.« Die Berührungen mit Röm 3,25 sind offensichtlich: Gerechtigkeit, Langmut, Vergebung der Sünden der Früheren.

sion stehende Terminus ἀπολύτρωσις noch zum paulinischen Text, ἱλαστήριον dagegen steht im Traditionsgut. Das zu sehen ist zum Verständnis der beiden Wörter nicht unwichtig.

4.2

Das Wort *Erlösung* (ἀπολύτρωσις) kommt nicht besonders häufig vor. Ursprünglich heißt es Freilassung gegen ein Lösegeld, Loskauf, dann aber kann es auch ganz konkret sowohl das Lösegeld selbst wie übertragen die Erlösung bedeuten. Gegen Bezahlung einer bestimmten Summe konnten Sklaven, zum Tode Verurteilte und Kriegsgefangene freigelassen werden.[5] Einige Kommentatoren geben dementsprechend ἀπολύτρωσις Röm 3,24 mit Loskauf wieder.[6]

Der Bedeutungsbereich der *Sklaven- und Kriegsgefangenenbefreiung ist auszuschließen.* Da der Terminus nicht zur Traditionsformel gehört, dürfen zur Klärung des Begriffes auch die andern Stellen herangezogen werden, an denen Paulus von ἀπολύτρωσις spricht. Wenn Paulus die Sklavenbefreiung in realer oder übertragener Bedeutung heranzieht, dann gebraucht er nicht das Wort ἀπολύτρωσις, sondern die Wortgruppe ἐλευθερόω.[7] Während 1Kor 7,23 im Zusammenhang von Befreiung und Loskauf auch vom Kaufpreis gesprochen wird, ist bei ἀπολύτρωσις Röm 8,23 und 1Kor 1,30 in keiner Weise an eine Bezahlung gedacht. Auch Röm 3,24 findet sich kein Hinweis, daß es sich um ein Geschäft handelt. Es geht an dieser Stelle auch gar nicht um Befreiung aus Knechtschaft, sondern um Vergebung und Rechtfertigung, und diese erfolgen nicht nach Zahlung eines Kaufpreises, sondern sie geschehen »geschenkweise«, »durch Gnade«.[8]
Th. Zahn denkt bei ἀπολύτρωσις an die Befreiung, die anläßlich des *Jobel- und Erlaßjahres* im jüdischen Volk durchgeführt wurde. Am Versöhnungstag wurden im Jobeljahr alle Sklaven aus der Knechtschaft freigegeben, und allen Schuldnern wurde ihre Schuld erlassen.[9] In diesem Falle würde das Wort ἀπολύτρωσις Röm 3,24 auf den Versöhnungstag hinweisen: Das große Jobel- und Erlaßjahr Gottes ist angebrochen, in dem alle Knechtschaft ein Ende gefunden hat und alle Schuld getilgt ist. Aber an den betreffenden Stellen im Alten Testament, wo vom Jobel- und Erlaßjahr die Rede ist, findet sich nirgendwo die Bezeichnung ἀπολύτρωσις. Ebenso kommt in der Liturgie des Versöhnungstages Lev 16 das Wort ἀπολύτρωσις nicht vor. Das ist auch kein Wunder. Wie O. Procksch festgestellt hat, fehlt dem Begriff »Erlösung« im Alten Te-

5 *Büchsel*, ThWNT IV S. 354,18ff.
6 *Jülicher*, Römer S. 239; *Lietzmann*, Römer S. 49; *Gaugler*, Römer I S. 87; *Michel, Römer S. 150; Kuss*, Römerbrief (1957) S. 115; *Thyen*, Sündenvergebung S. 167; *Delling*, Kreuzestod S. 23.
7 1Kor 7,21; Röm 6,18.20; 8,21; Gal 5,1; *Wilckens*, Römerbr. S. 189.
8 *Kühl*, Römerbr. S. 111; *Käsemann*, Römerbr. S. 89.
9 *Zahn*, Römerbr. S. 182f.

stament das kultische Element.[10] Außerdem ist zu beachten: Paulus schrieb den Römerbrief an Christen, die in der Mehrzahl aus dem Heidentum kamen. Ihnen war es nicht möglich, in dieser kurzen Andeutung eine Anspielung auf den Versöhnungstag zu sehen. An den anderen Stellen, an denen Paulus das Wort ἀπολύτρωσις gebraucht, spricht der Zusammenhang des Textes gegen eine Herleitung der christlichen Anschauung von der Erlösung aus der Praxis des Versöhnungstages.

Nimmt man die ganze Gruppe der zum Stamm λύω gehörenden Wörter zusammen (λύτρον, λύτρωσις und ἀπολύτρωσις), so zeigt sich, daß das Wort »Erlösung« im Neuen Testament einen stark *eschatologischen Klang* hat. Bei Deuterojesaja handeln die Verben vom eschatologischen Heilswirken Gottes, das die Erlösung herbeiführt. Gott ist der Erlöser seines Volkes[11]; er zahlt kein Lösegeld[12]. Die Erlösung ist eine freie Tat der Gnade Gottes. Erlösung ist ein eschatologischer Begriff.[13] Das läßt sich auch aus den Qumran-Schriften entnehmen. Man spricht dort vom »Volk seiner Erlösung« (1QM 14,5). »Dies ist die Zeit der Drangsal für (das ganze) Volk der Erlösung Gottes. Und unter allen ihren Drangsalen war keine wie diese, die ihrem Ende zueilt, zur ewigen Erlösung« (1QM 1,11f).[14] Für das Neue Testament sind die Aussagen bei Lukas besonders charakteristisch. Nach Lk 1,68 erwartet man von Gott durch den Messias die Erlösung Israels. Hanna redete zu allen, die auf die Erlösung Jerusalems warteten (Lk 2,38), und die Emmausjünger hatten erhofft, daß Jesus Israel erlösen werde (24,21). Diese jüdisch-eschatologische Erwartung nehmen Christen in ihrer Weise auf: »Erhebet eure Häupter; denn eure Erlösung naht!« (Lk 21,28). Von der eschatologischen Erlösung handeln die Stellen Röm 8,23 und Eph 4,30. Wenn Christus 1Kor 1,30 zur Gerechtigkeit, Heiligung und Erlösung gemacht ist, so soll damit gesagt werden, daß in Christus die eschatologischen Heilsgaben bereits präsent sind. Wie Christus 1Kor 1,30 uns zur Erlösung geworden ist, so haben wir nach Röm 3,24 in Christus die Erlösung. Durch die Wendung »in Christus« kommt die Gegenwart des eschatologischen Geschehens zum Ausdruck. Durch Jesus Christus tritt das endgültige Heil Gottes in die Geschichte und

10 *Procksch*, ThWNT IV 333,16f.
11 Jes 41,14; 43,1.14.25; 44,22–24; 47,4; 54,5.
12 Jes 45,13; 52,3.
13 *Kraus*, Erlösung S. 587; *Kertelge*, Rechtfertigung S. 54; *Schrage*, Römer 3,21–26 S. 79; *Whiteley*, S. 253.
14 vgl. ferner 1QH 17,20; 1QM 11,9; 14,10; 15,1; 17,6; 18,11.

wird Wirklichkeit. Von Kauf, Geldzahlung, Rechtsverbindlichkeit ist in diesem Ausdruck an dieser Stelle kein Hauch zu spüren.[15]

4.3

Im Gegensatz zu ἀπολύτρωσις steht ἱλαστήριον innerhalb der Traditionsformel. Es kommt nicht sehr häufig vor und ist nicht eindeutig zu erklären. Das substantivierte Adjektiv im Neutrum kann bedeuten: Sühnemittel, Sühnegabe, Sühneopfer, Sühnedenkmal, ganz allgemein Sühne oder auch ganz konkret *kapporeth,* Gnadenstuhl. An der Stelle Röm 3,25 werden verschiedene Möglichkeiten der Auslegung diskutiert.

4.3.1

A.Deißmann[16] hatte den Vorschlag gemacht, ἱλαστήριον als sühnendes Weihegeschenk oder als *Sühnedenkmal* zu verstehen, wie das Volk auf Kos es dem Augustus gesetzt oder wie Herodes nach der frevelhaften Öffnung des Davidsgrabes aus Angst vor Strafe ein marmornes ἱλαστήριον aufgerichtet hatte (Jos Ant 16, 7,1 §182). Diese Belege geben zur Erklärung von Röm 3,25 nichts her. In dem von Deißmann angegebenen Beispiel bringen Menschen der Gottheit Weihegaben dar, um ihren Zorn zu besänftigen. Röm 3 ist Subjekt der Handlung nicht der Mensch, sondern Gott selbst, und es geht in Röm 3 auch gar nicht um Besänftigung des göttlichen Zornes[17], sondern um Vergebung. Mit δικαιοσύνη ist Röm 3,25 nicht die strafende Gerechtigkeit des verurteilenden Richters, sondern die heilschaffende, vergebende, rettende Gnadengerechtigkeit Gottes gemeint.[18] *Paulus wie das ganze Urchristentum ver-*

15 *Schlier,* Römerbrief S. 108f; *Wennemer,* S. 286.

16 *Deißmann,* Bibelstudien S. 28; *ders.,* ZNW (1903) S. 193–212.

17 *Godet,* Röm I S. 191: »Es handelt sich hier um die Gerechtigkeit als eine seit langer Zeit verhüllte göttliche Eigenschaft . . . welche die Offenbarung des Zornes Gottes über die Sünde vermittelst der Strafe verlangt«! *Holtzmann,* Theologie II S. 108f: »Das mit dem Zornaffekte verwandte Motiv der Gerechtigkeit«; »Die richterlich strafende Gerechtigkeit Gottes, zu deren Wesen Rechtsvollstreckung notwendig gehört.« *Jülicher,* Römerbr. S. 241: »Gottes Gerechtigkeit erforderte nach den zahllosen Drohungen des Alten Testaments die Bestrafung aller Sünder durch ihre Hingabe in den ewigen Tod«. *W.Bauer,* Wörterbuch S. 391: »Eigenschaft Gottes . . . in der er sich als Richter bewährt.« *Kuss,* Römerbr. (1957) S. 118: »Die fordernde Heiligkeit Gottes, die eben gerade diesen schrecklichen Tod am Kreuz notwendig macht«; *ders.,* Grundgedanke S. 287; vgl. ferner *Brunner,* Römerbr. S. 23; *Barth,* Kurze Erklärung S. 53; *Wendland,* Mitte S. 31; *Schrenk,* ThWNT II S. 190, 28; *Ridderbos,* Paulus S. 123; *Thyen,* Sündenvergebung S. 165; *Morris,* The Use S. 232.

18 Auch in Qumṛan hat man unter Gerechtigkeit Gottes nicht die den Sünder vernichtende Gerechtigkeit Gottes verstanden, sondern die Barmherzigkeit Gottes, die die Sünde tilgt. »Durch seine Gerechtigkeit wird meine Sünde getilgt . . . aus der Quelle seiner Gerechtigkeit kommt mein Heil . . . wenn ich wanke, so sind Gottes Gnadenerweise meine Hilfe auf ewig. Und wenn ich strauchle durch die Bosheit des Fleisches, so besteht mein Heil durch die Gerechtigkeit Gottes in

kündigen nicht den rachsüchtigen Gott, der zum Erweis seiner unnachsichtigen Gerechtigkeit ein Menschenopfer fordert. Die Hingabe seines Sohnes für die Menschen ist vielmehr ein Beweis von Gottes grenzenloser Liebe. Im Sterben Jesu offenbart sich Gottes Gnade und Liebe zu den Menschen. Schlatter[19] schreibt: »Nicht der von der Welt abgewandte, sondern ihr zugewandte Gott errichtet das Kreuz«.

4.3.2
Viele verstehen ἱλαστήριον als Übersetzung von *kapporeth,* als Gnadenstuhl. Das ist nicht verwunderlich; denn die Septuaginta gibt *kapporeth* 20mal mit ἱλαστήριον wieder. *kapporeth* ist die Goldplatte auf der Bundeslade im Allerheiligsten (Ex 25,17–22). Nach jüdischer Anschauung ist diese Stelle der Sitz der Gegenwart Gottes.[20] Darum mußte der Hohepriester Rauch mitnehmen, wenn er am Versöhnungstag sich in das Allerheiligste begab, damit er Gott nicht sehe und sterbe (Lev 16,13). Von der *kapporeth* aus redet Gott mit Mose (Ex 25,22; Num 7,89). Auf sie sprengte der Hohepriester am Versöhnungstag mit dem Finger gegen die vordere Seite der Deckplatte und vor die Deckplatte das Blut (Lev 16,14). Die Vorstellung von der *kapporeth* hat man auf das Wort ἱλαστήριον Röm 3,25 übertragen und *Jesus eine kapporeth höherer Ordnung* genannt. *Karfreitag wäre dann der große kirchliche Versöhnungstag.*[21]
Schon aus rein sprachlichen Gründen kann man dieser Auslegung nicht zustimmen. Ex 25,17 ist ἱλαστήριον ein Adjektiv; an den anderen

Ewigkeit. . . . Mit der Gerechtigkeit seiner Wahrheit hat er mich gerichtet, und mit dem Reichtum seiner Güte sühnt er alle meine Sünden, und durch seine Gerechtigkeit reinigt er mich von aller Unreinheit des Menschen und von der Sünde der Menschenkinder« 1QS 11,3–15. Im Parallelismus wird von Gottes Gnadenerweisen und Gottes Gerechtigkeit gesprochen. Durch die Gerechtigkeit Gottes erhält der Fromme Sühne, Hilfe und Heil.

19 *Schlatter,* Jesus und Paulus S. 78, ferner 81f: »Paulus sieht im Kreuz des Christus die ganze Herrlichkeit Gottes. Darum ist für ihn ›Evangelium‹ verkündigen zu dürfen, daß Christus gestorben ist. . . . Die Preisgabe des Christus in den Tod hat für Paulus die volle Bedeutung der Offenbarung der göttlichen Liebe. Eben darum erkennt er im Kreuz Christi die Offenbarung Gottes. Das wäre nicht möglich, wenn er dort nur die richtende Seite des göttlichen Regierens wahrnähme; Paulus vernimmt aber im Nein Gottes zugleich das volle Ja«; vgl. ferner *Wilckens,* Römerbr. S. 194f: »Der Sünde aller Menschen hat Gott nicht in seinem Zorn, sondern in seiner heilschaffenden Gerechtigkeit entsprochen, indem er in Christi Kreuz Sühne schuf«. S. 221: »Strafgerechtigkeit aber ist δικαιοσύνη ihrer Intention nach nirgendwo«. *H. W. Schmidt,* Kreuz Christi S. 151: ». . . nicht mehr vom Zorn Gottes die Rede, sondern von Gottes Gerechtigkeit, die hier die Treue Gottes in seinem Gnadenwillen, das unablenkbare Festhalten an seinem Barmherzigkeitsziel . . . bedeutet«. *Kertelge,* Rechtfertigung S. 75.

20 1Sam 4,4; 2Sam 6,2; Ps 80,2.

21 *Thomas von Aquin,* z.St.; *Schlatter,* Erläuterungen II S. 52; *Kühl,* Römerbr. S. 114; *Schlatter,* Gottes Gerechtigkeit S. 146; *Kuss,* Römerbr. (1940) S. 43; *Gaugler,* Römerbr. I S. 89; *Brunner,* Römerbr. S. 23; *Kirchgässner* S. 70; *Nygren,* Römerbr. S. 118; *ders.,* Gnadenstuhl S. 89–93; *Schoeps,* Paulus S. 134; *Schmidt,* Römer S. 68; *Goppelt,* Versöhnung S. 155; *ders.,* Typos S. 178f; *Pluta,* S. 69f; *Wennemer,* S. 286f; *Büchsel,* ThWNT III S 322,21ff; *Stuhlmacher,* Paulusinterpretation S. 727f; *ders.,* Kümmel-Festschr. S. 319–329; *Stuhlmacher,* bei *Haacker,* S. 41; *Wilckens,* Römerbr. S. 193.

Stellen wird das Wort in der Septuaginta mit dem Artikel gebraucht[22], wie das auch Hebr 9,3 der Fall ist. Röm 3,25 steht aber ἱλαστήριον ohne Artikel. Im griechisch-jüdischen Sprachgebrauch ist ἱλαστήριον keineswegs in seiner Bedeutung so festgelegt, daß damit immer die *kapporeth* gemeint ist. Ez 43,14.17.20 wird damit der niedrigere und der höhere Absatz des Brandopferaltars bezeichnet. Auch 4Makk 17,21 hat das Wort nichts mit der *kapporeth* zu tun. Aus dem Sprachgebrauch der Septuaginta ergibt sich darum keineswegs, daß ἱλαστήριον und *kapporeth* identisch sind. Soll ἱλαστήριον *kapporeth* bedeuten, so muß das aus dem Zusammenhang eindeutig hervorgehen. Das ist Röm 3,25 nicht der Fall. Dort werden nicht wie Hebr 9,4–5 oder an anderen Stellen Bundeslade und Cheruben genannt.[23] Wenn Röm 3,25 mit ἱλαστήριον die *kapporeth* gemeint und auf Jesus angewendet sein sollte, dann müßte der Artikel stehen oder vielleicht sogar noch zur Kennzeichnung der christlichen Inanspruchnahme das Possessivpronomen hinzugefügt werden: *»unsere kapporeth«*. ἱλαστήριον ist wie σωτήριον ein abstraktes Nomen und heißt: Sühnung.[24]

P.Stuhlmacher[25] wendet dagegen ein, daß nach Blass-Debrunner[26] im neutestamentlichen Formelgut im Definitionsstil und bei Prädikatsnomen der Artikel normalerweise nicht gesetzt wird, so daß ἱλαστήριον auch ohne Artikel durchaus als Gnadenstuhl verstanden werden kann. Stuhlmacher setzt voraus, daß sowohl in Jerusalem und Antiochien, wo der Text entstanden ist, als auch in den judenchristlich denkenden Gemeinden in Rom der Ausdruck begriffen werden konnte, so daß sich die Setzung des Artikels erübrigt. Nun ist es wohl wahr, daß in liturgischen Stücken der Artikel wegfallen kann. Aber so sicher ist das nicht. F.Rehkopf[27] hat bei der Neubearbeitung der Grammatik von Blass-Debrunner die entscheidende Aussage »in Formeln« ersetzt durch »in Wendungen« und als Beleg einige präpositionale Wendungen aufgeführt (§ 255). Es gibt durchaus Formeln, in denen die Substantive den Artikel haben, weil es sich um ganz bestimmte, bekannte Dinge handelt (1Kor 11,23f). Der Artikel fehlt sehr häufig bei Abstracta (§ 258). Stuhlmacher weist dann weiter darauf hin, daß ἱλαστήριον Prädikatsnomen ist und darum ohne Artikel gebraucht wird. Dieser wäre nur notwendig, wenn die Sache unbekannt wäre. Dem gegenüber schreibt Rehkopf: »Das Prädikatsnomen hat wie im klassischen Griechisch dann nicht den Artikel, wenn es nur den abstrakten Begriff einer Eigenschaft bezeichnet, die vom Subjekt ausgesagt wird, dagegen hat es den Artikel, wenn es auf Bekanntes oder Erwähntes hinweist oder das einzige oder vermeintlich einzige Wesen seiner Art ist« (§ 273). Nach dieser Auskunft müßte ἱλαστήριον, wenn es die *kapporeth* bezeichnen sollte, den Artikel haben, weil die *kapporeth* etwas ganz Spezielles ist und die alttestamentlichen Anschauungen nach den Ausführungen

22 Ex 25,18ff; 31,7; 35,12 u.ö.
23 *Morris,* Meaning S. 36.39.
24 *Hofmann,* S. 111f; *Beck,* S. 306–308; *Schlier,* Römerbr. S. 110f.
25 *Stuhlmacher,* Kümmel-Festschr. S. 322f.
26 *Blass-Debrunner,* (1954) § 252, 2.
27 *Blass-Debrunner-Rehkopf,* S. 252.255.258.

von P. Stuhlmacher in der Urchristenheit weithin bekannt gewesen sind. Da ἱλαστήριον Röm 3,25 nicht den Artikel trägt, kann aus rein grammatischen Gründen damit nicht die *kapporeth* gemeint sein. Wenn es sich Röm 3,25 um ein Stück aus der Abendmahlsliturgie handelt[28], dann ist der kurze Ausdruck in einem Hymnus durch seinen »ungewöhnlichen typologischen Tiefsinn« mit seinen mehrfachen christlichen Um- und auch Entgegensetzungen gegen den ursprünglichen Sinn kaum tragbar und unverständlich überladen.[29] *Es gibt keinen überzeugenden Hinweis, daß Jesus im Urchristentum als kapporeth verehrt worden ist.*

Auch sachlich erheben sich Bedenken gegen die Deutung. Die Sühnung erfolgte im Alten Testament gar nicht durch den Gnadenstuhl, sondern die *kapporeth* wurde durch den Blutbesprengungsritus am Versöhnungstag von den »Unreinheiten der Israeliten und von ihren Vergehen hinsichtlich all ihrer Sünden« gesäubert (Lev 16,16). Die Besprengung der *kapporeth* diente gar nicht primär der Sühne des Volkes, sondern vornehmlich der Befreiung des Heiligtums von kultischer Unreinheit (Lev 16,20). Solche Sühneveranstaltungen mußte man am Heiligtum wegen der Verfehlungen der amtierenden Priester und des Volkes durchführen.[30]

Auch nach rabbinischer Anschauung hatte das Besprengen der *kapporeth* nur eine beschränkte Sühnebedeutung. Sie schaffte nur Sühnung für Reinigungsdelikte gegen den Tempel und die heiligen Opfer, während die andern Handlungen eine umfassende Sühnekraft hatten: »Sie alle werden dargebracht, um Sühne zu schaffen für das Heiligtum und seine heiligen Opfer. Für mutwillige Verunreinigung des Heiligtums und seiner heiligen Opfer schaffen der im Inneren hergerichtete Bock und der Versöhnungstag Sühne. Für alle übrigen Übertretungen in der Thora, die leichten und die schweren, die mutwilligen und die versehentlichen, die wissentlichen und die unwissentlichen, Gebote und Verbote, mit der Ausrottung (durch Gott) und mit dem Tode durch den (irdischen) Gerichtshof zu Bestrafende, schafft der in die Wüste fortgeschickte Bock Sühne«[31]. Demnach läßt sich die Behauptung, daß der Hohepriester am Versöhnungstag mit der Besprengung des Blutes an die *kapporeth* die Sünde des Volkes gesühnt hat[32], in dieser umfassenden Bedeutung nicht aufrechterhalten. Der Gnadenstuhl ist nicht der Ort, wo die Versöhnung erfolgte.[33]

Welches wäre der Vergleichspunkt, wenn Röm 3,25 von der *kapporeth* im Blut gesprochen sein sollte? Jesus wäre gleichzeitig der Ort der Gottesgegenwart und auch das Opferblut.[34] Es kann doch nicht gemeint

28 *Käsemann*, Verständnis S. 100.

29 *Zeller*, S. 54.

30 *J. Herrmann*, ThWNT III S. 309,14ff; *C.Hunzinger*, ThWNT VI S. 980,4ff; *Elliger*, Lev S. 214f; *Eichrodt*, Theologie I S. 99; *Vriezen*, Theologie S. 246.

31 Scheb 1,2ff; *Strack-B.*, III S. 178; vgl. auch Tempelrolle 25,10–26,13, bei Maier S. 37.

32 *Nygren*, Gnadenstuhl S. 89.

33 *Nygren*, Gnadenstuhl S. 91.

34 *Cranfield*, S. 215; *Lohse*, Märtyrer S. 152; *Schrage*, Verständnis S. 78.

sein, daß Jesus als *kapporeth* durch seinen Tod sich selbst entsühnen müßte. Sollte die Anschauung von der *kapporeth* im Urchristentum wirklich so verbreitet gewesen sein, zumal sie damals gar nicht mehr existierte? Nach der Zerstörung des Salomonischen Tempels gab es die Bundeslade mit der *kapporeth* gar nicht mehr. Der Hohepriester sprengte im zweiten Tempel das Blut am Versöhnungstage gar nicht mehr auf die *kapporeth,* sondern entweder auf einen Stein, der an dem Platze lag, wo früher die Bundeslade stand, oder gegen den Vorhang im Allerheiligsten.[35] Es ist schwer vorstellbar, daß die urchristliche Gemeinde in eine geprägte Formel einen speziellen alttestamentlichen Kultgegenstand, der nicht mehr existierte, ohne irgendwelche Erklärung aufgenommen und einen Tempelgegenstand auf Jesus angewendet hätte.[36] Eher wäre es denkbar, daß man nicht Jesus, sondern das Kreuz als *kapporeth* bezeichnet hätte.[37] Obwohl bei der Kreuzigung der Hingerichtete wenig Blut verlor, wird Kol 1,20 vom »Kreuzesblut« gesprochen. Der Akt der Blutbesprengung der *kapporeth* eignet sich nicht, die Sühne durch Jesus zu verdeutlichen. Die Blutbesprengung am Versöhnungstag erfolgt unter Ausschluß der Öffentlichkeit im Verborgenen des Allerheiligsten, von Jesus dagegen wird gesagt, daß er »öffentlich« hingestellt wurde.[38] Dem Verständnis von ἱλαστήριον als *kapporeth* stehen so viele Schwierigkeiten entgegen, daß man diese Interpretation endlich aufgeben sollte.

Auch im Blick auf die Leser des Briefes ist die Deutung von ἱλαστήριον auf die *kapporeth* abzulehnen. Die Glieder der Gemeinde waren meistenteils Heidenchristen. Aus der griechischen Sprache war ihnen das Wort ἱλαστήριον bekannt. Sie verbanden mit ihm ganz andere Vorstellungen. Darum werden sie kaum an die spezielle Bedeutung des Wortes Gnadenstuhl gedacht haben, selbst wenn sie mit Teilen des Alten Testamentes vertraut waren.[39] Bezeichnend ist, daß Philo und Josephus, wenn sie von dem Deckel der Bundeslade sprechen, die Worte ἐπίθεμα und πῶμα gebrauchen[40], weil sie wissen, daß ihre Leser nicht ohne weiteres ἱλαστήριον mit der *kapporeth* in Verbindung bringen.[41] Traut Paulus den Heidenchristen in Rom mehr zu als Philo und Josephus ihren Lesern? Wie Röm 3,25 und andere Stellen zeigen, übernimmt Paulus den Wortlaut der Tradition nicht knechtisch, sondern er beansprucht durchaus die Freiheit, die Zitate interpretierend umzuändern.

35 *Strack-B.,* III S. 179.

36 *Morris,* Meaning S. 41; *ders.,* Use S. 232; *Zahn,* Römerbr. S. 186.

37 *Lohse,* Märtyrer S. 152; *Wiencke,* S. 52. In der Kunstgeschichte bezeichnet man seit dem 12. Jahrhundert als Gnadenstuhl die Darstellung der Trinität, bei der Gottvater den Sohn als Gekreuzigten im Schoße hält. Als biblische Grundlage dient Hb 4,16.

38 *Lohse,* Märtyrer S. 151; *Schrage,* Römer 3,21–26 S. 81; *ders.,* Verständnis S. 78; *Morris,* Meaning S. 42.

39 *Schrage,* Römer 3,21–26 S. 81; *ders.,* Verständnis S. 78; *Kümmel,* Πάρεσις S. 265.

40 Jos Ant 3 (6,5), 137; Philo Vit Mos II 95.97.

41 *Michel,* Römerbr. S. 151; *Morris,* Meaning S. 40.

Sollten die Worte Röm 3,25 auf die Vorgänge am Versöhnungstag im Allerheiligsten anspielen und sie in abgeänderter Weise auf das Karfreitagsgeschehen angewendet werden, so hätte Paulus seine Leser, die den Tempel mit dem Allerheiligsten und die Riten des Judentums nicht kannten, in irgendeiner Form mit den Kultgegenständen und den Handlungen des Versöhnungstages vertraut machen müssen.[42] Von sich aus konnten die Römer nicht auf den Gedanken kommen, daß mit ἱλαστήριον der Gnadenstuhl des Alten Testaments gemeint sei.

4.3.3

In der Gegenwart neigt man dazu, ἱλαστήριον als *Sühnopfer* zu verstehen. Man deutet Röm 3,25 vom Tode der Märtyrer 4 Makk 17,21f, die durch ihr Blut und ihren zur Sühne dienenden Tod Israel gerettet haben.[43] διὰ τοῦ ἱλαστηρίου 4Makk 17,22 interpretiert man als Sühnopfer und bringt diese Bedeutung Röm 3,25 ein. Lohse vermutet, daß in der von Paulus aus dem Judenchristentum übernommenen Formel ursprünglich bei ἱλαστήριον noch das Substantiv θῦμα gestanden habe, das Paulus aber, weil er die Wendung »durch Glauben« in die Formel eingefügt habe, wegfallen lassen mußte. Nun ist es durchaus nicht sicher, daß ἱλαστήριον 4Makk 17,22 die Bedeutung Sühnopfer hat.[44] Das für Röm 3,25 geforderte θῦμα fehlt 4Makk 17,22, und für Röm 3,25 ist es durch nichts nahegelegt, daß das Wort ursprünglich in der Formel gestanden habe und ἱλαστήριον mit Sühnopfer wiedergegeben werden müsse. Zwischen 4Makk 17,22 und Röm 3,25 lassen sich gewisse Berührungen herausarbeiten.[45] Aber trotz mancher Gemeinsamkeiten liegen gravierende Unterschiede vor. 4Makk 17,22 lassen Menschen als Ersatz für die Sünden ihres Volkes ihr Leben, und Gott errettet daraufhin das bedrängte Volk Israel aus politischer Not, Röm 3,25 dagegen ist Gott der souverän Handelnde, der Sühne schafft und Sünder zu Gerechten macht.

4.3.4

ἱλαστήριον wird Röm 3,25 ganz allgemein als das »*Sühnende*« zu verstehen sein. Es dient nicht dazu, Gott gnädig zu stimmen, sondern es ist etwas, was die menschliche Sünde beseitigt. Weil alle Menschen Sünder sind (Röm 3,23), müssen ihre Sünden gesühnt werden. Die Texte von Qumran machen in eindrucksvoller Weise deutlich, daß es bei der Sühne nicht um die Besänftigung des Zornes Gottes, sondern um die Reinigung von Sünden geht.[46] »Ich stütze mich auf deine Barmherzigkeit und die Fülle

42 *Lohse*, Märtyrer S. 151.

43 *Lohse*, Märtyrer S. 152; *Schrage*, Verständnis S. 78; *ders.*, Römer 3,21–26 S. 81; *Kessler*, S. 266; *Käsemann*, Römer S. 90; *Cranfield*, S. 217; *Wengst*, S. 90; *Thyen*, Sündenvergebung S. 167.

44 *Stuhlmacher*, Festschr. Kümmel S. 326f.

45 *Hill*, S. 23–48; *Klausner*, S. 144f.

46 *Lohse*, Märtyrer S. 214f.

deines Erbarmens; denn du sühnst Sünde und reinigst den Menschen von der Verschuldung durch deine Gerechtigkeit« (1QH 4,36f). Barmherzigkeit, Sühne und Gerechtigkeit Gottes gehören zusammen. »Mit dem Reichtum seiner Güte sühnt er alle meine Sünden, und durch seine Gerechtigkeit reinigt er mich von aller Unreinheit des Menschen« (1QS 11,14f). Stark an Röm 3,25f erinnert das Wort: »Langmut ist bei Ihm und reiche Vergebung, um Sühne zu schaffen für die, die sich von der Sünde abgewendet haben« (CD 2,4f). Daß Gott selbst es ist, der die Sühne schafft, kommt immer wieder zum Ausdruck: »Gott in seinen wunderbaren Geheimnissen sühnte ihre Sünde und vergab ihre Missetat« (CD 3,18). Wie geschieht diese Sühnung? Durch Vergebung (1QS 2,8). Das Darbringen von Tieropfern wird nicht erwähnt (1QS 9,4f). Nach 1QS 3,6–11 geschieht die Sühnung aller Sünden »durch den Geist des wahrhaftigen Rates Gottes, . . . durch den heiligen Geist der Gemeinschaft in seiner Wahrheit . . . durch den Geist der Rechenschaft und Demut«[47] (vgl. 1QS 8,6.10). An der nicht ganz sicher überlieferten Stelle CD 14,19 ist es der Hohepriester der Endzeit, der Gesalbte Aarons und Israels, der die Sünde der Gemeinschaft entsühnen wird. Die vollkommene Sühne ist ein Zeichen der Endzeit. Sie ereignet sich, »wenn die Herrlichkeit für Israel offenbar werden wird« (CD 20,26).[48] Die Damaskusschrift endet mit den Worten: »Gott wird sie entsühnen, und sie werden sein Heil schauen; denn sie haben Zuflucht genommen zu seinem heiligen Namen« (CD 20,34).

Von diesen Aussagen her ist Röm 3,25 zu verstehen. Wahrscheinlich stammt das zitierte Traditionsstück aus judenchristlichen Kreisen, die von der Qumran-Theologie beeinflußt waren.[49] In Qumran wie Röm 3,25 wird die Sühne nicht Gott zuteil, sondern er ist selbst das Subjekt des Handelns. Von Opfergaben ist weder in Qumran noch bei Paulus die Rede. Die Sühne ist wie die Erlösung ein eschatologischer Vorgang. Sie er-

47 An den Stellen 1QS 5,5f; 8,4–10; 9,3f geht vom Leben und Wirken der Frommen sühnende Kraft aus.

48 »Diese sollen sich einstellen zu den Brandopfern und zu den Schlachtopfern, um wohlriechendes Räucherwerk zu bereiten zum Wohlgefallen Gottes, um zu entsühnen für seine ganze Gemeinde und sich vor ihm beständig zu erquicken ám Tisch der Herrlichkeit. Dieses alles sollen sie anordnen zur Zeit des Jahres der Freilassung« (1QM 2,5f).

49 *Friedrich*, Römerbr. Sp. 1140.

folgt durch die eschatologische Heilsperson. Röm 3,25 ist es nicht der Gesalbte Aarons und Israels, sondern Jesus Christus durch sein Blut. Diese Sühne steht nicht mehr aus, sondern sie ist von Gott bereits vollzogen.

5
Das Sündopfer

5.1

Weitverbreitet ist die Ansicht, daß Paulus mit der Wendung περὶ ἁμαρτίας Röm 8,3 das Sündopfer meint.[1] P. Stuhlmacher[2] geht noch einen Schritt weiter und interpretiert, nachdem er sich zunächst dagegen gewendet hatte[3], nun auch ἁμαρτία 2Kor 5,21 als Sündopfer, wie das schon Augustin getan hat[4]. Gott habe Jesus, der Sündenschuld nicht kannte, für uns zum Sündopfer gemacht, damit wir durch seinen Sühnetod das neue Sein erlangen, das Gerechtigkeit genannt wird.
Die Wendung περὶ ἁμαρτίας ist in der Tat in der Septuaginta ein geläufiger Ausdruck für Sündopfer.[5] Das Substantiv in Verbindung mit der Präposition wird direkt zu einem terminus technicus.[6] ἁμαρτία braucht nicht immer mit der Präposition περί verbunden zu sein. Dafür kann auch ὑπέρ eintreten[7], ja, sogar ohne Präposition kann ἁμαρτία das Sündopfer bezeichnen.[8] Aber ἁμαρτία ist nicht ausschließlich mit »Sündopfer« wiederzugeben. Es hat meistenteils die Bedeutung »Verstoß«, »Sünde«. Ferner überträgt die Septuaginta Sündopfer nicht konsequent nur mit ἁμαρτία. Sie kann dafür auch ἁμάρτημα (Lev 4,29) oder ἐξιλασμός (Ez 43,23; 45,19) setzen.

5.2

Die Wendung περὶ ἁμαρτίας findet sich im Neuen Testament nicht nur Röm 8,3, sondern noch 14mal (Gal 1,4 mitgerechnet). In den Zitaten des Hebräerbriefes aus dem Alten Testament ist

1 *Sanday-Headlam,* S. 193; Zeugnisse der Kirchenväter bei *Sabourin,* S. 155f; *Weinel,* Theologie S. 233; *Reicke,* Spirits S. 216; *Riesenfeld,* ThWNT VI S. 55,25ff; *Schweizer,* ThWNT VIII S. 386f; *ders.,* Mystik S. 256; *ders.,* Ökumene im NT S. 105; *Käsemann,* Römerbr. S. 206, neuerdings auch *Michel,* Römerbr. S. 251.

2 *Stuhlmacher,* Friede S. 346; *ders.,* Kümmel-Festschr. S. 323; *ders.,* Christologie S. 457; *ders.,* bei *Haacker,* S. 40; vgl. *Snaith,* S. 67–69; *Larsson,* S. 53.

3 *Stuhlmacher,* Gerechtigkeit S. 75 A 1.

4 deus pater scilicet deum filium pro nobis fecit peccatum, id est sacrificium pro peccato, *Augustinus,* Quaestiones in Heptateuchum IV, CSEL 28 (III³), p. 321; vgl. *Kertelge,* Rechtfertigung S. 102.

5 Lev 4,3.14; 5,6–9.11; 6,23; 7,37; 9,2; 12,6.8; 14,13.19.22–31; 15,15.30; 16,3.5f.9.11.15; Num 6,11; 8,8.12; 15,24f.27; Ps 39,7; Ez 43,19.21.

6 Lev 5,11; 6,18; 7,37; 8,14.

7 vgl. Ez 43,19.21 mit 43,22.25; 44,29; 45,17.22.25; 46,20.

8 Ex 29,14.36; Lev 4,21.24f.32–34; 5,6–8.12; 6,18; 8,14.

damit eindeutig das Sündopfer gemeint[9], an den andern Stellen aber nicht.[10] Nirgendwo wird mit dieser Wendung Jesus als Sündopfer bezeichnet. Das ist auch nicht Gal 1,4 der Fall, wo gute Handschriften diesen Ausdruck in einer von Paulus zitierten Formel bieten.[11]

Für das *Sündopfer im Alten Testament* ist zweierlei charakteristisch. Mit ihm werden unabsichtliche Vergehen, unwissentliche Verstöße gegen Reinigungsbestimmungen und kultische Riten gesühnt. Hat eine Person sich unabsichtlich versündigt oder aber auch die ganze Gemeinde unwissentlich unrecht gehandelt[12], dann dient das Sündopfer zur Entlastung. Der Priester schafft durch seine Darbringung Sühne, so daß die aus Irrtum begangenen Sünden vergeben werden. Die Sündopfer haben ferner den Charakter der Weiheriten. Sie werden vollzogen, wenn ein Altar geweiht wird, um seine Heiligkeit herzustellen.[13] Am Versöhnungstag schaffen sie Reinigung und Sühne für das Heiligtum (Lev 16,16) und für den Altar (Lev 16,18–20.33). Nach Ez 43,19–26 haben die eine ganze Woche lang durchgeführten Sündopfer die Aufgabe, den Altar zu weihen, und nach Ez 45,18–20 sollen sie zweimal im Jahr das Heiligtum entsühnen. Auch Menschen werden für gewisse Aufgaben geweiht, so z.B. Ex 29,10–14; Lev 8,14–17 Aaron und seine Söhne, Num 8,8.12 Leviten. Da die Sündopfer Sühne schaffen sollen, werden sie nicht nur für Priester und Leviten dargebracht, sie sind auch nach konkreten Vorfällen nötig. Sie dienen z.B. zur Reinigung eines Nasiräers (Num 6,10f), einer Wöchnerin (Lev 12,6f.8), eines Aussätzigen (Lev 14,19f) und nach geschlechtlicher Verunreinigung (Lev 15,14f. 29f).[14]

Wenn dieses die Wirkungskraft der Sündopfer ist, Weihe von Gegenständen und Personen, Beseitigung von kultischer Unreinheit durch konkrete Vorkommnisse, Vergebung wegen unbeabsichtigter und unwissentlicher Verstöße gegen kultische Bestimmungen, welche Absicht verfolgt Paulus dann mit der

9 Hebr 10,6.8; 13,11; vgl. 5,3; 10,12.18.26.

10 Joh 8,46; 15,22; 16,8.9; 1Joh 2,2; 4,10; 1Petr 3,18; *B.Reicke*, Spirits S. 215f und *J.Schneider*, Kirchenbriefe S. 77 verstehen auch περὶ ἁμαρτιῶν 1Petr 3,18 als Sündopfer. In der LXX wird aber vom Sündopfer im Singular gesprochen. Vom Zusammenhang und vom Sprachgebrauch her scheidet 1Petr 3,18 als Beleg für Sündopfer aus.

11 *Oepke*, Galater S. 19.

12 Lev 4,2.13.22.27; 5,3f.15.17f; Num 15,25–29; Ez 45,20.

13 Ex 29,15.26f.36; 30,1ff; Lev 8,15.

14 *Rendtorff*, S. 205f.

Bezeichnung der Sendung und des Menschwerdens Jesu als »Sündopfer«? Es ist außerdem zu beachten: Wenn mit περὶ ἁμαρτίας Röm 8,3 das Sündopfer gemeint sein soll, dann muß man wie bei ἱλαστήριον fragen, wer in Rom oder in Korinth begreifen konnte, daß Paulus mit diesem Ausdruck einen terminus technicus des Opferkultes gemeint hat. So eindeutig ist, wenn es der Zusammenhang nicht ergibt, die Formulierung περὶ ἁμαρτίας nicht, und so vertraut ist die Mehrzahl der Leser mit dem Sprachgebrauch der Septuaginta nicht gewesen, daß sie sofort hätten verstehen können, was Paulus sagen wollte.

5.3

2Kor 5,21 deutet nichts darauf hin, daß von einer Opferhandlung gesprochen wird. An den anderen Stellen, an denen ἁμαρτία die Bedeutung Sündopfer hat, ist sie durch den Zusammenhang und die kultische Terminologie sichergestellt. 2Kor 5,21 ist das aber nicht der Fall. Es ist schwer einzusehen, daß Paulus bei dem zweimal in einem Satz vorkommenden ἁμαρτία in der zweiten Vershälfte ohne jeden Hinweis dem Wort einen völlig anderen Sinn gegeben haben soll als in der ersten. Hätte Paulus zum Ausdruck bringen wollen, daß Jesus als Sündopfer dargebracht worden ist, dann hätte er wohl kaum die Wendung gebraucht: Gott hat ihn zur ἁμαρτία gemacht.[15] Dasselbe trifft zu, wenn er 2Kor 5,21 ein Traditionsstück zitiert haben sollte, was keineswegs überzeugend nachgewiesen ist. 2Kor 5,21, das vom Wechsel spricht: Christus ist zur Sünde gemacht, damit wir die Gerechtigkeit werden, ist von 2Kor 5,15 her zu verstehen: »Er ist für alle gestorben, damit die Lebenden nicht mehr sich selbst leben.«[16]

Ähnliches ist zu *Röm 8,3* zu sagen. Auch dort legt der Textzusammenhang keineswegs die Interpretation von ἁμαρτία als Sündopfer nahe. Es findet sich keine Opferterminologie, auch keine Anspielung auf eine Opferhandlung, die die Übersetzung von ἁμαρτία als Sündopfer fordern könnte.[17] ἁμαρτία kommt in dem Vers dreimal vor. Warum soll das in der Mitte stehende Wort eine völlig andere Bedeutung haben als das vorhergehende und das nachfolgende? Nichts spricht dafür, daß Gott mit der Sendung seines Sohnes das im Gesetz vorgeschriebene Sündop-

15 *Bachmann*, 2.Kor. S. 272.
16 *Whiteley*, S. 246.
17 *Thornton*, S. 516.

fer habe vollziehen wollen. Der Zweck der Sendung Jesu war nicht die Entsühnung des Menschen, sondern die Verurteilung und damit die Vernichtung der Sünde. Gott vollbrachte nicht einen kultischen Akt, sondern er führte ein Gerichtsverfahren durch. Er ist nicht der Priester, der opfert, sondern der Richter, der verurteilt. Die Sendung des Sohnes hatte zur Folge, daß über die Sünde das Verdammungsurteil gesprochen wurde. So wurde der Tod Jesu die Vernichtung der Sünde.[18]

18 *Jülicher,* Römerbr. 274; *Schlatter,* Gerechtigkeit S. 257; *Seidensticker,* Opfer S. 130; *Schlier,* Römerbr. z St.

6
Das Sterben Jesu »für uns«

6.1

Die Verkündigung vom Sterben Jesu »für uns« ist ein *zentrales Anliegen der urchristlichen Theologie.* Diese Anschauung ist, wie bereits ausgeführt, nicht erst von Paulus entwickelt worden. Wie wichtig für die Urchristenheit dieses »für uns« war, zeigt sich daran, daß das Neue Testament es in verschiedenen ausgeprägten Wendungen, in liturgischen Stücken und im Liedgut, in der katechetischen Unterweisung und in der Predigt verwendet. In den Abendmahlstexten findet es sich in den Wendungen »für viele vergossen« (Mk 14,24; vgl. Lk 22,20) und »mein Leib für euch« (1Kor 11,24). Die Pastoralbriefe nehmen 1Tim 2,6 die Aussage von Mk 10,45 in hellenistischer Ausdrucksweise auf: »Der sich für alle als Lösegeld gegeben hat«. Ganz ähnlich heißt es Titus 2,14: »Er hat sich für uns dahingegeben, uns von aller Ungerechtigkeit zu erlösen.« Zur Einführung eines geformten Überlieferungsstückes heißt es christologischer Tradition entsprechend 1Petr 2,21: »Christus hat für uns gelitten«. Daß mit »leiden« die Kreuzigung gemeint ist, zeigen die folgenden Worte 1Petr 2,24: »Er hat unsere Sünden mit seinem Leib auf das Holz getragen«.[1] Einige Handschriften setzen 1Petr 2,21 für »leiden« direkt »sterben«. Mit Hilfe von Formeln aus dem Lied vom leidenden Gottesknecht Jes 53 wird 1Petr 2,22–25 die Aussage des »Leidens für uns« erläutert. In Erinnerung an die überlieferte und ihm darum geläufige Wendung hat der Autor des 1.Petrusbriefes in 3,18 die Worte formuliert: »Denn auch Christus hat einmal für die Sünden gelitten, ein Gerechter für die Ungerechten«. Wie 2,21, so haben auch hier einige Abschreiber, um die Aussage zu verdeutlichen, das Verbum »leiden« durch »sterben« ersetzt.

1 *Michaelis,* ThWNT V S. 917, 20ff.

6.2
In Sonderheit finden sich die *»Für-uns«-Aussagen in den paulinischen Briefen.* Sie bilden einen Schwerpunkt der Theologie des Apostels. Christus ist nicht der Lehrer, der Worte der Weisheit gesprochen hat; er ist nicht das Vorbild, das zeigt, wie man mit seinen Mitmenschen in rechter Weise zusammenleben soll, sondern er ist durch sein Sterben der Erlöser und Befreier der Menschen geworden. An manchen Stellen ist kaum zu entscheiden, ob Paulus geprägte Formeln zitiert, auf gewisse Formeln nur anspielt oder völlig selbständig formuliert.[2] Es sollen einige Belege herangezogen werden, wo dieses »für uns« nicht in irgendwelchen gewichtigen soteriologischen Ausführungen vorkommt, sondern mehr am Rande ohne großes christologisches Schwergewicht geäußert wird. Gerade in solchen Nebenbemerkungen zeigt sich, welche Bedeutung dieses »für uns« in der Gesamtanschauung paulinischer Theologie hat. An die sich in einzelne Gruppen aufsplitternden Korinther stellt Paulus die Frage: »Ist Paulus etwa für euch gekreuzigt?« (1Kor 1,13) Christus hat sie durch seinen Kreuzestod erlöst. Das ist die entscheidende Tat. Darum gehören sie ihm und keinem andern. Dieses »für uns« hat ekklesiologische, kirchenpolitische Konsequenzen. Es ist nicht nur eine soteriologisch-christologisch-dogmatische Aussage, sondern sie involviert ethische Verpflichtung: »Er ist dazu für alle gestorben, daß die Lebenden nicht mehr für sich selbst leben« (2Kor 5,15). An die sich streitenden, sich gegenseitig verurteilenden Römer schreibt Paulus: »Richte nicht durch deine Speise jenen zugrunde, für den Christus gestorben ist!« (Röm 14,15) Bei allem, was man tut, soll man bedenken, der Bruder in der Gemeinde ist ein Mensch, für den Christus sein Leben gelassen hat (1Kor 8,11).

6.3
Wie im Deutschen die Präposition ›für‹, so hat auch im Griechischen ὑπέρ die Doppelbedeutung ›im Interesse von, zugunsten von‹ und ›anstelle von, anstatt‹. Im Neuen Testament wird mit ὑπέρ sowohl der *Gedanke der Stellvertretung wie der der Sühne* ausgedrückt. Das stellvertretende Sterben kommt am deutlichsten 2Kor 5,14 zum Ausdruck: »Einer starb für alle!« Die Dahingabe-Formel »Gott hat seinen eigenen Sohn nicht ge-

2 Röm 5,8; 8,32; 2Kor 5,21.

schont, sondern für uns alle dahingegeben« (Röm 8,32; vgl. Gal 1,4; 2,20), ferner die Aussagen über den Tod Jesu: »Er ist, als wir noch schwach waren, für Gottlose gestorben« (Röm 5,6), »Christus ist für uns, als wir noch Sünder waren, gestorben« (Röm 5,8), »er ist für den Bruder gestorben« (Röm 14,15) sprechen ganz unmißverständlich von der soteriologischen, die Sünde der Menschen sühnenden Bedeutung des Sterbens Jesu. Darum kann statt des »für uns« direkt gesagt werden: »für unsere Sünden« (1Kor 15,3; Gal 1,4). Sein Tod war ein Sterben uns zugute, zu unserm Heil, zu unserer Erlösung.

Oft lassen sich beide Aspekte nur schwer voneinander trennen. Der stellvertretende Tod ist ein Sterben zugunsten der Verschonten, und der zugunsten der Menschen sterbende Christus nimmt das auf sich, was die Menschen treffen sollte, so daß sein sühnendes Sterben auch ein stellvertretendes Sterben ist.[3] Gal 3,13 hat Christus dadurch, daß er stellvertretend den Fluch auf sich nahm, uns von dem Fluch losgekauft. Ähnlich ist 2Kor 5,21 zu verstehen: Christus, der keine Sünde begangen hatte, wurde an unserer Stelle zur Sünde gemacht, damit wir durch ihn die Gerechtigkeit würden. Ähnliches ist 1Petr 2,24 gesagt. In Anlehnung an Jes 53,11 wird ausgeführt, daß Christus seinen Leib mit unsern Sünden belastet hat und diese auf das Kreuz gebracht hat. In seinem Sterben am Kreuz hat er die Strafe auf sich genommen, die uns treffen sollte. Sein Tod hat unsere Sünden getilgt, so daß wir nun der Gerechtigkeit leben können. Sein stellvertretendes Sterben hat Sünden tilgende Kraft.

6.4

In gewisser Weise könnte man in den ὑπέρ-Aussagen einen Hinweis auf den Opfertod Jesu sehen.[4] Zwischen Opfer und Stellvertretung bestehen gewisse Berührungen. Durch die Handauflegung auf das Opfertier wird ein Zusammenhang zwischen dem Opfernden und dem Opfer hergestellt. Das Opfertier muß sterben, und sein Tod kommt dem Opfernden zugute.[5] Nach Jes 53,10 hat der Gottesknecht sein Leben als ein Schuldopfer eingesetzt. Ist Jesu Tod ein Opfertod gewesen? Mit Recht betont F. Hahn, »daß die geläufige Redeweise vom Sühnopfer

3 *E.Lohse,* Märtyrer S. 132; *Riesenfeld,* ThWNT VIII 512,19ff; 516,10ff.
4 *Bultmann,* Theologie S. 295f.
5 *Lohse,* Ordination S. 24; *Gese,* Sühne S. 95f.

Jesu nur mit größter Vorsicht gebraucht werden darf, da nur an einigen wenigen Stellen des Neuen Testaments der Opfercharakter des Todes Jesu ausdrücklich hervorgehoben wird«.[6] Beim Opfer im eigentlichen Sinn handelt es sich um ein kultisches Geschehen. *Die »Für-uns«-Formeln im Neuen Testament haben mit der kultischen Darbringung eines Opfers nichts zu tun.* Wenn man auf Grund der neutestamentlichen »Für-uns«-Stellen vom Opfertod Jesu spricht, so ist das nur berechtigt, wenn man Opfer in übertragener, nicht in spezifisch kultischer Weise versteht.

6.5

Was das Neue Testament über das Sterben Jesu sagt, ist unvergleichbar. Es übersteigt in jeder Hinsicht alle Beispiele. Sein Tod ist nicht eine heroische Ersatzleistung, die ein Mensch für seine Freunde, Angehörigen und Mitbürger vollführt[7], sein Tod ist ein Sterben für uns, die Gottlosen (Röm 5,6), für uns, für unsere Sünden.[8] Wie schon hingewiesen, sind die Gedanken vom Sterben für andere nicht aus dem Griechentum übernommen. Jesus wird nirgendwo als der bewundernswerte Heros geschildert, der sich für andere opfert. Während die jüdischen Märtyrer ihr Leben Gott als Ersatz für das sündhafte Leben ihrer Volksgenossen anbieten (4Makk 6,28f; 17,21), ist im Neuen Testament Gott selbst der Handelnde, der mit dem Sterben Jesu sein Heilswerk mit der Welt durchführt. »Gott hat seinen eigenen Sohn nicht geschont, sondern ihn für uns alle dahingegeben« (Röm 8,32; vgl. 4,25; 2Kor 5,14f).[9] Der Tod Jesu ist von Gott selbst intendiert und initiiert. Er ist es gewesen, der Jesus zur Sünde gemacht hat (2Kor 5,21). Er hat ihn zur Sühne hingestellt (Röm 3,25). Er ist beim Sterben Jesu das handelnde Subjekt. W.Popkes[10] bringt es mit den Worten der altkirchlichen Dogmatik auf die Formel: »Die erste Person der Trinität verstößt und vernichtet die zweite.« Noch schärfer formuliert es Luther:

6 *Hahn,* Motive S. 362.
7 *Kertelge,* Verständnis S. 118f.
8 Gal 1,4; 2,20; 1Kor 15,3; Eph 5,2; 1Tim 2,6; Titus 2,14.
9 Zur Kritik an der Dahingabe-Formel bei *Kramer,* S. 112–120, daß es ursprünglich Aussagen über das Kommen des Gottessohnes in der irdischen Existenz seien, vgl. *Wengst,* S. 58–62.
10 *Popkes,* S. 286f.

»Christus ist Gott, darumb ist Gott gestorben, Nicht der abgesonderte Gott, sondern der vereinigte Gott mit der Menschheit«.[11]

11 *Luther,* Von den Konziliis und Kirchen, 1539. »Wo es nicht sollt heissen, Gott ist für uns gestorben, sondern allein ein Mensch, so sind wir verloren . . . Gott in seiner natur kan nicht sterben, aber nu Gott und Mensch vereinigt ist in einer Person, so heissts recht Gottes tod, wenn der Mensch stirbt, der mit Gott ein ding oder eine Person ist«, WA 50,590,13ff, vgl. 589,24f; *P.Althaus,* Kenosis 1245f; *Moltmann,* S. 179.

7
Der Opfertod Jesu

7.1
Überblickt man die Ausführungen im Neuen Testament, dann kommt man, wie schon angedeutet, zu der Erkenntnis, daß abgesehen vom Hebräerbrief kaum vom Opfertod Jesu gesprochen wird. Rein statistisch kommt das Wort θυσία bei Paulus nur viermal vor, und alle vier Stellen handeln nicht von Christus. Ähnlich verhält es sich mit dem Verb θύω. Nur bei der Anspielung auf das Passalamm 1Kor 5,7 wird es auf Christus angewendet. Auch sonst werden Opferhandlungen zur Verdeutlichung der Bedeutung des Sterbens Jesu kaum herangezogen. *Paulus spricht nie vom Tode Jesu eindeutig als von einem Opfer.* Der Gedanke des Opfers bildet keinen Schwerpunkt in den christologischen Aussagen.[1] Solche Feststellungen entspringen nicht protestantischer Einengung der biblischen Aussagen. Sie sind nicht als ein antikatholischer Affekt zu erklären. Auch katholische Forscher kommen zu demselben Ergebnis. So schreibt P.Neuenzeit[2]: »Von keinem der alttestamentlichen Vorbilder her ist also gefordert, den Tod Jesu als Opfertod zu verstehen. Es ist daher auch fraglich, ob die ersten Gemeinden den Tod Jesu als Opfer verstanden haben.«

7.2
Bei der Aussage Eph 5,2 könnte an das *Brandopfer* gedacht sein[3]: »Christus hat euch geliebt und sich für uns hingegeben

1 *Käsemann,* Heilsbedeutung S. 78f. Anders *Bultmann,* Theologie S. 295f; vgl. *Hausrath* S. 312: »Die paulinische Bluttheologie, die zentrale Stellung, die Paulus dem Opfertode des himmlischen Menschen gab, schlug eine Brücke zu der heidnischen Religiosität, die gleichfalls im blutigen Opfer die Sühnung und Versöhnung suchte.« *Kuss,* Grundgedanke S. 291: »Für die paulinische Theologie des Todes Jesu ist von fundamentaler Bedeutung der Begriff des ›Opfers‹, des ›Sühnopfers‹, der in verschiedenen Formulierungen auftritt.«
2 *Neuenzeit,* S. 165. Anders *Cerfaux,* S. 98 A7.
3 *Haupt,* S. 188; *Ewald,* S. 220; *Lohse,* Märtyrer S. 134.

als Gabe und Opfer für Gott zum lieblichen Geruch.« In der umgekehrten Reihenfolge Opfer und Gabe stehen die Worte in der Septuaginta Ps 39 (40),7, und so werden sie auch Hebr. 10,5 zitiert. In der Septuaginta sind θυσία und προσφορά die Übersetzung von Schlacht- und Speiseopfer des hebräischen Textes von Ps 40,7. An diese Unterscheidung ist Eph 5,2 ganz sicher nicht gedacht. Gabe wird zuerst genannt, weil es der übergeordnete Begriff ist. Das »und« ist epexegetisch zu verstehen: »Opfer« ist die Konkretisierung der dargebrachten Gabe.[4] Will man an eine bestimmte Opferart denken, so kommt am ehesten das Brandopfer in Betracht, weil bei seiner Anordnung in den alttestamentlichen Bestimmungen sich immer wieder die Wendung findet, es sei Jahwe ein lieblicher Duft.[5] Christus hat sich in seiner großen Liebe für uns als Ganzopfer hingegeben, und Gott hatte sein Wohlgefallen an diesem Opfer.

7.3

Häufig beruft man sich, wenn man vom Opfertod Jesu spricht, auf Stellen, die vom *Blut Christi* handeln.[6] Diese reden aber gar nicht eindeutig vom Opfer, sondern nur vom Sterben Jesu. Der Tod Jesu braucht an den betreffenden Stellen nicht unbedingt als ein kultischer Akt der Opferdarbringung verstanden zu werden. *Blut ist nicht ein mit Opfer synonymes Wort.* Bei vielen Opfern wird zwar Blut vergossen; so heißt es an der bekannten Stelle vom Ritus beim Versöhnungstag: »Das Leben des Fleisches sitzt im Blut, und ich habe es euch gegeben für den Altar, um Sühne zu schaffen durch das (im Blut sitzende) Leben« (Lev 17,11). Aber nicht jedes Opfer besteht im Vergießen von Tierblut. Auch unblutige Opfer können Sühne leisten.[7] Blut ist, wie schon gesagt, weithin nur ein abgekürzter Ausdruck für Blutvergießen. Es ist ein Terminus für den durch Menschenhand gewaltsam herbeigeführten Tod.[8] Darum ist, wenn im Neuen Testament vom Blut Christi gesprochen wird, keineswegs der Opfertod Jesu gemeint, sondern es ist eine realistische Ausdrucksweise für die Heilsbedeutung des gewaltsamen Ster-

4 *Seidensticker,* Opfer S. 170.

5 Ex 29,18; Lev 1,9.13.17; 3,5.16; Num 28,8.24.27.

6 *Vögtle,* Blut S. 540; *Schelkle,* Theologie II S. 124f; *Ridderbos,* S. 136.

7 *Lohse,* Märtyrer S. 21f.

8 Mt 23,30.35; 27,24; Act 5,28; Hebr 12,4; Apk 6,10; 18,24; *Schrage,* Römer 3, 12–16 S. 82; *Hahn,* Ev. Theol. (1975) S. 559.

bens Jesu.[9] »Gerechtfertigt durch sein Blut« Röm 5,9 wird 5,10 aufgenommen mit den Worten »versöhnt mit Gott durch den Tod seines Sohnes«. Da »gerechtfertigt« und »versöhnt« dasselbe meinen, zeigt der Parallelismus der Aussagen, daß der Ausdruck »Blut« dasselbe meint wie »Tod«. Das Wort »Blut« ist kein Hinweis auf den Opfertod Jesu.

7.4

Ganz anders ist das Bild, das uns der *Hebräerbrief* bietet. Dort wird das Wort ϑυσία, wenn auch nicht immer auf Christus angewendet, 15mal gebraucht. Im Tempel werden »Gaben und Opfer für die Sünden« dargebracht.[10] Sie haben die Aufgabe, »die Sünden des Volkes zu sühnen« (2,17). Ohne Blut (9,7) gibt es keine Sündenvergebung (9,21). Die alttestamentlichen Opfer sind ein Hinweis auf das, was Christus getan hat. Er ist der Hohepriester, der, indem er sein eigenes Blut darbrachte, zugleich auch das Opfer ist (7,27; 9,14).
Die alttestamentlichen Opfer sind im Hebräerbrief ein unzureichendes Abbild von dem, was Christus vollbracht hat. Hebr 8,6–10 wird, wenn das Wort selbst auch nicht erwähnt wird, von dem Bundesopfer gesprochen. Christus als der Hohepriester ist der Mittler des Neuen Bundes geworden. Auch Hebr 9,18–20 erinnert an den feierlichen Akt des ersten Bundesschlusses mit Vorlesung des Gesetzes und Besprengung mit dem Bundesblut durch Mose. Der Neue Bund ist durch den Tod Jesu gewirkt (Hebr 9,15.18). Sein Blut ist das Blut des Bundes, das heiligt (Hebr 10,29), es ist das Blut des ewigen Bundes (Hebr 13,20). Sündopfer haben, wie schon geschildert, die Aufgabe, solche Menschen zu sühnen, die aus Unwissenheit gesündigt haben. Ähnlich wie bei dem Sündopfer im Alten Testament findet sich Hebr 5,3 die Wendung περὶ ἁμαρτιῶν. Der Hohepriester bringt Gaben und Opfer für die Sünden dar. Er hat Verständnis für die Unwissenden und Irrenden, da er selbst von Schwachheiten nicht frei ist. Ihretwegen muß er wie für das Volk, so auch für sich selbst opfern. Hebr 10,6 und 8 werden Aussagen über Sündopfer aus dem Alten Testament zitiert. Diese Opfer sind nun nicht mehr nötig; denn Christus hat ein einziges Mal sein Opfer zur Sühnung der Sünden dargebracht

9 *Behm,* ThWNT I S. 173, 32ff; 174, 18ff; *Delling,* Tod Jesu S. 340.
10 Hebr 5,1; 8,3; 10,11.

(10,12), und dieses Opfer hat ewige Dauer (10,14). Wo Sünden vergeben sind, sind Sündopfer nicht mehr nötig (10,18). An einigen Stellen wird auch der Brauch des Sühnopfers herangezogen. Jesus sollte ein barmherziger und treuer Hoherpriester vor Gott werden, um die Sünden des Volkes zu sühnen (2,17). Dies hat er getan. Er hat das Sühnopfer nicht mit dem Blut von Böcken und Kälbern vollbracht, sondern mit seinem eigenen Blut. Wie beim Sündopfer, so genügt auch beim Sühnopfer die Darbringung eines einzigen Opfers. Dieses Selbstopfer Jesu hat die ewige Erlösung bewirkt (Hebr 9,12–14). Es bleibt nur noch das Lobopfer, die Frucht der Lippen (13,15) – alles andere ist durch den Opfertod Jesu vollbracht (9,26; 10,10).

7.5
Die Autoren des Neuen Testaments wissen, daß die alttestamentlichen Anschauungen vom Opfer nicht ausreichen, um die Bedeutung des Todes Jesu zu schildern. Er sprengt den Rahmen des kultischen Vergleiches. Die alttestamentlichen Opfer werden vom Verfasser des Hebräerbriefes nicht herangezogen, um das Christusgeschehen zu erläutern, sondern um zu zeigen, daß das Opfer Jesu sich von allen Opfern nicht nur graduell unterscheidet, sondern sie absolut überbietet. *Der Tod Jesu überragt in jeder Hinsicht die großen Opferhandlungen des Tempels.* Während man in Jerusalem Tag für Tag opferte (9,6; 10,1), hat Christus ein einziges Opfer dargebracht (10,14). Da die Opfer im Tempel keine Dauerwirkung hatten, mußten sie ständig wiederholt werden (9,25). Das Opfer Christi ist einmalig (9,26.28), und damit ein für allemal dargebracht (7,27; 9,12; 10,10). Während die üblichen Opfer die Sünden niemals beseitigten (10,11) und die Menschen nicht zur Vollkommenheit führen konnten (10,1), hat Christus eine ewige Erlösung für die Menschen erlangt (9,12). Die Priester opfern fremdes Blut (9,25), das Blut von Stieren und Böcken (10,11); Christus dagegen bringt sein eigenes Blut Gott als Opfergabe dar (9,14), und darum ist es viel wirkungsvoller. Das Blut von Böcken und Stieren und die Asche einer Kuh, mit der die Verunreinigten besprengt wurden, vermögen Sünden nicht zu beseitigen (10,4 und 11), sondern nur in irdisch-leiblicher Hinsicht die Menschen rein zu machen (9,9f.13). Das Blut Christi dagegen ist imstande, die Gewissen von den toten Werken zu reinigen (9,14; 10,22), eine Aufhebung der Sünden zu bewirken (9,26) und die

Menschen für immer zur Vollendung zu führen (10,14). Die Tiere werden von Priestern geopfert – Christus bringt sich selbst als fehlerloses Opfer dar (7,27; 9,14). Wie sein Opfer mit andern Opfern nicht zu vergleichen ist, so auch nicht sein Priestertum. Die irdischen Priester sind dem Tode verfallen (Hebr 7,23) – Christus ist der auf ewig vollendete Sohn (7,28), der in Ewigkeit bleibt und ein unvergängliches Priestertum hat (7,24). »Er hat es nicht wie die irdischen Hohenpriester Tag für Tag nötig, zuerst für die eigenen Sünden Opfer darzubringen und dann für die des Volkes. Das hat er ein für allemal getan, als er sich selbst dargebracht hat« (7,27). Christus braucht sich nicht zu heiligen und mit Opfern zu reinigen. Obwohl er ein Mensch wie die andern Menschen war (2,14) und darum versucht worden ist wie sie, war er ohne Sünde (4,15), heilig, frei vom Bösen, unbefleckt, getrennt von den Sündern (7,26). Der irdische Hohepriester betritt das irdische, mit Händen gemachte Heiligtum (9,24), Jesus ist in den Himmel eingezogen und steht vor dem Angesicht Gottes (9,11.24). Er ist der Hohepriester, der sich zur Rechten des Thrones der Majestät in den Himmeln gesetzt hat (8,1; 10,12).

8
Der Loskauf

8.1

Die Aussagen vom stellvertretenden Sterben Jesu berühren sich mit denen vom Loskauf der Menschen durch Christus. Um dieses zu beschreiben, *verwendet das Neue Testament verschiedene Ausdrücke.* ἀγοράζω heißt kaufen, etwas als Eigentum erwerben.[1] Welche theologische Bedeutung das Wort in den urchristlichen Gemeinden erhalten hat, zeigt die Äußerung 2Petr 2,1: Christus wird als der charakterisiert, »der sie erkauft hat«. Hinzu kommt das Kompositum ἐξαγοράζω (Gal 3,13; 4,5). Aber es wird auch das Verb λυτρόω ›durch Zahlung von Lösegeld freikaufen‹ verwendet (1Petr 1,18). Dieselbe Bedeutung wird auch λύω Apk 1,5 haben: Christus »hat uns von unsern Sünden durch sein Blut erlöst«. Da diese Stelle dem ἀγοράζειν Apk 5,9 entspricht »Du hast durch dein Blut Menschen für Gott erkauft«, wird auch λύω an dieser Stelle heißen: »gegen ein Lösegeld loskaufen«.[2] λύτρον Mk 10,45 und ἀντίλυτρον 1Tim 2,6 sind das Lösegeld, das beim Loskauf gezahlt wird. ἀπολύτρωσις ist der Loskauf selbst, die Freilassung. Das Neue Testament kennt und gebraucht dieses Wort, wie wir gesehen haben[3]; aber es wird nur in der übertragenen Bedeutung der Erlösung, des Erlöst-Seins verwendet.

8.2

A.Deißmann[4] hat zur Verdeutlichung der paulinischen Lehre von der Erlösung durch Christus auf den *sakralen Sklavenloskauf* der damaligen Zeit aufmerksam gemacht. Sklaven seien von Priestern in Tempeln losgekauft worden, so daß sie als Sklaven der Gottheit freie Menschen waren. In der Tat scheinen einige Stellen im Neuen Testament etwas ganz Ähnliches auszusagen. Der Mensch ist nicht frei, sondern ein Sklave, nämlich ein Sklave der Sünde (Röm 6,6.16f.19f). Er ist Göttern, die aber in Wirklichkeit keine Götter sind, als Sklave ausgelie-

1 1Kor 6,20; 7,23; Apk 5,9; 14,4.
2 *Holtz,* Christologie S. 66.
3 Lk 21,28; Röm 3,24; 8,23; 1Kor 1,30; Eph 1,7.14; 4,30; Kol 1,14; Hebr 9,15; 11,35.
4 *Deißmann,* Licht vom Osten S. 271–281; Spicq I S. 35f.

fert (Gal 4,8f). Christus ist gekommen, um die Menschen aus dieser Sklaverei zu befreien.[5]
Trotz dieser anscheinenden Ähnlichkeit ist die These von der sakralen Sklavenbefreiung zur Verdeutlichung der paulinischen Aussagen nicht brauchbar. Bei Deißmann liegt sowohl ein theologischer wie ein historischer Irrtum vor. Die Befreiung durch Christus ist mit dem sakralen Sklavenloskauf nicht vergleichbar. Bei der Sklavenbefreiung ist die Mitwirkung der Gottheit im Gegensatz zum Handeln Christi beim Loskauf der Menschen eine reine Fiktion. In Wirklichkeit befreit der Sklave sich selbst; denn die für den Loskauf vom Tempel entrichtete Summe an den Sklavenbesitzer hat der Sklave vorher aus seinen Ersparnissen hinterlegt. Der Sklave, der durch den Tempelkauf Eigentum der betreffenden Gottheit geworden ist, steht wohl unter dem Schutz dieser Gottheit, hat aber nach seiner Freilassung im Gegensatz zu den entsprechenden Aussagen im Neuen Testament keine Bindungen an sie oder gar Verpflichtungen ihr gegenüber. Er ist frei, während der Christ Christus gehört. Im Neuen Testament geht es um Jesus Christus, der der Käufer oder auch der Mittler der Befreiung ist, während in den griechischen Papyri und Inschriften im Mittelpunkt der Bestimmungen über den Loskauf der Verkäufer steht, der im Neuen Testament überhaupt nicht erwähnt wird, weil es hier um die Heilstat Christi und den neuen Stand des erlösten Menschen geht. Zwischen dem sakralen Sklavenloskauf und der Befreiung durch Christus besteht sachlich kaum eine Analogie.[6]
Bemerkenswert ist auch, daß in den betreffenden Inschriften und Papyri sich die Wortgruppe ἀγοράζειν nicht findet. Historisch hat F.Bömer[7] über die Untersuchung Deißmanns ein vernichtendes Urteil gefällt: »Die Beweisführung Deißmanns ist aber mit einer nicht geringen Zahl unhaltbarer Konstruktionen, größter Ungenauigkeiten und leider nicht wenigen ganz schweren Fehlinterpretationen belastet.«

8.3

Zutreffender ist es, beim *Loskauf* an die durch eine Niederlage *in Sklaverei geratenen Kriegsgefangenen* zu denken, die durch Zahlung eines Kaufpreises an den Sieger freikommen konnten,

5 R 6,18.22; Gal 2,4; 5,1.13; 1Kor 7,23.
6 *Pax*, S. 252. 256. 258.
7 *Bömer*, S. 133.

dann aber doch nicht absolut frei waren, sondern so lange eine Bindung an den Loskäufer hatten, bis das bezahlte Lösegeld zurückerstattet war.[8] Röm 7,23 spricht Paulus von der Gefangenschaft des Menschen unter dem Gesetz der Sünde. Loskauf ist dann eine Befreiung von der Macht der Sünde.
Die Praxis des Loskaufes war im Altertum weit verbreitet und ist auch in der Gegenwart nicht unbekannt. Man übte sie bei Juden wie bei Griechen.[9] Lev 19,20 spricht vom Loskauf einer Sklavin. Im Gesetz[10] werden die Modalitäten des Loskaufs festgelegt. Auch bei den Rabbinen wird das Problem erörtert.[11] Herodes ist bereit, den Parthern 300 Talente als Lösegeld für seinen Bruder zu zahlen (Jos Bell 1 [14,1], 274f; vgl. Ant. 12 [2,3] 27f.33). Philo berichtet, daß Kriegsgefangene, deren Verwandte Lösegeld zahlen, freikommen (Flac 60). Weil der Loskauf bei Juden und Griechen durchgeführt wurde, Sklaven wie Kriegsgefangene durch Zahlung von Geld die Freiheit erlangten, darum braucht man bei den Aussagen des Neuen Testaments nicht an eine spezielle Art des Freikommens zu denken. Der Mensch ist sowohl ein Sklave wie ein Gefangener der Großmacht Sünde, und Christus verschafft ihm die Befreiung.

8.4

Während es beim Sühnopfer und auch beim stellvertretenden Sterben um die Beseitigung der Schuld und der durch das Sündigen verdienten Strafe geht, bringt der Loskauf stärker die Befreiung zum Ausdruck. Durch den Tod Jesu sind die Menschen von ihren früheren Sklavenhaltern und Beherrschern, von der Macht des Gesetzes und der Sünde, frei geworden, so daß diese keine Befehlsgewalt mehr über sie haben. Durch den Loskauf hat sich ein Herrschaftswechsel vollzogen. Der Christ dient nicht mehr der Sünde (Röm 6,12f), sondern dem Kyrios (1Kor 7,23). Sein Leib gehört nicht der Hure, sondern dem Herrn (1Kor 6,13.19). Aus Sklaven sind die Losgekauften zu Söhnen geworden (Gal 4,5), so daß sie durch Christus einen neuen Status erhalten haben. Verderblich und verwerflich sind die Sonderlehren der falschen Propheten und Irrlehrer, die den Herrn verleugnen, der sie freigekauft hat (2Petr 2,1).

8 *Elert,* S. 265–270.
9 *Lyonnet,* S. 85–89; *Pax,* S. 249.
10 Ex 21,2–8; Lev 25,47–54; Deut 15,12–18.
11 *Büchsel,* ThWNT I S. 125, 26ff; IV S. 352, 26ff.

8.5
Das Bild vom Lösegeld reicht nicht aus, um die Heilstat Jesu sachgemäß darzustellen. Das *Handeln Jesu sprengt die übliche Praxis der Sklavenbefreiung.* Bei ihr erfolgt der Loskauf dadurch, daß eine bestimmte Summe hinterlegt wird. Die Befreiung der Menschen durch Christus geschieht auf eine ganz andere Weise. Zwar wird auch da ein Preis bezahlt (1Kor 6,20; 7,23), aber dieser Preis ist Jesus selbst. Gal 3,13 schreibt Paulus, daß der Loskauf dadurch realisiert worden ist, daß Jesus für uns zum Fluch geworden ist. Die Bezahlung besteht darin, daß er stellvertretend das übernahm, was der Grund unserer Unfreiheit und Verlorenheit ist. Wir wurden vom Fluch des Gesetzes freigekauft, indem er durch den Tod am Kreuz für uns zum Fluch geworden ist. Damit ist die Art des Kaufpreises und seine Höhe klar ausgedrückt. An andern Stellen wird verkürzt gesagt: Die Erlösung erfolgt durch sein Blut, d.h. durch die Aufopferung seines Lebens.[12] Auf den Unterschied zwischen einem gewöhnlichen Loskauf und der Befreiung durch Christus wird 1Petr 1,18f hingewiesen: »Ihr seid nicht mit vergänglichen Mitteln, Silber oder Gold, losgekauft von eurer nichtigen, von den Vätern überkommenen Lebensweise, sondern mit dem kostbaren Blut Christi als eines Lammes ohne Fehl und Makel.« Es wird besonders hervorgehoben, wie hoch, wie kostbar der Preis ist, der für unseren Loskauf entrichtet ist. In den völkerrechtlichen und sozialen Abmachungen zur Befreiung von Menschen gibt es hierfür kaum eine Analogie.
Der jüdische Märtyrer fleht, daß sein und seiner Brüder Sterben den Zorn Gottes über das Volk Israel abwenden möge.[13] Der Tod Jesu dient nicht zur Besänftigung des Zornes Gottes, sondern es ist ein Ausdruck der unvorstellbaren und unbegreiflichen Liebe, wenn Gott seinen Sohn nicht schont, sondern ihn für uns alle dahingibt.[14] »Gott hat seine Liebe zu uns darin erwiesen, daß Christus für uns gestorben ist, als wir noch Sünder waren« (Röm 5,8). Das Sterben Jesu ist nicht ein Strafgericht des Zornes Gottes über die Menschen, sondern ein Heilshandeln der Liebe Gottes.
Weil Jesus nicht nur ein Mensch ist, der sich für andere Menschen einsetzt, sondern weil er der Sohn Gottes ist, den Gott

12 Eph 1,7; Apk 1,5; 5,9.
13 2Makk 5,20; 7,33.38.
14 Röm 8,32.35.37.39; Joh 3,16.

selbst dem Tode ausgeliefert hat, darum hat sein Sterben auch eine umfassendere Geltung, einen weiteren Wirkungsradius und eine stärkere Ausstrahlungskraft als der stellvertretende Tod anderer. Die jüdischen Märtyrer leiden und sterben für ihr Geschlecht (2Makk 7,38) und für die Sünden ihres Volkes (4Makk 7,21). Ein Sterben, das allen Menschen gilt, ist abgesehen von Jes 53 dem Judentum, gerade auch der Märtyrertheologie, unbekannt. Man bestreitet ausdrücklich, daß es für Nicht-Israeliten eine Sühne gibt.[15] Das stellvertretende Leiden der Märtyrer war ethnisch und temporär eingeschränkt. Wie ihre Stellvertretung auf Israel begrenzt war, so ist sie auch zeitlich eingeengt. Sie galt nur für die Angehörigen der gegenwärtigen Generation, nicht aber für alle Zeiten. Sie war weder universal noch ein für allemal gültig. 4Esra 7,102–105 heißt es: »Wenn ich Gnade vor deinen Augen gefunden habe, so zeige mir, deinem Knechte, noch dies: ob die Gerechten am Tage des Gerichts für die Gottlosen eintreten und beim Höchsten für sie beten dürfen: Väter für ihre Söhne, Söhne für die Eltern, Brüder für Brüder, Verwandte für ihre Vettern, Freunde für ihre Genossen? Er antwortete mir und sprach: ... Wie schon jetzt kein Vater den Sohn, kein Sohn den Vater, kein Herr den Knecht, kein Freund den Genossen senden kann, daß er für ihn krank sei, schlafe, esse oder sich heilen lasse, so wird auch dann niemand für einen andern bitten noch jemanden anklagen dürfen. Dann trägt ein jeder ganz allein seine Ungerechtigkeit oder Gerechtigkeit.«

Im Gegensatz dazu schreibt Paulus, nachdem er ausgeführt hat, daß Gott seinen Sohn für uns alle dahingegeben hat: »Wer will verdammen? Christus Jesus, der gestorben ist, mehr noch, der auferweckt ist? Er sitzt zur Rechten Gottes und tritt für uns ein. Wer kann uns scheiden von der Liebe Christi?« (Röm 8,34f) Christus ist weder nur für seine Freunde noch nur für die Frommen gestorben, sondern gerade für die Gottlosen (Röm 5,6), für die Sünder (Röm 5,8), für die Ungerechten (1Petr 3,18), also für alle Menschen ohne Unterschied.[16] Sein Tod ist von überragender, unvergleichbarer Bedeutung, weil er für alle Generationen seine heilschaffende Geltung hat.

15 »Für die Völker gibt es kein Lösegeld.« Mech Ex 21,30; *Strack-B.*, III S. 644.
16 Röm 8,32; 2Kor 5,14f; 1Tim 2,6.

9
Der Vergleich mit dem Sterben in den Mysterien

9.1

Röm 6 ist der Tod Christi weder ein Opfertod noch ist Christus stellvertretend gestorben. Sein Tod dient auch nicht als Lösegeld. Trotzdem hat er eine heilschaffende, den Menschen von der Knechtschaft der Sünde befreiende Bedeutung; denn in der Taufe wird der Getaufte mit Christus, der gestorben und auferstanden ist, verbunden. Die auf Christus getauft sind, sind in seinen Tod getauft. Sie sind in Beziehung zu seinem Tod gesetzt, so daß ihr Schicksal mit dem des Gekreuzigten und Auferstandenen verbunden ist.
Paulus verdeutlicht mit der Anschauungswelt und den Begriffen der Mysterien, welche Bedeutung Karfreitag und Ostern für den Christen durch die Taufe haben. Wenn es sich bei den Mysterien, wie es der Name besagt, auch um Geheimkulte handelte, so wußten doch auch Außenstehende etwas von dem, was in ihnen vor sich ging. Möglicherweise hat Paulus in Tarsus etwas über sie erfahren.[1] J.Leipoldt[2] vermutet, was wohl kaum zutreffen wird, daß Paulus während seines Lebens in der Synagoge mit den Gedanken der Mysterien Bekanntschaft gemacht hatte, weil in den palästinischen Synagogen eine gewisse Zuneigung zu den Mysterien vorhanden war. Möglicherweise sind Angehörige der Kultvereine Christen geworden, die Paulus über die Vorgänge in den Mysterien berichtet haben und mit denen er über diese Frage diskutiert hat.[3] Der Vergleich mit den Mysterien ist vielleicht gar nicht von Paulus selbst vollzogen worden, sondern er kann bereits in den hellenistischen Gemeinden angestellt worden sein, so daß Paulus bei seinen Ausführungen von Röm 6 an bekannte Vorstellungen anknüpft und Wendungen übernimmt, die in gewissen christli-

1 *P.Wendland,* Hellen.-röm. Kultur S. 155.186 A 1; *Heitmüller,* S. 25.
2 *Leipoldt,* Weltreligion S. 50f.
3 *Schlatter,* Gottes Gerechtigkeit S. 204f.

chen Kreisen bereits gebräuchlich waren.[4] Trotz der beachtenswerten Ausführungen von G. Wagner[5] über die Mysterienkulte, in denen er zu zeigen sucht, daß zwischen der paulinischen Auffassung von der Taufe und der Mysterienfrömmigkeit sich eine unüberbrückbare Kluft auftut, so daß diese religionsgeschichtlichen Dokumente keine Hilfe zum Verständnis von Röm 6 bieten, wird man festhalten müssen, daß bei den Aussagen des Paulus Röm 6,1ff und den Anschauungen in den Mysterien, auch wenn starke sachliche Unterschiede vorliegen, doch Analogien bestehen, so daß auch fernerhin die These berechtigt ist, Paulus habe die Vorstellungswelt und die Terminologie der Mysterien benutzt, um heidenchristlichen Lesern seines Briefes die Bedeutung des Sterbens Christi deutlich zu machen.[6] Wenn er mit seinen Ausführungen nicht auf einen ganz speziellen Mysterienkult anspielt und er keine direkte Formel daraus gebraucht, sondern allgemeine Aussagen macht, so ist das kein Beweis, daß er sie nicht kennt, sondern es ist voll verständlich, wenn man bedenkt, daß er kein Glied eines bestimmten Mysterienkultes gewesen ist und sich auch nicht speziell an Glieder eines bestimmten Kultes wendet. Er begnügt sich damit, ganz allgemein auf mysteriennahe Vorstellungen hinzuweisen und mysteriennahe Termini zu verwenden.

9.2

In den Mysterien nimmt der Aufnahmesuchende, ohne daß die Volkszugehörigkeit, der Stand, das Alter oder das Geschlecht dabei eine Rolle spielen, beim Initiationsritus am Schicksal des sterbenden und wieder zum Leben auferstehenden Gottes teil. Durch die Weihe erlebt er den Akt des Sterbens und der Wiedererweckung, so daß er, vom Zwange des Schicksals befreit, schon jetzt an dem Heil nach dem Tode teilhat.
Auch Paulus spricht Röm 6 vom Sterben und Auferstehen des

4 *Heitmüller*, S. 25; *Lietzmann*, S. 68; *Oepke*, ThWNT I S. 539, 26ff; *Dibelius*, Isis-Weihe S. 72; *Bornkamm*, Taufe S. 37 A 5; *Michel*, Römerbr. S. 216; *Gäumann*, S. 46f; *Lohse*, Taufe S. 234; *ders.*, Theologie S. 67; *Bultmann*, Theologie S. 142–144.297f.312; *Käsemann*, Römerbr. S. 151–153.

5 *G. Wagner*, Das religionsgeschichtliche Problem.

6 *Weiß*, Urchristentum S. 403.500f; *Bousset*, Kyrios Christos S. 107f.140; Clemen, S. 104. 170; *Leipoldt*, Taufe S. 62f; *Schneider*, Taufe S. 43f A70; *Kuss*, Römerbr. (1959) S. 371–375; *Kümmel*, Jesus und Paulus S. 449; *Colpe*, Gnomon S. 51; *Güttgemanns*, S. 216; *Dibelius*, Paulus S. 94f; *Kümmel*, Theologie S. 190; *Goppelt*, Theologie II S. 428.

Christen in Christus. In der Taufe wird der Getaufte in den Tod Jesu hineingenommen. Jesu Sterben am Kreuz ist zwar ein historisches Faktum, das sich zur Zeit des Pontius Pilatus ereignet hat und unwiederholbar ist, aber mit der Feststellung historischer Vorgänge erschöpft sich die Aussage über seinen Tod nicht. Dieser ist nicht ein Geschehen, das nur der Vergangenheit angehört, so daß er von andern, ihm folgenden Ereignissen überdeckt werden kann. Die Ausstrahlungen des Sterbens Jesu reichen in die Gegenwart hinein. Tod und Auferstehung Jesu sind eschatologische Ereignisse, die der zeitlichen Einengung entnommen sind.[7] Weil es sich um eschatologische Geschehnisse handelt, sind sie imstande, eine Brücke von damals zu heute zu schlagen, so daß der Tod Jesu in der Taufe gegenwärtig ist. Sein Tod am Kreuz und der Tod der Christen mit Christus in der Taufe sind in historisch-chronologischer Sicht nicht dasselbe. Aber in der eschatologischen Wirklichkeit trennt die zeitliche Differenz von damals und heute nicht, sondern die lokalen und temporalen Unterschiede schrumpfen zusammen, so daß der Tod Jesu in seiner Einmaligkeit in die Gegenwart hineinragt, der Getaufte mit dem Gleichbild seines Todes zusammenwächst und er von dem Todesgeschehen unmittelbar betroffen wird. ὁμοίωμα bringt die Einheit und den Unterschied der historischen und theologischen Wertung des Kreuzes zum Ausdruck, das sowohl ein historisches wie ein eschatologisches Ereignis ist.[8] *In der durch den Tod und die Auferwekkung Jesu eschatologisch qualifizierten Gegenwart wird der Tod Christi, weil der Getaufte Christus zugeeignet wird, zum Tode des Getauften.* In der Taufe wird die Kreuzigung Jesu nicht wiederholt. Die Taufe ist auch nicht ein Nacherleben des Todesgeschickes Jesu, sondern in der Taufe wird man in das Sterben Jesu hineingenommen. Man wird mit seinem Tod am Kreuz verbunden. So vollzieht sich, da der neue Äon in diesen Weltlauf hineinreicht, das damalige Sterben Jesu. Der Getaufte kommt in die Todesgemeinschaft mit Jesus. Das hat Konsequenzen.

Der Tod Jesu ist Röm 6 nicht ein stellvertretendes Strafleiden, sondern, da er gestorben ist, ist er, da er in der Gleichgestalt des sündlichen Fleisches gesandt war (Röm 8,3) und damit unsere

7 *P.Brunner,* Kraft S. 14–28; *W.T.Hahn,* S. 109–114.134f; *Eichholz,* S. 207f.
8 *Kuss,* Römerbr. (1957) S. 302; *Käsemann,* Römerbr. S. 159.

Existenzweise hatte, der Sünde gestorben (Röm 6,10), und zwar ein für allemal (Röm 6,10). Sein Tod ist eine Machtentziehung der Sünde. Durch ihn ist er dem Herrschaftsbereich der Sünde entnommen, und damit sind auch die Getauften durch das Sterben mit Christus dem Machtbereich der Herrscherin Sünde entrissen. Sein Sterben und Auferstehen ist ein Sieg über die Gewalten dieses Äons. Der Getaufte, der in die Todesgemeinschaft mit Christus hineingenommen ist, ist der Sünde gestorben, so daß sie keine Gewalt über ihn hat. Die damalige Kreuzigung Christi ermöglicht als ein Vergangenheit, Gegenwart und Zukunft umfassendes eschatologisches Geschehen das Sterben des Getauften mit ihm und bewirkt damit die Befreiung von der Sünde. Durch die Teilhabe am Kreuz Christi wird der alte Mensch getötet und der Christ von der Sünde erlöst, so daß sie ihn nicht mehr tyrannisiert (Röm 6,2.6f.10f). Dieses Wissen erhalten die Christen nicht durch mystische Erlebnisse oder durch eine visionäre Schau, sondern durch die Verkündigung. Das Heilsgeschehen erfolgt nicht im äußeren Akt der Taufe, sondern es beruht in dem einmaligen Ereignis des Todes Jesu, das in der Taufe präsent wird. Auf das Sterben Jesu kommt es an.

9.3
Wie beim Opferkult, dem Märtyrertod und dem Loskauf, so liegt auch beim *Vergleich mit dem Geschehen in den Mysterien nicht eine vollkommene Kongruenz mit der christlichen Botschaft* vor. In den Mysterien handelt es sich um das Phantasiegebilde eines Heros aus der Urzeit, um eine mythische Größe oder um einen Naturgott. Der Mythos ist zeitlos; der Wechsel von Licht und Finsternis wie das Sterben und Auferstehen in der Natur wiederholen sich ständig. Im Gegensatz dazu haben wir es beim Tode Jesu und bei der Taufe auf Christus mit einem einmaligen, unwiederholbaren Faktum zu tun. Die verschiedenen mit σύν zusammengesetzten Wörter in Röm 6 sagen nichts über eine mystische Gemeinschaft mit Christus aus. Sie verkündigen nicht die Vergöttlichung des Menschen wie in den Mysterien, in denen der Getaufte nach dem vollzogenen Akt wie ein Gott angebetet werden konnte, sondern Röm 6 handelt von der Teilhabe an dem eschatologischen Christusgeschehen und den sich daraus ergebenden praktischen Konsequenzen im alltäglichen Leben. Während der Empfänger der

Weihen in den Mysterien geheimnisvolle Vorgänge durchlebte, ereignet sich in der Taufe nichts Mysteriöses. Darum gibt es im christlichen Sakrament auch keine Geheimnisse. Die Einführung in die Mysterienreligion mußte von Zeit zu Zeit wiederholt werden, damit die naturhafte Unsterblichkeitssubstanz erhalten blieb. Im Gegensatz dazu ist die christliche Taufe unwiederholbar, weil es sich in ihr um die Verbindung mit Christus handelt, dessen Tod einmal erfolgt ist und keiner Erneuerung bedarf. Während bei den Mysterien der durch die Weihe erhaltene Gewinn in der Befreiung vom Tod und dem Erlangen der Unsterblichkeit bestand, geht es bei Paulus beim Sterben um die Befreiung von der Macht der Sünde. Weil das Sterben und Mit-gekreuzigt-Werden nicht ein magisches Geschehen ist, darum läßt Paulus auf die Indikative der Taufaussagen sogleich die Imperative folgen (Röm 6,11ff). Die Ereignisse in den Mysterien können das Christusgeschehen nur dann erläutern, wenn man ihre Eigenart kennt und den großen Unterschied sieht.

10
Befreiung von der Schuldurkunde

Kol 2,13–15 handelt es sich möglicherweise um ein hymnisches Fragment, das vom Autor des Kolosserbriefes übernommen und mit Zusätzen versehen ist.[1]

10.1
Die Erlösung des Menschen von der Schuld wird durch ein Bild erläutert, das eine Zusammenballung verschiedener Anschauungen enthält, die nicht ohne weiteres zusammengehören. χειρόγραφον kommt in dem klassischen Griechisch selten vor, häufig dagegen in Papyri. Es ist die mit eigener Hand ausgestellte Urkunde, die schriftliche Anerkennung einer Schuld, der *Schuldschein.* Als der Vater seinen Sohn Tobias ausschickt, um das Geld einzutreiben, überreicht er ihm τὸ χειρόγραφον (Tob 5,3 vgl. 9,5). In apokalyptischen Schriften wird gelegentlich mit diesem Wort auch das himmlische Schuldbuch bezeichnet, in das die Engel des Herrn die guten Taten der Gerechten und die Engel des Anklägers die Sünden der Menschen eintragen.[2] Die Engel vollstrecken auf Grund dieser Aufzeichnungen an den Menschen die Strafen: »Die Eintreiber (die Strafengel) gehen beständig umher an jedem Tage und fordern vom Menschen die Schuld ein, er mag es wollen oder nicht, sie haben auch, worauf sie sich stützen« (nämlich die Eintragungen auf der Schreibtafel).[3] *Nach Anschauung des Judentums vergilt Gott einem jeden nach seinen Werken:* »Bilden die Verdienste eines Menschen die Mehrzahl, so erbt er den Gan Eden; bilden die Übertretungen die Mehrzahl, so erbt er den Gehinnom«. Was geschieht, wenn sich Verdienste und Übertretungen die

1 *Schille,* Hymnen S. 31–37.43; *Lohse,* Kolosser S. 160; *ders.,* Bekenntnis S. 279–281; *Wengst,* S. 186f; *Ernst,* Briefe S. 206; *Burger,* Schöpfung S. 108; *Zeilinger,* S. 54f; *Deichgräber,* S. 168f; dagegen *Schweizer,* Kolosser S. 106; *Lähnemann,* S. 127.

2 *Lohse,* ThWNT IX S. 425 A 2.

3 P. Abot 3,16; *Strack-B.,* I S. 583.

Waage halten? Dann, aber nur dann tilgt Gott den Schuldschein: »Gott reißt eilends einen Schuldbrief von Übertretungen weg, so daß die Verdienste die Waagschale sinken lassen« (und sie das Übergewicht erhalten).[4] Weil der Jude nie weiß, ob seine guten Taten ausreichen, um beim Endgericht zu bestehen, betet er an den 10 Bußtagen von Neujahr bis zum Versöhnungstag: »Unser Vater, unser König, lösche aus durch deine große Barmherzigkeit alle unsere Schuldbriefe«.[5]

10.2

Das Neue Testament denkt radikaler sowohl über die Schuldverfallenheit der Menschen wie über die Größe der Gnade und Barmherzigkeit Gottes. Die Menschen sind durch ihr Verhalten den Mächten und Gewalten ausgeliefert. Von sich aus können sie die sie belastenden Eintragungen in das Schuldbuch nicht löschen. Keine noch so gute Tat kann den durch die sündigen Taten geschriebenen Schuldschein unwirksam machen.

Was für Menschen unmöglich ist, hat Gott getan. Er hat nicht nur eine einzige böse Tat, die in das Schuldbuch eingetragen war, nicht angerechnet, sondern er hat die gesamte Schuldurkunde, die sich mit ihren Vorschriften gegen den Menschen richtete, durch den Tod Christi am Kreuz getilgt. Bei der Wendung »mit den Satzungen« handelt es sich wahrscheinlich um einen Zusatz, den der Verfasser des Kolosserbriefes in das Traditionsgut eingefügt hat. Dadurch wird das Schuldbuch mit den Bestimmungen des Gesetzes verbunden. Der Schuldschein ist durch das Gesetz zustande gekommen.[6] Gott hat die Schuldurkunde beseitigt, indem er sie an das Kreuz heftete, so daß sie nicht mehr präsentiert werden kann. Den Herrschaften und Gewalten ist durch Christus alle Macht über den Menschen genommen. Sie können keine Ansprüche an den Menschen stellen.

10.3

Worauf mit dem Bild vom Anheften des Schuldscheins an das

4 pPea 1,16 b 37; *Strack-B.*, III 78f; *Lohse*, Bekenntnis S. 282.

5 Gebet Abinu; *Strack-B.*, III 628.

6 *Kittel*, ThWNT II S. 234, 35ff; *Percy*, Die Probleme (1946) S. 89; *Dibelius-Greeven*, S. 32; *Larsson*, S. 87; *Schille*, Hymnen S. 36; *Lohse*, Bekenntnis S. 280; *Burger*, Schöpfung S. 110f.

Kreuz konkret angespielt wird, ist schwer zu sagen. A. Deißmann[7] verweist darauf, daß Schuldurkunden mit Durchkreuzen ungültig gemacht wurden. Auslöschen ist aber mehr als durchkreuzen. Kol 2,14 steht auch nicht χιάζειν, und Durchkreuzen einer Urkunde ist etwas anderes, als eine Urkunde an das Kreuz heften. M.Dibelius[8] macht auf die Sitte aufmerksam, daß der *titlos* mit der Schuld des Delinquenten an das Kreuz geheftet wurde. Auch diese Erklärung trifft für unsere Stelle nicht zu. Es geht nicht darum zu sagen, weshalb Christus sterben mußte, daß die Schuld Christi in unsern Sünden bestand[9], sondern daß der Schuldschein keine Rechtskraft mehr hat. Bei M.Dibelius[10] werden noch andere religionsgeschichtliche Parallelen angeführt. Aber keine gibt eine überzeugende Grundlage für das Verständnis des Bildes. Darum wird man darauf verzichten müssen, ein konkretes Beispiel zur Erklärung heranzuziehen. Klarheit und Eindeutigkeit von Bildern ist nicht die Stärke des Orientalen. Er liebt die Vielfalt und das Schillernde. Wer an das Kreuz geschlagen wird, dessen Existenz ist ausgelöscht, so daß er keine Macht über andere hat. Er kann keine Forderung mehr stellen und andere bedrängen und ängsten. »Ans Kreuz heften« ist hier gleichbedeutend mit »auslöschen«. Kreuz ist in der christlichen Verkündigung ein so geprägter theologischer Terminus, daß jeder, der dieses Wort in der Gemeinde hörte, sogleich an den gekreuzigten Christus dachte. Man wird annehmen dürfen, daß das Faktum des Kreuzestodes Jesu die Formulierung des Bildes hervorgerufen hat.[11] Was mit diesen Worten gesagt werden soll, ist klar: Gott hat durch seinen Eingriff alle Schuld der Menschen beseitigt. Dieser Rechtsakt der Schuldtilgung erfolgt durch den Tod Jesu. Das Kreuz ist die Proklamierung der Schuldtilgung. Christus hat unsere Sünden an seinem Leib auf das Kreuz getragen, damit wir von den Sünden los seien und für die Gerechtigkeit leben (1Petr 2,24). Wenn die Deutung von δόγματα richtig ist, dann hat Christus durch seinen Tod nicht nur den Schuldschein vernichtet, sondern auch die Herrschaft des Gesetzes beendet (Kol 2,16.20f).

7 *Deißmann,* Licht vom Osten S. 282; *Lähnemann,* S. 128.
8 *Dibelius-Greeven,* S. 31.
9 *Wengst,* S. 192.
10 *Dibelius-Greeven,* S. 32.
11 *Percy,* Die Probleme (1946) S. 91.

11
Die Versöhnung

Die Lehre von der Versöhnung hat in der dogmatischen Erörterung einen hohen Stellenwert. H. J. Iwand beginnt seinen Aufsatz »Zur Versöhnungslehre« mit den Worten: »Die *christliche Lehre von der Versöhnung ist das Zentrum unseres Glaubens*.«[1] Auch für L.Goppelt[2] ergibt sich die Botschaft von der Versöhnung »als zentraler Ausdruck des Evangeliums und als Leitthema der abendländischen Dogmatik«. P.Stuhlmacher behandelt die »Grundlinien und Grundprobleme einer biblischen Theologie des Neuen Testaments« unter der Überschrift »Das Evangelium von der Versöhnung in Christus«. Wenn man nach den neutestamentlichen Stellen fragt, die von der Versöhnung handeln, so ist der Ertrag zahlenmäßig recht gering. Das Wort hat nicht die breite statistische Grundlage im Neuen Testament, die man erwartet, wenn man die spätere Diskussion über dieses Thema überblickt. Die Worte von der Versöhnung des Menschen mit Gott finden sich nur an 5 Stellen, die allerdings eine starke Aussagekraft enthalten.[3] Berechtigen sie den Dogmatiker, sie zur Grundlage großer dogmatischer Lehrgebäude zu machen?

11.1

In der theologischen Diskussion über die Versöhnung macht man meist keinen Unterschied zwischen *»Sühne« und »Versöhnung«*. Das mittelhochdeutsche Wort »versüenen« ist später zu »versöhnen« geworden. Luther übersetzt sowohl καταλλαγή Röm 11,15 und 2Kor 5,18f wie auch ἱλασμός 1Joh 2,2 und 4,10, ohne zu unterscheiden, mit Versöhnung. Im heutigen allgemeinen Sprachgebrauch macht man aber einen klaren *Unterschied zwischen beiden Wörtern.* Das zeigen die Umschrei-

1 *H.J.Iwand,* S. 214; vgl. *W.Joest,* S. 1378; *Sauter,* S. 42; *Lochman,* S. 64.
2 *Goppelt,* Versöhnung S. 147.
3 Röm 5,10f; 11,15; 2Kor 5,18–20; Eph 2,14–18; Kol 1,19–22.

bungen in den deutschen Nachschlagebüchern. Sich versöhnen wird charakterisiert als: sich wieder vertragen, sich vergleichen, sich einigen, den Streit beilegen, sich die Hände reichen, Frieden herstellen. Damit ist die Wortbedeutung von »versöhnen« im deutschen Sprachgebrauch deutlich herausgestellt: Versöhnung wird als ein Akt der Übereinkunft zwischen zwei zerstrittenen Parteien verstanden, der den Streit beendet und den Zustand eines friedlichen Verhaltens herbeiführt. Bei Sühne dagegen geht es nicht um eine partnerschaftliche Einigung, sondern Sühne erfordert einen Akt der Wiedergutmachung an der Person, gegen die man schuldig geworden ist. Sühnen wird nach dem gegenwärtigen Sprachgebrauch mit folgenden Worten verdeutlicht: gut machen, Ersatz leisten, ersetzen, entschädigen, begleichen.[4]

Auch im Griechischen werden die Wortbedeutungen ›sühnen‹ und ›versöhnen‹ sprachlich verschieden ausgedrückt. Die Wortgruppen ἱλάσκομαι und ἀλλάττω charakterisieren ganz verschiedene Vorgänge.

11.2

ἱλάσκομαι und ἐξιλάσκομαι bedeuten zunächst jemand gnädig stimmen, ihn geneigt machen, begütigen, dann aber auch sühnen. Bei der *Sühne* handelt es sich um Vorgänge, die dazu führen, daß der Zorn besänftigt und der Betreffende gnädig gestimmt wird.[5] Solche Sühneleistungen[6] erfolgen durch Darbringung von Opfern[7], Zahlung von Bußgeldern[8], durch Wiedergutmachung des Verschuldeten[9], Gesang beim Opfermahl[10] und andere Handlungen. Durch sie sucht man die Schuld abzutragen, den Zorn abzuwenden, die Gottheit oder den, der sonst betroffen ist, wieder wohlwollend zu stimmen.

In der *Septuaginta* kann ἐξιλάσκεσθαι zur Wiedergabe von *chalah* dienen und heißt »mild stimmen, besänftigen«.[11] ἱλάσκομαι kann das Äquivalent sein von *nacham*, »sich reuen lassen, Mitleid haben, gnädig

4 *Peltzer*, S. 521.599f.
5 *Büchsel*, ThWNT III 312, 10ff.
6 Hom Il 147.386.444; Hes Op 336–338.
7 vgl. ferner Diod S I 59, 2; Polyb 32,15 (27,25),7; Hdt I 50,1.
8 Plat Leg IX 862 c; Hdt VIII 112,3.
9 Hom Il 1, 100.
10 Hom Il 1, 472.
11 Sach 7,2; 8,22; Mal 1,9.

sein«[12] und von *salach* »verzeihen, vergeben«[13], so daß es sich mit »erbarmen« berührt. Sir 5,6 heißt es: »Sein Erbarmen ist groß, die Fülle meiner Sünden wird er mir vergeben (ἐξιλάσεται)«. ἐξιλάσκεσθαι, das in der Septuaginta 105mal vorkommt, entspricht 83mal dem hebräischen *kaphar* im Alten Testament. Der zahlenmäßige Vergleich zeigt, wie eng beide Wörter miteinander verwandt sind.[14] Auch bei der Wiedergabe von *kaphar* kann ἐξιλάσκεσθαι die Bedeutung haben »jemand freundlich stimmen« (Prov. 16,14). Das ist auch Gen 32,21 der Fall, wo bei dieser Stelle der Gedanke der Sühne für eine auf sich geladene Schuld mitschwingt; denn Jakob versucht, durch Geschenke Sühne zu schaffen für die Schuld, die er Esau gegenüber auf sich geladen hat, und ihn freundlich zu stimmen. Ez 16,63 ist ἐξιλάσκεσθαι mit »vergeben« zu übersetzen.

Häufig handelt das Wort aber von einer *Sühneleistung*, die vollbracht werden muß, um dem Geschädigten den Schaden zu ersetzen, den Erzürnten zu besänftigen und den Schuldigen von der Last seiner Schuld zu befreien.[15] Das geschieht durch Hingabe von Menschenleben. So will Mose Sühne schaffen für die Sünden seines Volkes, indem er Gott, um seinen Zorn abzuwenden, sein Leben anbietet (Ex 32,30). Pinehas ermordet einen Israeliten und die von ihm mitgebrachte Midianiterin, wodurch er den Zorn Jahwes abwendet und den Israeliten Sühne erwirbt (Num 25,6–13). Die Gibeoniter verlangen wegen Tötung von Angehörigen ihres Volkes durch Saul als Sühne sieben Nachkommen von ihm, um sie hinzurichten (2Sam 21,1–6). Vergossenes Blut kann nur durch Blut gesühnt werden.[16] Auch das Darbringen von Tierleben kann Sühne gewähren, so z.B. die Tötung einer Kuh bei unschuldig vergossenem Blut (Deut 21,8). Die aus dem Krieg heimkehrenden Israeliten bringen Schmuckgegenstände als Opfergabe, um von Gott Sühne zu erwirken (Num 31,50). Wenn jemand aus Unwissenheit sich an heiligen Dingen Jahwes vergangen hat, dann soll er nicht nur das zurückerstatten, was er veruntreut hat, sondern zur Sühne muß er noch ein Fünftel des Wertes dazulegen (Lev 5,15f). Menschliche Schuld kann gewöhnlich durch Schlacht- und Speisopfer gesühnt werden, was allerdings im Falle des Hauses Eli nicht möglich ist (1Sam 3,14). Auch durch Fasten (Ps Sal

12 Ex 32,14, vgl. 32,12.

13 Ps 24 (25),11; 2Chron 6,30; 2Kön 5,18; 24,4; Klgl 3,42; Dan 9,19.

14 *Hill*, S. 30.

15 *J.Herrmann*, ThWNT III S. 303, 11ff; anders *Morris*, Use S. 227–233.

16 Num 35,33; vgl. ferner Deut 32,43; vgl. Jos Ant 6 (6,5),124: Saul schwört, er werde den Frevler töten, um Gott zu versöhnen.

3,8), durch Darben und Hungern (Philo Leg all. III 174)[17] oder durch gute Taten kann man sühnen. Sühne ist eine ganz konkrete Handlung, durch die der durch schuldhaftes Verhalten entstandene Schaden abgedeckt und der Schuldiggewordene aus seiner Verschuldung gelöst wird.

Die priesterliche Theologie nimmt den Gedanken der Sühne auf und fügt die Sühnehandlung in den Kult ein. In der Durchführung kultischer Akte vollzieht sich die Sühne. So wird »sühnen« zu einem *ausgesprochenen Kultterminus.* Wie ein roter Faden zieht sich in den Opferbestimmungen des Pentateuch[18] die Anweisung an den Priester, er solle Sühne schaffen. Durch die dargebrachten Opfer sühnt er die Vergehungen des Volkes, so daß sie vergeben werden, und weiht die Kultgegenstände des Tempels, daß sie entsündigt und entsühnt sind.[19] Obwohl der Priester die Sühnehandlungen vollführt, ist Jahwe der eigentlich Handelnde; denn er gewährt die Sühne und beseitigt den die Gemeinschaft mit ihm zerstörenden Fluch. Der Priester fungiert als Handlanger Gottes.[20] In den Psalmen[21] wird direkt gesagt, daß Gott in seiner Gnade und in seinem Erbarmen die Schuld sühnt und von seinem Zorn abläßt. Weil von seiten des Menschen etwas geschehen muß, wenn Gott Sühne gewähren soll, darum werden Opfer dargebracht. Ertrag der Sühne ist die Reinheit und Heiligkeit. Darum kann *kaphar* in der Septuaginta auch wiedergegeben werden mit »heiligen« (Ex 29,33.36) und »reinigen« (Ex 29,37 und 30,10).

11.3

Die Wortgruppe »versöhnen« ist in einem ganz anderen Bereich beheimatet. ἀλλάττω und die Komposita sprechen von tauschen, austauschen, ausgleichen, beilegen, aussöhnen, versöhnen. Sie haben mit dem Kultus nichts zu tun, sondern haben *ihren Sitz im privaten oder politischen Leben.* Feindschaften werden abgebaut. Man versöhnt sich, so daß Frieden und Ruhe einkehren. Oft ist es schwer, zwischen zerstrittenen Parteien wieder Einvernehmen herzustellen (Soph Phoen 374f). Durch

17 Sir 3,3.30; *Strack-B.*, IV S. 555 n.

18 Lev 4,20 u.o. 5,10 u.o. 6,23; 7,7; 8,15; 9,7; 10,17; 12,7f; 14,19 u.o. 15,15.30; 16,6 u.o. 17,11; 19,22; vgl. Num 5,8; 6,11; 8,12; 15,25.28; 16,46f; 28,22.

19 Ez 43,20.22.26; 45,18.20.

20 *Eichrodt,* I 93; *von Rad,* Theologie I S. 283; *Maas,* S. 853f; *Koch,* S. 231; *Kaiser,* S. 1406.

21 Ps 25 (24),11; 78(77),38; 65(64),4.

Versöhnung werden Konfrontationen und Zwistigkeiten im familiären Bereich beseitigt (Eur Iph Aul 1157). Streitigkeiten, die zur Trennung von Eheleuten führen, werden durch Versöhnung beendet.[22] Brüder sollen sich versöhnen (Epict I 15,6), wie es Jakob mit Esau (Jos Ant 1 [20,1], 326) getan hat, Joseph mit seinen Angehörigen (Philo Jos 237.262), David mit seinem Sohn Absalom[23], Herodes mit seinem Bruder (Jos Ant 16 [8,6], 269) und mit seinen Söhnen[24]. Zwischen Freunden kommt es zur Versöhnung (Sir 22,22), wenn ein böses Wort gefallen ist (Sir 27,21). Kriege zwischen Völkern können durch Versöhnung verhindert oder beendet, Feinde untereinander versöhnt werden.[25] Gegensatz zur Versöhnung sind Zorn, Feindschaft, Krieg. Durch Versöhnung werden aus Feinden Freunde. Wo früher Streit mit Worten oder mit Waffen stattfand, tritt nun Ruhe, Frieden, Freundschaft ein.[26]

Im Gegensatz zu ἱλάσκομαι mit seinen Komposita hat die Wortgruppe ἀλλάττω *zum kultischen Bereich keine bemerkenswerten Beziehungen,* so daß Sühneriten durch sie nicht charakterisiert werden.[27] Im Alten Testament spielen diese Wörter keine Rolle. Darum ist es verkehrt, den Gedanken der Versöhnung mit dem der Sühne zu verbinden und zur Verdeutlichung der neutestamentlichen Aussagen über die Versöhnung den jüdischen »Versöhnungstag« mit seinen Opfern und Riten heranzuziehen, wie es E.Lohmeyer tut.[28] Nach seinen Ausführungen zum Verständnis der neutestamentlichen Aussage von der Versöhnung ist vom Versöhnungstag auszugehen. Er ist der große Tag der Versöhnung, der nicht auf Israel beschränkt bleibt, sondern die ganze Welt umschließt. Die wenigen Stellen im Neuen Testament, die von der Versöhnung handeln, spielen in keiner Weise auf die Riten des Versöhnungstages an.[29]

11.4

Nun können mit der Wortgruppe ἀλλάττω auch Aussagen über

22 Richt 19,3; Jos Ant 5 (2,8), 137.
23 Jos Ant 7 (8,4),184; 7 (8,5),192; 7 (9,1),196.
24 Jos Ant 16 (4,4),125; Bell 1 (23,3),454; 1 (23,5),465; 1 (26,4), 530; 1 (25,5),510.
25 Plat Phaid 60 c; Hdt V 95, 2; VI 108,5; Aristot Av 1588; Jos Bell 1 (16,7),320; Ant 15 (5,3),136.
26 Hdt I 61,2; Plat Res VIII 566e; Leg I 628b.
27 *Büchsel,* ThWNT I S. 254,16ff.
28 *Lohmeyer,* S. 43f.66f.69.71.
29 *Lohse,* Kolosser S. 84; *Delling,* Tod Jesu S. 340.

das Verhalten der Menschen zu Gott gemacht werden. Wie bei »sühnen« wird auch bei ἀλλάττω vom *Versöhnen des Zornes Gottes* gesprochen. Der Mensch soll sich nicht bei Gott verhaßt machen, sondern sich mit ihm versöhnen und befreunden.[30] Beide Wortgruppen drücken aus, daß das durch das Tun des Menschen gestörte Verhältnis zu Gott wiederhergestellt und der Zorn Gottes beseitigt werden muß. Besonders bei den hellenistisch-jüdischen Schriftstellern kann καταλλάττω auch die Bedeutung »erbarmen, verzeihen, gnädig sein« erhalten[31], so daß eine gewisse Annäherung und Übereinstimmung zustande kommt[32]. Zu beachten ist, daß die Septuaginta bei der Begegnung von Jakob mit Esau Gen 32,21 das Verb ἐξιλάσκομαι gebraucht. Jos Ant 1(20,1),326 spricht von διαλλακτή. 2Sam 21,3 sühnt David die Verfehlung Sauls durch Auslieferung von sieben seiner Nachkommen. Jos Ant 7 (12,1),295 versöhnt er damit Gott. Josephus gebraucht die Wendung θεὸν ἱλάσκεσθαι.[33] Er kann aber auch sagen τὸ θεῖον εὐδιάλλακτον (Bell 5 [9,4],415). Trotz dieser Berührungen sind *beide Wörter in keiner Weise als Synonyma* anzusehen. Die Aussagen über die Versöhnung kommen aus dem gesellschaftlichen Bereich, die von der Sühne sind stark kultisch geprägt.[34] Sühne erfolgt nach ethischen oder religiösen Vergehungen, wird in einer bestimmten Handlung vollzogen, bewirkt Befreiung von der Last der Verschuldung und schafft Reinigung und Heiligung. Versöhnung setzt persönliche oder politische Feindschaft voraus. Sie wird nicht durch Opfer, sondern durch Verhandlungen herbeigeführt und schafft Frieden untereinander und Freundschaft miteinander. Wo im Neuen Testament von Sühne gesprochen wird, fehlt das Wort Versöhnung, und wo das Wort καταλλάσσω steht, ist ursprünglich nicht an Sühne gedacht. Der Gedanke der Versöhnung wurzelt nicht im Alten Testament, sondern ist vom griechischen Denken durch das hellenistische Judentum in das Neue Testament eingedrungen[35] und hat dadurch einen gewissen Anklang an Sühnevorstellungen gewonnen.

30 Soph Ai 744; Plat Symp 193b; 2Makk 5,20; Jos Ant 3 (15,2),315.
31 2Makk 1,5; 7,33; 8,29; Jos Ant 6 (7,4),143; 7 (7,3),153; Bell 5 (9,4),415.
32 *Wolter*, S. 36–45.
33 Jos Ant 6 (6,5),124; 10 (4,2),59; 12 (2,14),112; vgl. Philo Plant 162; Vit Mos II 24.
34 *Ridderbos*, S. 135.
35 *Hahn*, Tag des Heils S. 247.

11.5

Auch *im Neuen Testament* besagt Versöhnung, daß zwei miteinander Verfeindete, sich gegenseitig Befehdende ihre feindselige Haltung aufgeben und in ein freundschaftliches Verhältnis zueinander kommen, so daß nun Frieden untereinander herrscht. In der Bergpredigt heißt es: »Wenn du deine Gabe zum Altar bringst und es fällt dir ein, daß dein Bruder etwas gegen dich hat, so laß deine Gabe vor dem Altar liegen und gehe hin und versöhne dich zuerst mit deinem Bruder« (Mt 5,23). In gleicher Weise befiehlt Paulus, indem er sich auf den Kyrios beruft, den Eheleuten, sich nicht zu scheiden, sondern die zerbrochene Ehe wiederherzustellen, indem sie sich miteinander versöhnen (1Kor 7,10f). Act 7,26 versöhnt Mose die beiden sich streitenden Israeliten und schafft Frieden zwischen ihnen. Nach Act 12,22 D hat Herodes sich mit den Tyrern versöhnt. Versöhnung ist auch hier das *erfolgreiche Bemühen von zwei Parteien, das ruinierte Verhältnis zueinander aufzugeben* und den geordneten Zustand des guten Miteinanders herbeizuführen.

Auch an den Stellen, die von der *Versöhnung zwischen Gott und Mensch* sprechen, schimmert die herausgestellte Bedeutung von Versöhnung noch durch, weil auch sie von Feindschaft und Frieden handeln. Daß Versöhnung und Frieden sich entsprechen, wird durch den Vergleich von Röm 5,1 mit 5,9f ganz deutlich. Der Satz »Wir haben Frieden mit Gott« (5,1) wird 5,10 wiedergegeben mit: »Wir sind, als wir noch Feinde waren, mit Gott versöhnt«. *Versöhnung heißt Beseitigung der Feindschaft und Herstellung von Frieden.* Die Versöhnung hat die Folge, daß man nicht mehr den andern bekämpft, sondern im Einvernehmen miteinander lebt. Das wird Kol 1,20 expressis verbis zum Ausdruck gebracht, wenn es dort heißt: »Das All auf ihn hin zu versöhnen, indem er Frieden stiftete«. Wie Versöhnung und Frieden zusammengehören, zeigt auch der Abschnitt Eph 2,14–17, wo es um die Einheit der Kirche aus Juden- und Heidenchristen durch Versöhnung geht. Stichwort ist das Wort »Frieden« (2,14.15.17). Dieser wird durch Tötung der Feindschaft (2,16.14) und Versöhnung (2,16) herbeigeführt.

Die Versöhnung des Menschen mit Gott ist aber im Neuen Testament nicht das Resultat von geschickten Verhandlungen. Sie ist nicht ein zweiseitiges Abkommen, das zwischen zwei sich streitenden Parteien: Gott und Mensch, geschlossen wird, sondern *ein einseitiger Akt Gottes* zur Errettung der Menschen, der allem menschlichen Tun vorausgeht. Es ist bei Paulus keineswegs »unentschieden gelassen, ob der zürnende Gott der Versöhnung bedurft hat oder die Gott hassenden Menschen mit Gott ausgesöhnt worden sind«, wie es A. Jülicher gemeint hat.[36] Nach den Aussagen des Neuen Testaments versöhnen nicht die Menschen Gott, sie besänftigen nicht durch irgendwelche Handlungen den Zorn Gottes, sie suchen Gott nicht durch Opfer, Martyrium, Gebete, Sündenbekenntnisse, Buße oder gute Taten gnädig zu stimmen. Es ist falsch zu behaupten, »versöhnen heißt für einen begangenen Fehler so leiden, daß Gott ihn vergeben kann«. Der erste Akt auf dem Wege ist nicht ein menschliches »Versöhnungsleiden«, auf Grund dessen Gott dann zur Vergebung bereit ist.[37] Die Initiative bei der Versöhnung geht allein von Gott aus. Er rechnet den Menschen ihre Übertretungen nicht an (2Kor 5,19), so daß ihre Schuld getilgt ist. Die Beseitigung des feindlichen Verhaltens der Menschen gegen Gott ist ohne Zutun der Menschen erfolgt. Darum ist es nicht zutreffend, wenn A. Titius[38] die Versöhnung von der Rechtfertigung dadurch abgrenzt, daß die Versöhnung ein Verhältnis der Gegenseitigkeit erfordere, weil sie durch gegenseitige Übereinkunft zustande komme, während die Rechtfertigung durch eine einseitige Willenserklärung Gottes erfolge. Die Versöhnung mit Gott ist im Neuen Testament nicht, wie es sonst üblich ist, eine gegenseitige Übereinkunft, sondern sie ist ausschließlich ein Geschenk der Liebe Gottes. Die Aufforderung »Lasset euch versöhnen mit Gott!« (2Kor 5,20) bedeutet darum nicht, daß die Menschen ihrerseits etwas zur Versöhnung leisten sollen, nachdem Gott den ersten Schritt zur Aussöhnung getan hat, sondern die Menschen werden aufgefordert, das dankbar anzunehmen, was Gott ihnen geschenkt hat (Röm 5,11). Wenn es Röm 5,10 heißt: »Wir sind versöhnt worden«, so wird mit der passivischen Wendung ganz eindeutig eine Aussage über Gott gemacht: Gott hat sich mit uns versöhnt. Das geschieht »durch Christus« (2Kor 5,18), oder, wie es Röm 5,10 etwas genauer gesagt wird: »durch den Tod seines Sohnes«. Der Mensch kann zur Versöhnung nichts beitragen. Er ist schwach (Röm 5,6), gottlos (Röm 5,6), ein Sünder (Röm 5,8), ein Feind Gottes (Röm 5,10; Kol 1,21). Versöhnung ist der Liebeserweis

36 *Jülicher,* Römerbr. S. 251.
37 *Godet,* Römerbr. I 196.
38 *Titius,* S. 188.

Gottes an die sich gegen ihn empörenden Menschen. Sie ist die Herstellung des Friedens durch die grenzenlose Feindesliebe Gottes (Röm 5,8.10).

11.6

Diese von Gott vollzogene Versöhnung kommt nicht nur diesen oder jenen Frommen oder dem Volk Israel zugute, sondern der ganzen Welt. Universalistisch, fast kosmisch ausgedrückt heißt es 2Kor 5,19: »Gott versöhnte in Christus die Welt mit sich«. E.Käsemann[39] zieht zu 2Kor 5,19f noch die Aussagen Röm 11,15; Kol 1,20; Eph 2,16 hinzu und kommt zu der Überzeugung, daß der *kosmologische Aspekt* der Versöhnung am Anfang des Überlieferungsprozesses steht und die anthropologische Version, wie sie Röm 5,10; 2Kor 5,18 und Kol 1,22 vorliegt, eine Abänderung sei, die Paulus benutze, um seine Rechtfertigungslehre zuzuspitzen. Zur Begründung seiner These führt Käsemann formale wie religionsgeschichtliche Aspekte an. Nach seiner Ansicht erscheinen die Versöhnungsaussagen in übernommenen Traditionsstücken, die hymnisch geprägt sind. Das trifft ohne Zweifel für Kol 1,20 zu. Was dagegen Käsemann zum Nachweis seiner Behauptung für die paulinischen Stellen angibt, ist wenig überzeugend. Röm 5,9f hätten die Wendungen »durch sein Blut« und »durch den Tod seines Sohnes« liturgische Klangfarbe. Ergibt sich daraus zwingend, daß Paulus seine Aussagen über die Versöhnung aus einer Tradition übernommen hat? 2Kor 5,18–21 enthalte »das hymnische Pathos«, es atme »zweifellos liturgischen Geist«. Nun werden 2Kor 5,18f einige Ausführungen in partizipialen Wendungen gemacht, was man oft in Hymnen findet. Aber reicht das zum Nachweis von liturgischem Gut aus? Partizipiale Aussagen sind noch kein zwingender Beweis für einen Hymnus, und mit ὡς ὅτι 2Kor 5,19 muß nicht unbedingt ein Zitat eingeleitet werden. Alles, was Käsemann zum Nachweis für die Richtigkeit seiner These anführt, ist sehr unbestimmt. Die Behauptungen »hymnisch«, »liturgischer Charakter«, »liturgische Klangfarbe«, »liturgischer Geist«, »hymnisches Pathos« reichen zur Begründung nicht aus. Röm 11,15 wird nach Käsemann die Wendung »Versöhnung der Welt« unvorbereitet und formel-

39 *Käsemann,* Erwägungen S. 49–52; *Lührmann,* Rechtfertigung S. 444–446; *Brandenburger,* Frieden S. 52; *Dinkler,* Verkündigung S. 180 A 37; *Pesch,* Versöhnung S. 1414.

haft gebraucht, woraus für ihn folgt, daß sie aus »fester Überlieferung«, nämlich »aus der Doxologie der hellenistischen Gemeinde« übernommen ist.[40] Auch das ist nicht zutreffend. Paulus hatte schon Röm 11,12 von dem »Reichtum der Welt« gesprochen und diesen im parallelismus membrorum als »Reichtum der Heiden« bezeichnet. Mit kosmischer Friedensstiftung hat die Wendung »Versöhnung der Welt« nichts zu tun. Die Gegenüberstellung von Verwerfung – Versöhnung (11,15) entspricht der vorhergehenden von Fehltritt – Heil (11,11) und Fehltritt – Reichtum (11,12). Es wird nicht von kosmischen Vorgängen gesprochen, sondern wie Eph 2,14ff von Juden und Heiden. Paulus tut das Röm 11 durch Gegenüberstellung von verschiedenen Wörtern und mit bildhaften Vergleichen, wie mit dem Hinweis auf das Ausbrechen der edlen und dem Einpfropfen der wilden Zweige in den Ölbaum.[41]

Wichtiger als die Herausarbeitung der liturgischen Überlieferung ist für Käsemann der inhaltliche Aspekt der Versöhnungslehre. Aber auch da erheben sich Bedenken gegen seine Anschauung. Kosmos bezeichnet nicht ausschließlich das Universum. Da der Mensch zur Welt gehört, er mit seiner Leibhaftigkeit ein Stück der Welt ist, ist Kosmos ein durchaus geläufiger Ausdruck für alle Menschen auf der Erde.[42] Daß κτίσις und κόσμος 2Kor 5 anthropologisch gemeint sind, ergibt sich aus dem Zusammenhang ganz unmißverständlich. 2Kor 5,15 wird gesagt, daß Christus für alle gestorben ist, damit die Lebenden nicht mehr für sich leben, sondern für den, der für sie gestorben ist und auferweckt wurde. Wenn dann 5,17 ausgeführt wird, daß eine neue Schöpfung da ist, wenn jemand in Christus ist, so ist nicht an den Kosmos gedacht, der in Christus ist, sondern an Menschen.[43] Menschen sind die neue Schöpfung. Paulus fährt dann 5,18 fort, indem er ganz personhaft spricht: Gott hat uns versöhnt durch Christus. Dieses ›uns‹ nimmt er in 5,19 auf: Gott hat in Christus die Welt mit sich versöhnt. Er gebraucht dann wieder die personhafte Wendung: Er hat ihnen, den Menschen, die Verfehlungen nicht angerechnet. Der Zusammenhang, in dem Kosmos gebraucht wird, zeigt ganz deutlich, daß

40 *Käsemann,* Erwägungen S. 49; *Brandenburger,* Frieden S. 52.
41 *Wolter,* S. 84.
42 *Sasse,* ThWNT III S. 879,33ff; 881,3ff; 889,30ff; Röm 3,6.19; 5,12f; 11,12.15; 1Kor 1,20f.27f.
43 *J.Baumgarten,* S. 166.

er anthropologisch zu verstehen ist.[44] G.Schneider[45] glaubt in Joseph und Aseneth und in Qumran Belege gefunden zu haben, daß die Neuschöpfung des Menschen den Anbruch der allumfassenden eschatologischen Neuschöpfung bedeutet: »Die Neuschöpfung beginnt da, wo der Verfall begonnen hatte, beim Menschen.« Ähnlich formuliert P.Stuhlmacher.[46] Die Christen sind als neue Schöpfung »Repräsentanten einer neuen Welt, die alle Geschöpfe umschließen wird« (1Kor 8,6; Gal 3,28; Röm 11,32). Dem setzt A.Vögtle[47] die These entgegen: ... »daß das schöpferische Heilshandeln Gottes am Menschen am Ende aber auch die übrige Schöpfung erfassen wird, ist jedoch an keiner der beiden Stellen (Gal 6,15 und 2Kor 5,17) angedeutet oder doch kontextlich zu erschließen«. Mit dieser These hat Vögtle punktuell, aber nicht im Gesamtaspekt der paulinischen Theologie recht. Die Neuschaffung des Menschen ist bei Paulus nicht eine nur den Menschen betreffende Angelegenheit. Der Mensch ist nicht ein für sich existierendes Individuum, sondern er ist ein Stück Welt. Mit der Neuschaffung des Menschen beginnt das Neuwerden der Welt. Wenn Paulus 2Kor 5 von der Versöhnung mit kosmischer Terminologie spricht, so schränkt er nicht kosmologische Spekulationen anthropologisch ein, sondern er erweitert seine Heilslehre ins Kosmische. Gott gestaltet mit der Versöhnung des Menschen ein Stück der ganzen Welt, die ihm gehört und die er nicht aufgibt, neu.[48]

11.7

Der kosmische Aspekt kommt in den Deuteropaulinen klar zum Ausdruck. In dem von dem Verfasser des Kolosserbriefs zitierten Tauflied[49] *Kol 1,15ff* heißt es, daß durch die Auferstehung Christi alles versöhnt ist, indem auf der Erde wie im

44 *Dinkler,* Verkündigung S. 180 A 37.
45 *G.Schneider,* Neuschöpfung S. 39–43.87f.
46 *Stuhlmacher,* Erwägungen S. 29.
47 *Vögtle,* Zukunft S. 180.
48 *Friedrich,* Utopie S. 31f; *Wolter,* S. 74–78 wendet sich sowohl gegen die entkosmologisierende wie gegen die eschatologische Deutung. Er versteht die Aussage von der Proselytenterminologie her.
49 *Nauck,* S. 366; *Friedrich,* Lied vom Hohenpriester S. 285; *Käsemann,* Taufliturgie S. 43–47; *von der Osten-Sacken,* Christologie S. 260; *Lohse,* Kolosserbrief S. 86; *Schnackenburg,* Christushymnus S. 42; *Schweizer,* Kol. 1,15–20 S. 134; *Lührmann,* Rechtfertigung S. 442; *Conzelmann,* Kolosser S. 184; dagegen haben sich ausgesprochen *Percy,* Zu den Problemen ZNW (1950/51) S. 186; *Hegermann,* S. 90; *Deichgräber,* S. 154f; *Maurer,* Begründung S. 84.

Himmel Frieden gestiftet wurde. Die Einheit und Harmonie des Kosmos ist verlorengegangen. Das entscheidende Ereignis für die Neugestaltung der Welt ist die Auferstehung Christi. Durch sie sind Himmel und Erde wieder miteinander verbunden, und die kosmische Ordnung ist wiederhergestellt, so daß im All der Friede eingekehrt ist. Die Versöhnung hat der Erstgeborene von den Toten, das physisch-metaphysische Ereignis der Auferstehung Christi gebracht.[50] *Hier wird von der Versöhnung anders gesprochen als bei Paulus.* Die Versöhnung ist ein kosmisches Geschehen, nicht aber ein solches, das speziell den Menschen angeht. Der Friedensschluß beendet den kosmischen Streit, hat mit der Rechtfertigung des Sünders nichts zu tun. Er erfolgt durch die Auferstehung Christi, nicht aber durch den Kreuzestod Jesu.

Nach Käsemann handelt es sich bei dem Traditionsstück Kol 1,15–20 um einen vorchristlichen, gnostischen Hymnus aus der Mythologie vom Urmenscherlöser, der den kosmischen Frieden bringt. Wenn man von den 112 Wörtern dieses Abschnittes nur 8 herauslöst, dann enthalte er nichts spezifisch Christliches.[51] Aus der vierten Ekloge Vergils sei zu ersehen, was die Antike unter kosmischem Frieden verstanden hat. Der kosmische Frieden der versöhnten neuen Welt sei dann verwirklicht, wenn der Weltenheiland seine Herrschaft angetreten habe. Der inthronisierte Erlöser sei auch der Weltversöhner, der durch seine Herrschaft den kosmischen Verfehlungen ein Ende bereite.[52]

Die These von dem vorchristlich-gnostischen Charakter des Liedes hat sich nicht durchgesetzt.[53] Durch die Zusammenschau von Kaiserkult und gnostischer Erlösungslehre bietet sie eine Vereinigung von religionsgeschichtlich disparaten Anschauungen. Die Friedenssehnsucht, die in der pax romana

50 *Schweizer,* Leib Christi S. 298f; *Lohse,* Kolosser S. 101.

51 *Käsemann,* Taufliturgie S. 39–43; *Nauck,* S. 367; *Marxsen,* Einleitung S. 180; *Dinkler,* Taufe S. 633; *Bultmann,* Theologie S. 486.503; *Eckart,* S. 106; *Wolter,* S. 50.56; *Wilckens,* Weisheit und Torheit S. 200f.

52 *Käsemann,* Taufliturgie S. 37; *ders.,* Phil 2,5–11 S. 88; *ders.,* Erwägungen S. 51.

53 *Percy,* ZNW (1950/51) S. 184–186; *Hegermann,* S. 90–102.109f; *Kümmel,* Einleitung S. 301f; *Lohse,* Kolosserbrief S. 83; *Schnackenburg,* Christushymnus S. 33–37; *Lähnemann,* S. 38f; *Ernst,* Pleroma S. 79; *Lohse,* Christologie S. 255; *Schweizer,* Kol 1,15–20 S. 115; *ders.,* Leib Christi S. 297.305.313; *Schenke,* Widerstreit S. 400f; *Gabathuler,* S. 52.57.128.136.140; *Pöhlmann,* S. 54; *Deichgräber,* S. 153f; *Vögtle,* Zukunft S. 212; *H.F.Weiß,* Gnostische Motive S. 310.

zum Ausdruck kam, hat mit der Gnosis nichts zu tun. Und die Aussagen über den Frieden im Goldenen Zeitalter bei Vergil sind andere als die in dem Hymnus Kol 1,15ff.[54] M.Wolter[55] hat Käsemanns These von der Bedeutung des Kaiserkultes für die Exegese von Kol 1,20 näher zu begründen versucht und die Beilegung des kosmischen Streites durch den antiken Herrscherkult als eine für das Verständnis der Versöhnungslehre konstitutive Tradition herausgestellt. Daß man von dem göttlichen Herrscher den ersehnten Frieden erwartete, bedarf keines besonderen Nachweises, weil es dafür genügende und überzeugende Zeugnisse gibt. Aber der Glaube an die Göttlichkeit des Frieden stiftenden Herrschers ist doch anderer Natur und Herkunft als die Aussage von der Einwohnung des Pleroma in Christus.[56] Außerdem kommt hinzu, was Wolter durchaus zugibt, daß mit Versöhnung und Frieden in der antiken Herrscherideologie etwas ganz anderes gemeint ist als im Hymnus des Kolosserbriefs. Alexander hielt sich für den von Gott gesandten Statthalter und Versöhner der ganzen Welt (διαλλακτὴς τῶν ὅλων), der durch Wort und Waffengewalt alle Menschen zu einer Einheit zusammenfaßte und ihnen befahl, die ganze bewohnte Erde als ihr Vaterland anzusehen.[57] Vom Kaiser erhoffte man, daß er der Welt, die dem Untergang nahe ist, ein neues Aussehen geben und den Krieg beenden werde, so daß er der Erretter der Welt (σωτήρ) ist.[58] Bei der Erwartung im Kaiserkult handelt es sich um einen politischen Universalfrieden zwischen den miteinander verfeindeten Menschen, Gruppen und Völkern, der, wenn nicht anders, wie bei Alexander dem Großen durch Waffengewalt herbeigeführt wird. Der Hymnus des Kolosserbriefs spricht von dem kosmischen, das Weltall umfassenden Frieden, den die Auferweckung Christi bringt.

Aber auch der gnostische Einfluß auf den Hymnus ist nicht so ausgeprägt, wie Käsemann es behauptet. Seit der Untersuchung von C.Colpe über den gnostischen Erlösermythos ist es um den vorchristlichen gnostischen Urmensch-Erlöser still gewor-

54 *Kehl,* S. 130.

55 *Wolter,* S. 57–59; *Hengel,* Gewalt S. 47f; *ders.,* Kreuzestod S. 75; *Hahn,* Tag des Heils S. 247, vgl. schon *Windisch,* 2Kor S. 194; anders *Hofius,* Versöhnungsgedanke S. 194f; *Förster,* ThWNT VII S. 1010, 35ff.

56 *Delling,* ThWNT VI S. 299; *Lohse,* Kolosser S. 98f.

57 Plut Moralia, De Alexandri Magni fortuna aut virtute VI 329 c.

58 Ditt Or II 458; *Friedrich,* ThWNT II S. 721f.

den.[59] Die im Kolosserbrief zutage tretende kosmische Theologie stellt eine »Spätstufe« in der Entwicklung dar.[60] Käsemann rechnet zu den nichtchristlichen, gnostischen Wörtern des Hymnus auch die Wendung »Erstgeborener von den Toten«. Es fällt ihm aber schwer nachzuweisen, daß dieses ein gängiger Terminus der Gnosis gewesen ist. In seiner Arbeit über den Hebräerbrief[61] hatte er sich noch vorsichtiger ausgedrückt und nur »Erstgeborener« als gnostisch deklariert, dagegen »von den Toten« als christliche Erläuterung des gnostischen Titels bezeichnet. Nach H.J.Gabathuler[62] sind die von Käsemann angeführten Belege »sämtlich spät und christlich beeinflußt«. Die Wendung »Erstgeborener von den Toten« kommt in den gnostischen Texten nicht vor.[63] Sie ist eine ganz charakteristische christliche Aussage, die sich in verschiedener Form im Neuen Testament findet.[64] Der übernommene Hymnus ist, weil er auf dem Glauben an die Auferweckung Jesu Christi basiert, von Anfang an von einem Christen konzipiert, der religionsgeschichtliches Material seiner Zeit verarbeitet. »Nicht ein vorchristliches Lied wurde christlich annektiert, sondern ein christlicher Hymnus adaptierte Formeln und Vorstellungen, die vorchristlich ausgebildet worden waren und bereit lagen«.[65] Auch das Wort »versöhnen« gehört nicht zum charakteristischen Wortschatz der Gnosis.

11.8
Der Verfasser des Kolosserbriefes korrigiert einige Aussagen des zitierten Liedes, indem er es durch Zusätze interpretiert. Die Versöhnung ist 1,20 anders verstanden als 1,22. Sie ereignet sich 1,22 nicht in einem das irdische Geschehen nur tangierenden überweltlichen Akt wie 1,20, sondern in dem geschichtlichen Ereignis des Sterbens Jesu. Gott vollzieht sie durch die Hingabe seines Sohnes in den Tod. Mit Nachdruck wird bei den neutestamentlichen Stellen über die Versöhnung auf das Kreu-

59 *Colpe,* Religionsgeschichtliche Schule; *ders.,* RAC 11, S. 542.603f. 611–613.637f.
60 *Schnackenburg,* Christushymnus S. 37.
61 *Käsemann,* Das wandernde Gottesvolk S. 72.
62 *Gabathuler,* S. 54 A 248; *H.F.Weiß,* Untersuchungen S. 306–308; *Michaelis,* THWNT VI S. 880f; *Percy,* ZNW 43 (1950/51) S. 184.
63 *Deichgräber,* S. 153.
64 vgl. Act 3,15; 26,23; 1Kor 15,20.23; Apk 1,5.
65 *Burger,* Schöpfung S. 41.

zesgeschehen hingewiesen. *Versöhnung und Kreuzestheologie lassen sich nicht voneinander trennen.* 2Kor 5,18f ist allgemein von der Versöhnung durch Christus und in Christus gesprochen. Was damit gemeint ist, wird 2Kor 5,21 mit den Worten ausgedrückt: »Er hat den, der die Sünde nicht kannte, zur Sünde gemacht, damit wir in ihm die Gerechtigkeit Gottes würden.« Röm 5,10 wird mit der Wendung »durch den Tod seines Sohnes« die soteriologische Bedeutung Christi bei der Versöhnung unmißverständlich zum Ausdruck gebracht. Diese klare Beziehung der Versöhnung zum Kreuzesgeschehen will auch der Verfasser des Kolosserbriefes herausstellen. Wie Paulus in dem Christuslied Phil 2,8 die Worte einfügt: »bis zum Tode am Kreuz«, so findet sich Kol 1,20 der Zusatz[66] »durch das Blut seines Kreuzes«. Das Kreuz ist der Ort, an dem die Versöhnung vollzogen wurde. Sie erfolgt nicht mit der Auferweckung Jesu, sondern durch das Sterben Christi am Kreuz. Auferweckung als kosmisches Ereignis könnte Veränderung der Natur bedeuten. Die Aussagen des Verfassers vom Kolosserbrief zielen nicht auf innerkosmische, sondern auf personale Versöhnung. Daß es bei der die ganze Welt betreffenden Versöhnung speziell um den Menschen geht, kommt dadurch zum Ausdruck, daß der Verfasser sich direkt an die Leser wendet und in unmißverständlicher Weise vom Sterben des irdischen Jesus spricht: »Auch euch, die ihr einst fremd und Feinde wart (vgl. Röm 5,10) mit eurer Gesinnung in bösen Taten, hat er jetzt versöhnt in seinem Fleischesleib durch den Tod« (Kol 1,21f). Durch das Kreuzesgeschehen ist die Entfremdung der Menschen zu Gott, die in offener Feindschaft mit Gott lebten, beseitigt. Der am Kreuz getö-

66 *Käsemann,* Taufliturgie S. 37; *Bornkamm,* Bekenntnis S. 197; *Hegermann,* S. 89.93; *Deichgräber,* S. 149f.152; *Lohse,* Kolosserbr. S. 80; *ders.,* Christologie S. 254; *Burger,* Schöpfung S. 38.61; *Zeilinger,* S. 42f; *Ernst,* Pleroma S. 75, *Schweizer,* Kol 1,15–20 S. 114.134.139; *ders.,* Leib Christi S. 294.298f; *ders.,* Kolosser S. 52; *Schnackenburg,* Christushymnus S. 33; *Conzelmann,* Kolosser S. 183.185; *Gabathuler,* S. 127; *Pöhlmann,* S. 55; *Wolter,* S. 52.54; dagegen: *Wengst,* S. 173; vgl. *Lähnemann,* S. 37f: Mit Verweis auf Hebr 1,3 betont er, daß Sühne und Inthronisation auch sonst durchaus zusammengehören. Aber es ist fraglich, ob der Satz Hebr 1,3c zum übernommenen Hymnus gehört. Rein formal fällt auf, daß das Partizipium in 1,3a und b am Anfang der Zeile steht, 1,3c dagegen am Ende. *R.Deichgräber,* S. 137 empfindet die Wendung als befremdlich. Καθαρισμός ist zwar kein typischer Ausdruck im Hebräerbrief – er kommt dort sonst nicht vor –, aber das Verbum findet sich mehrmals 9,14.22.23; 10,2; und die mit der Wendung verbundene kultische Anschauung ist für den Hebräerbrief so bezeichnend, daß die Vermutung nicht unberechtigt ist, es handle sich um einen Zusatz vom Verfasser des Hebräerbriefs. Vgl. *Theissen,* S. 50; *Grässer,* Hebr. 1,1–4 S. 66.88. Trifft das zu, dann ist die Argumentation von Wengst nicht stichhaltig.

tete Jesus hat die Versöhnung vollbracht. In Kol 1,23 nimmt der Schreiber des Briefes den Begriff »Schöpfung« aus dem Hymnus 1,15 auf und bezieht ihn auf die Menschenwelt, wenn er schreibt, daß das Evangelium »in der ganzen Schöpfung unter dem Himmel« verkündet wird.[67] Während bei Paulus Röm 5 und 2Kor 5 Gott der durch Christus Versöhnende ist, wird Kol 1,22 direkt von Christus gesprochen, daß er versöhnt.[68] Der Verfasser will klar und unmißverständlich die Größe und Bedeutung des Todes Jesu herausstellen. Er ist nicht nur Mittler, sondern Vollführer der Versöhnung. Das heißt dann aber keineswegs, daß Christus den zürnenden Gott besänftigt, sondern, wie auch sonst im Neuen Testament, daß der Mensch versöhnt wird.[69]

11.9

Auch *Eph 2,16* spricht von der Versöhnung. Dabei treten die Gegensätze Feindschaft und Frieden, die die Zustände vor und nach der Versöhnung charakterisieren, klar hervor: »Er stiftete Frieden und versöhnte die beiden durch das Kreuz mit Gott in einem einzigen Leib. Er hat durch seine Person die Feindschaft getötet. Er kam und verkündete den Frieden euch, den Fernen, und Frieden den Nahen.«

In den vv 14–18 glaubt man wie in Kol 1 einen *Hymnus* entdecken zu können.[70] Neben partizipialen Wendungen, Synonymhäufungen und möglichem parallelismus membrorum sind es vor allem auch die Ausdrücke τὰ ἀμφότερα, μεσότοιχον, φραγμός, ἔχθρα, καινὸς ἄνθρωπος, die Aufmerksamkeit erregen. Die für einen Hymnus aufgeführten Gründe reichen aber nicht aus, um die Zweifel an der Richtigkeit der Hypothese zu zerstören. H.Schlier[71] bezeichnet die vv 14–18 als eine »Einlage hymnodischer Art über Christus, den Frieden und Friedensbringer«, die durchaus vom Verfasser stammen könnten, da es im Epheserbrief auch »andere hymnodische Partien« gibt. Mag sein, daß das Eph 2,14–18 herangezogene Material von der

67 *Schweizer,* Kol 1,15–20 S. 140; *Lohse,* Kolosser S. 110.

68 So mit *Büchsel,* ThWNT I S. 259,11 und *J.Ernst,* Kolosser, gegen *Lohse,* Kolosser S. 106f.

69 *Schweizer,* Kolosser S. 76.

70 *Schille,* Hymnen S. 24–31; *Käsemann,* RGG II Sp. 519; *Pokorny,* S. 182f; *Sanders,* S. 216–218; *Gnilka,* Friede S. 197f; *ders.,* Epheser S. 147–152; *Fischer,* Tendenz S. 131f; *Burger,* Schöpfung S. 132f; *Lindemann,* S. 157. Anders *Deichgräber,* S. 165f.

71 *Schlier,* Epheser S. 123.127; ferner *Stuhlmacher,* Friede S. 343f; *Lindemann,* S. 158; *Merklein,* S. 95.101; *Ernst,* Epheser S. 321.

kosmischen Erlösung gehandelt hat. Dem Verfasser des Epheserbriefes geht es aber nicht um kosmische, sondern um ekklesiologische Probleme, um die Vereinigung von Heiden und Juden in der Kirche Jesu Christi durch die Versöhnungstat Christi. M.Wolter[72] hat gezeigt, daß der Abschnitt viele Elemente enthält, die im urchristlichen Sprachgebrauch allgemein üblich waren.

In den Kommentaren, Monographien und Aufsätzen wird die Frage erörtert, wer versöhnt wird, Juden und Heiden miteinander oder beide mit Gott. Der Satz 2,16 ist überladen und, wenn man ihn isoliert betrachtet, nicht ohne weiteres verständlich. Man muß ihn aus dem Gesamtzusammenhang heraus interpretieren. Die Aussagen über Feindschaft und Frieden 2,14ff sind weder einseitig auf das Verhältnis von Juden und Heiden zueinander noch auf das der Menschen zu Gott festzulegen, sondern da es in diesem Abschnitt um die Einheit der Christen durch Christus geht, ist beides genannt.[73] Christus hat Frieden zwischen Juden und Heiden herbeigeführt. Er ist *nicht nur der Versöhner der Menschen mit Gott, sondern auch der zwischen Menschen.* Der Gedanke des Friedens von V 14 wird in V 17 noch einmal aufgenommen und ganz offensichtlich sowohl auf Heiden wie auf Juden angewendet, daß sie Frieden mit Gott haben und daß nun beide durch Jesus Christus den Zugang zum Vater in einem Geist haben (2,18). Die Beseitigung der Trennung von Gott und die Aufhebung der Schranken, die zwischen Juden und Heiden bestanden, ist durch den Tod Jesu erfolgt. Die Scheidewand (2,14) oder – wie im Aristiasbrief 139 und 142 zu lesen ist – »das undurchdringliche Bollwerk und die eiserne Mauer« des Gesetzes, das Juden durch seine Reinheitsvorschriften vom Umgang und von der Gemeinschaft mit anderen Völkern trennt (3Makk 3,4), hat Jesus Christus niedergerissen. Am Kreuz hat die Feindschaft der Menschen mit Gott und die Feindschaft untereinander ein Ende gefunden. Nun gibt es nicht mehr Menschen, die in besonderer Nähe zu Gott stehen, die Bundesschlüsse und Verheißungen haben, und andere, die von Gott ferne sind, ohne Gott und ohne Hoffnung leben müssen. Die große Änderung, der Friedensschluß und die Versöh-

72 *Wolter*, S. 65–70.

73 *Förster*, ThWNT II 413f; *Gaugler*, Epheserbrief S. 106–120; *Wikenhauser*, Kirche S. 157–160; *Dibelius-Greeven*, S. 69f; *Schlier*, Epheser S. 126.133; Ewald S. 136; *Dinkler*, Friede S. 464; *Wagenführer*, S. 111.138; *Merklein*, S. 79.101f.

nung beruhen nicht auf gegenseitiger Übereinkunft der Geschiedenen miteinander. Jesus Christus hat durch die Hingabe seines Lebens die scheidende Mauer niedergerissen. Solange er im Fleisch lebte, war er Jude und stand unter dem Gesetz wie andere Juden auch. Sein durch das Gesetz herbeigeführter Tod hat die Schranke beseitigt, der Feindschaft ein Ende gesetzt, Frieden gestiftet und die beiden zu einer Einheit, zu einem einzigen Menschen (vgl. Eph 4,13) vereinigt. Nun gibt es nicht mehr Juden und Heiden. Er hat Heiden und Juden nicht nur eines Sinnes gemacht, so daß sie sich nicht mehr gegenseitig abgrenzen, sondern hat aus den beiden einen einzigen gemacht. Er hat diese beiden nicht nur einander näher gebracht, sondern er hat etwas Neues geschaffen, was vorher nicht da war, den einen neuen Menschen (2,15). Die durch das Kreuz herbeigeführte Versöhnung hat die beiden Gruppen in einem einzigen Leibe, in der Kirche Jesu Christi vereinigt.[74] Durch das Sterben am Kreuz hat Jesus Christus die Einheit der Kirche geschaffen. Heiden stehen nun nicht mehr abseits, sie sind nicht mehr Fremde, Ausländer, Gastarbeiter oder wie man sie sonst degradierend bezeichnen will, sondern sie sind gleichberechtigte Vollbürger, Mitbürger der Heiligen und Hausgenossen Gottes. Frieden, Versöhnung und Zutritt zu Gott besagen dasselbe. Wenn in diesem Abschnitt von der Scheidewand des Zaunes und vom neuen Menschen geredet wird, so werden gnostisch klingende Termini gebraucht, die aber von der jüdischen Anschauung her interpretiert sind. Es wird nicht vom Urmensch-Erlöser und von der Menschheit, sondern von der Kirche Jesu Christi geredet. Wie Kol 1,20, so ist auch Eph 2,16 Christus das Subjekt. Aber auch Eph 2 wird nicht Gott versöhnt[75], sondern es geht

74 Mit ἓν σῶμα (2,16) ist ganz sicher nicht der Leib Jesu am Kreuz gemeint. *Percy,* Leib Christi S. 29; *ders.,* Die Probleme S. 281; *ders.,* ZNW (1950/51) S. 191–193; *Schlier,* Epheserbrief S. 135f.218; *Schweizer,* ThWNT VII S. 1075; *Schneider,* ebd. S. 577 A 40; *Stuhlmacher,* Friede S. 346. Ganz bewußt im Gegensatz zu ἐν τῇ σαρκὶ αὐτοῦ von 2,14 ist in 2,16 von ἐν ἑνὶ σώματι gesprochen. σάρξ und σῶμα besagen nicht dasselbe. Der Unterschied wird dadurch deutlich betont, daß bei σάρξ ein αὐτοῦ hinzugefügt wird, wodurch das Verständnis der Wendung eindeutig bestimmt ist. Ebenso eindeutig ist die Interpretation von σῶμα festgelegt, einmal durch das Fehlen von αὐτοῦ, dann durch den Zusatz von ἑνί, den σάρξ nicht hat. τοὺς ἀμφοτέρους ἐν ἑνὶ σώματι 2,16 nimmt τὰ ἀμφότερα ἓν von 2,14 und τοὺς δύο . . . εἲς ἕνα καινὸν ἄνθρωπον von 2,15 auf und wird mit οἱ ἀμφότεροι ἐν ἑνὶ πνεύματι in 2,18 fortgeführt. Nach 4,4 ist mit ἓν σῶμα die Kirche gemeint. Wenn 2,16 nicht vom Leib Jesu am Kreuz, sondern von der Kirche gesprochen wird, dann ist die theologische Aussage in diesem Satz stark komprimiert.

75 *Schille,* Hymnen S. 29.

um die Menschen. Christus versöhnt »in einem Leibe durch das Kreuz« die Völker und Israel mit Gott (2,16).

11.10

Nach E. Käsemann sind die neutestamentlichen Hymnen von der Pazifizierung der widerstreitenden Elemente des Alls durch den Enthusiasmus der hellenistischen Gemeinden entstanden. Diese enthusiastische Anschauung von der Weltversöhnung berge die Gefahr in sich, daß der einzelne Christ das ihm zuteilgewordene Heil als etwas Selbstverständliches ansieht. Darum habe sich Paulus genötigt gesehen, zu dem »Indikativ der Heilsgabe« den »Imperativ der Heilsverpflichtung« hinzuzufügen. Dadurch erfolge eine Verschiebung des Schwergewichts von der kosmischen Versöhnung zur anthropologischen: Die Wahrheit von der versöhnten Welt ereigne sich im versöhnten Menschen. »Deshalb tritt an die Stelle der Proklamation von der stattgefundenen Versöhnung der Welt die Mahnung an den Christen, aus der Versöhnung heraus zu leben«.[76]

Wenn Paulus die kosmologische Versöhnung des hellenistischen Enthusiasmus gekannt hätte und ihre Gefahr ihm bewußt gewesen wäre, dann hätte er sie nicht positiv herangezogen. Wenn der Versöhner Christus die Welt pazifiziert und er nicht primär die Menschen, sondern die Umwelt des Menschen ändert, dann hätte Paulus diese Anschauung, da sie eine Bedrohung seiner Lehre von der Rechtfertigung bedeutet, nicht akzeptieren, sondern sie in scharfer Form kritisieren oder gar ablehnen müssen. Bei der Versöhnung geht es nicht um eine Neuordnung der Verhältnisse, sondern um eine Übereinkunft zwischen Personen, die durch den Akt der Versöhnung den Zustand des Friedens herbeiführen. Weil dieses die ursprüngliche Bedeutung des Wortes Versöhnung ist, wird der Gang der Entwicklung ein anderer gewesen sein, als Käsemann ihn vorschlägt. *Zuerst hat man von der Versöhnung Gottes mit den Menschen gesprochen. In der hellenistischen Welt ist die Versöhnungstat Gottes dann kosmisch erweitert.* Die Verfasser des Kolosser- und des Epheserbriefes bringen entsprechend der Anschauungswelt ihrer Leser diese Gedanken, schränken sie dann aber doch durch Zusätze zu den Traditionen bewußt ein.

76 *Käsemann,* Erwägungen S. 52.

Versöhnung und Rechtfertigung gehören zusammen. Das zeigt sich in den paulinischen Stellen unübersehbar. Auf »Wir sind gerechtfertigt durch sein Blut« (Röm 5,9) folgt »Wir wurden mit Gott versöhnt durch den Tod seines Sohnes« (Röm 5,10). Ähnliches läßt sich im Korintherbrief beobachten. 2Kor 3,9 spricht Paulus vom »Dienst der Gerechtigkeit« und 5,18 vom »Dienst der Versöhnung«.

11.11
In der Gegenwart wird mit Nachdruck immer wieder betont, daß die Versöhnung nicht nur Frieden zwischen Gott und Menschen schafft, sondern daß durch die Heilstat Gottes auch innerhalb des menschlichen Bereiches Veränderungen eintreten. Aus der biblischen Lehre von der Versöhnung leitet man *Konsequenzen für das politische und soziale Handeln des Christen* ab. Nach J.M.Lochman[77] liegt der Auftrag der Gemeinde nach außen im Horizont der Versöhnungslehre. Die Gemeinde soll sich »im Wagnis des soziologischen, kulturellen und religiösen Grenzüberschreitens bewähren. ... Der soziale Auftrag der Christen kann nicht anders verstanden werden als der Dienst der Versöhnung, als Friedensdienst«. Die Christen dürften in ihrer konkreten Gesellschaft und im weltpolitischen Zusammenhang den Auftrag der Versöhnung nicht negieren. Sie müßten die Machtpolitik der Staaten und die apokalyptische Bedrohung der Menschheit und der Schöpfung im Lichte der Versöhnung reflektieren.[78] Noch deutlicher spricht es H.G.Link aus[79]: »Zum Auftrag des Christen gehört es daher, für das Niederreißen der Mauern zwischen Kapitalisten und Sozialisten, Reichen und Armen, Freien und Ghettobewohnern, Weißen und Schwarzen einzutreten.«
Ganz sicher hat der Christ in der Gegenwart einen politischen Auftrag und eine öffentliche Verpflichtung. Aber man soll diese nicht aus den wenigen und ganz anders lautenden Stellen über die Versöhnung Gottes mit den Menschen ableiten. Im Neuen Testament wird sowohl in der Bergpredigt wie bei Paulus davon gesprochen, daß Menschen sich versöhnen sollen. Aber an keiner dieser Stellen wird die Aufforderung zur innermenschlichen Versöhnung aus der Versöhnung Gottes mit den Men-

77 *Lochman*, Versöhnung S. 67.
78 *Lochman*, S. 91.
79 *Link*, Versöhnung S. 1313.

schen abgeleitet. Beim Lesen der neutestamentlichen Aussagen über die Versöhnung ist sehr genau darauf zu achten, was sie sagen und was nicht in ihnen zum Ausdruck gebracht wird. Mit der Wendung »Dienst der Versöhnung«, den Lochman gebraucht, spielt er auf 2Kor 5,19 an und gibt dieser Stelle einen Sinn, den sie nicht hat. Nach den Ausführungen des Apostels Paulus hat Gott den »Dienst der Versöhnung« gegeben, damit das »Wort der Versöhnung« erschallt; und das Wort der Versöhnung lautet nicht: Stiftet Frieden untereinander – das sagt das Neue Testament an andern Stellen mit einer andern Begrifflichkeit – sondern »lasset euch versöhnen mit Gott« (2Kor 5,20). Bei »Dienst der Versöhnung« ist auf »Dienst des Geistes« (2Kor 3,8) und »Dienst der Gerechtigkeit« (2Kor 3,9) hinzuweisen, und das »Wort der Versöhnung« sagt nichts anderes als »das Wort vom Kreuz« (1Kor 1,18). Daß dieses richtig ist, zeigen die Ausführungen über die Versöhnung, die mit dem Wort abschließen: »Er hat den, der von Sünde nichts wußte, für uns zur Sünde gemacht, damit wir durch ihn Gottes Gerechtigkeit würden« (2Kor 5,21).

Auch Eph 2,11–19, wo über Juden und Heiden gesprochen wird, ist nicht die politische Frage des rechten Verhaltens der Völker zueinander behandelt. Es wird nicht erörtert, wie die Beziehungen der Juden und Römer miteinander neu gestaltet werden oder, um es auf die Gegenwart anzuwenden, wie der Zaun zwischen den Farbigen und den Weißen, zwischen reichen und armen Völkern in der Welt beseitigt werden kann und eine spannungslose Völkergemeinschaft entsteht, sondern es geht dem Verfasser des Epheserbriefes um das ekklesiologische Problem, wie es in der Kirche Jesu Christi um das Verhältnis von Heiden- und Judenchristen zueinander bestellt ist. Es geht um die Einheit der Kirche, um den gleichen Zugang aller zu Gott und um die Teilhabe aller, nicht an den Errungenschaften von Wissenschaft und Technik, sondern an den Gnadenerweisungen Gottes. Weil das Heilshandeln Gottes für alle Menschen herausgestellt wird, werden die Heiden und Juden nicht aufgefordert, nun alles Trennende zu beseitigen und die Versöhnung herbeizuführen, sondern es wird gesagt, daß die Versöhnung erfolgt, der Frieden bereits hergestellt, die Einheit der Kirche gegeben ist. Darum braucht man die Einheit und den Frieden, da Gott sie geschenkt hat, nicht zu suchen, sondern man soll durch sein Verhalten das Geschenkte bewahren (Eph 4,3).

11.12
Das am Kreuz in einem historischen Akt verankerte, allen Menschen zugute kommende metaphysische Ereignis der Versöhnung ist nicht ein geheimnisvolles Naturgeschehen. Es hat zwar eine totale Veränderung der menschlichen Situation herbeigeführt, eine große Wende ist eingetreten; aber es wirkt nicht automatisch auf magische Weise. Die Gott entfremdeten Menschen Kol 1,21 müssen es erfahren, daß Gott die Welt mit sich versöhnt hat. Gott hat ein Zweifaches getan. *Zu dem die Sünde nicht anrechnenden Gnadenakt des Sterbens Jesu tritt die Stiftung des Dienstes, der die Versöhnung verkündet.* Damit die am Kreuz erfolgte Versöhnung bei allen Menschen Wirklichkeit wird, genügt nicht eine rationale Aufklärung über das, was geschehen ist. Die urchristlichen Prediger stellen nicht theologische Spekulationen über das Verhältnis Gottes zu den Menschen an, sondern das Faktum der Versöhnung muß ihnen direkt zugesprochen werden.[80] Durch die konkrete Verkündigung der vollzogenen Versöhnung ereignet sich in der missionarischen Predigt die Realisierung der Versöhnung. Die weltweit geltende, umfassende Versöhnung wird durch die Völkermission Wirklichkeit auf Erden. Damit das geschieht, hat Gott angeordnet, die Versöhnung bekannt zu machen. Er hat den Menschen den »Dienst der Versöhnung« (2Kor 5,18) geschenkt und das »Wort der Versöhnung« (2Kor 5,19) aufgerichtet. Die mit der Aufgabe der Verkündigung betrauten Prediger wirken als Gesandte Gottes, so daß Gott selbst durch sie spricht (2Kor 5,20). Sie rufen den Menschen zu und laden sie ein, sie bitten und ermahnen: Lasset euch versöhnen mit Gott, der sich mit euch bereits versöhnt hat. Sie tun es an Christi Statt. Die vollkommene Versöhnung ist möglich; denn jetzt ist die vollkommene Zeit, jetzt ist der Tag des Heils (2Kor 5,20–6,2).

80 Mit eindringlichen Worten weist *Luther* in der Schrift »Wider die himmlischen Propheten von den Bildern und Sakrament« 1525 auf die Bedeutung der Verkündigung durch das Wort hin: »Christus am Creutze mit alle seynen leyden und todt hilfft nichts, wenns auch aufs allerbrünstigest, hitzigest, hertzlichst erkant und bedacht wird . . . Das wort, das wort, das wort . . . das wort thuts, Denn ob Christus tausendmal für uns gegeben und gecreuzigt würde, were es alles umbsonst, wenn nicht das Wort Gottes keme und teylets und schencket mrs und spreche, das soll deyn sein« (WA 18, 202, 34ff). In der Abhandlung »Dass diese Wort Christi ›Das ist mein leib‹ noch feststehen« (1527) führt Luther aus: »Wenn er hette Christum lassen sterben und aufferstehen und solch werck lassen bleiben verborgen und nicht verkündigen durchs wort, wem were es nütze?« (WA 23, 189, 28ff).

Was Paulus 2Kor 5 ausführt, sagt auch der Verfasser des Kolosserbriefes. Weil Christus durch die Hingabe seines irdischen Leibes in den Tod die Gott entfremdeten, ihm feindlich gesonnenen Menschen versöhnt hat (Kol. 1,21f), darum ermahnen die urchristlichen Prediger »jeden Menschen und lehren jeden Menschen in aller Weisheit, damit wir jeden Menschen vollkommen in Christus darstellen, wofür ich mich abmühe und kämpfe nach seiner Kraft, die in mir mächtig wirkt« (Kol 1,28f). Die Versöhnung ist von Gott vollbracht. Sie wird durch die Verkündigung des Wortes den Menschen angeboten. Sache der Menschen ist es, die Versöhnung in Empfang zu nehmen.

11.13

Vergleicht man die Aussagen über die Versöhnung mit denen über das Sühnopfer oder die Befreiung, so stellt man fest, daß mit ihr nicht nur die Beseitigung der negativen Vergangenheit ausgesagt wird, sondern daß sie auch eine starke positive Bedeutung hat. Sie bewirkt nicht nur die Sühne der Schuld und die Befreiung von den versklavenden Mächten, sondern sie schafft neue Menschen (2Kor 5,17), Menschen, die durch Christus Gottes Gerechtigkeit werden (2Kor 5,21). Die Annahme der Botschaft von der Versöhnung ist nicht nur ein kognitiver Akt, bei dem man zur Kenntnis nimmt, was Gott getan hat. Sie ist auch nicht ein psychologischer Vorgang im Inneren des Menschen, eine »Umänderung der durch die Sünde hervorgerufenen, mißtrauischen und feindseligen Gesinnung und Haltung der Menschen gegen Gott in eine Gesinnung und Haltung kindlichen Vertrauens und kindlicher Liebe zu Gott.«[81] *Durch die Versöhnung ist der Mensch in ein Geschehen hineingenommen, das eine vollständige Veränderung der menschlichen Situation zur Folge hat.* Vor der Versöhnung war der Mensch ein Feind Gottes, gottlos, ein Sünder, Gott entfremdet (Kol 1,21; Röm 5,10). Von den Heiden, die die Mehrzahl der Menschen ausmachen, wird gesagt, daß sie von Gott fern (Eph 2,13), ohne Gott in der Welt sind (2,12). Durch die Versöhnung erhält der Mensch eine andere Beziehung zu Gott. Die Heiden sind durch das Blut Christi nun die Nahen geworden (2,13). Vor der Versöhnung haben die Menschen Böses getan (Röm 5,6.8). Durch die Versöhnung ist eine Wende eingetreten, so daß die Men-

81 *Kühl,* Römerbr. S. 168f.

schen einen neuen Lebenswandel führen können. Aus den Feinden Gottes und den verderbten Menschen werden Heilige, Menschen, die keinen Makel haben und die kein Tadel trifft (Kol 1,22). Die Versöhnungstat Gottes hat Auswirkungen auf die Lebensführung.

12
Das Kreuz

12.1

Nach reformatorischer Auffassung ist das Kreuz das eigentliche Thema der Theologie: crux sola est nostra theologia.[1] Wenn wir uns mit der Theologie des Kreuzes im Neuen Testament beschäftigen, dann ist es nötig, zunächst einmal einen Blick auf die Statistik zu werfen und auf solche Stellen zu achten, die das Wort Kreuz bzw. kreuzigen enthalten. Tut man dieses, so stellt man fest, daß Paulus viel vom Sterben[2] und vom Tod Jesu[3] spricht, aber im Verhältnis dazu gegen alles Erwarten ganz erstaunlich selten vom Kreuz redet. Im 1. Thessalonicherbrief findet sich die Wortgruppe überhaupt nicht. Im Römerbrief, in dem Paulus sich einer fremden Gemeinde vorstellt und zu den damals in den Gemeinden diskutierten Fragen Stellung nimmt[4], schreibt er wohl über Gesetz, Rechtfertigung, Versöhnung und Taufe. Aber die Verkündigung des Kreuzes erwähnt er nicht als einen entscheidenden Bestandteil seines Evangeliums. In der Kurzformel des Evangeliums Röm 1,3 ist nicht nur nichts über das Kreuz angedeutet; das Sterben Jesu für uns ist in keiner Weise berücksichtigt. Nur Röm 6,6 findet sich die Wendung: »Mitgekreuzigt-werden des alten Menschen«. Im 1. Korintherbrief begegnet uns das Substantiv nur zweimal (1,17f). Im Galaterbrief kommt es dreimal (5,11; 6,12.14) und im Philipperbrief zweimal (2,8; 3,18) vor. Hinzunehmen muß man, abgesehen von den Evangelien, noch Eph 2,16; Kol 1,10; 2,14 und Hebr 12,2. Das Kreuz ist auch gemeint, wenn mehrmals,

1 WA V, 176, 32f, vgl.: In Christo crucifixo est vera theologia et cognitio Dei, Heidelberger Disputation 20, WA I 362, 18f; vgl. *M. Kähler,* S. 302: »Ohne Kreuz keine Christologie und in der Christologie auch kein Zug, der nicht im Kreuz seine Berechtigung aufzuweisen hätte«.

2 Röm 5,6.8; 6,10; 8,34; 14,9.15; 1Kor 8,11; 15,3; 2Kor 5,14f; Gal 2,21; 1Thess 4,14; 5,10.

3 Röm 5,10; 6,3.5.9; 1Kor 11,26; Phil 2,8; 3,10.

4 *Friedrich,* Römerbrief S. 1139.

hauptsächlich in der Apostelgeschichte, vom »Holz« gesprochen wird.[5] Ein ähnliches Bild erhält man, wenn man auf das Verb mit seinen Komposita achtet. συσταυρόομαι Röm 6,6 ist schon erwähnt. Im 1. Korintherbrief gebraucht Paulus σταυρόω dreimal (1,23; 2,2.8), im 2. Korintherbrief nur 13,4 und im Galaterbrief συσταυρόω 2,19 und σταυρόω 3,1. Außerdem findet sich das Verb, wenn man auch hier die Evangelien außer acht läßt, noch zweimal in der Apostelgeschichte (2,36; 4,10), ἀνασταυρόω Hebr 6,6 und σταυρόω Apk 11,8. In der Pfingstrede des Petrus begegnet προσπήγνυμι Act 2,23, womit das Annageln an das Kreuz gemeint ist. Mit Ausnahme von 1Petr 2,24 fehlen Aussagen über das Kreuz und den Gekreuzigten in den katholischen Briefen und in den Pastoralbriefen. Das ist eine erstaunliche Feststellung, wenn man bedenkt, welche Bedeutung man der Theologie des Kreuzes beimißt.

Die wichtigen Kreuzesaussagen stehen fast ausschließlich bei Paulus und bei den von seiner Theologie beeinflußten Schriften des Neuen Testaments. Während Paulus viele Formulierungen vom stellvertretenden Sterben Jesu aus der christlichen Tradition übernimmt, läßt sich dieses bei den Worten über das Kreuz und das Kreuzigen nicht nachweisen. Dagegen spricht nicht die Wendung »bis zum Tode am Kreuz« in dem Christuslied Phil 2,8. Wie allgemein anerkannt ist, handelt es sich dabei um eine interpretierende Zufügung von Paulus. Gerade dieser Zusatz zeigt, welche Bedeutung er der Verkündigung vom Tode Jesu am Kreuz beimißt. Weil das Wort in der außerpaulinischen Tradition kaum vorkommt und es in der Passionsgeschichte in der technischen Bedeutung der Exekutionsart, nicht aber als soteriologische Aussage gebraucht wird, kommt F. Hahn zu der Überzeugung, daß die älteste Gemeinde es in Bekenntnis und Verkündigung vermieden hat und es sehr spät erst zu einem Verkündigungswort geworden ist.[6] Andere vertreten die These, daß Paulus die Bedeutung des Kreuzes für das Verständnis des Sterbens Jesu herausgestellt hat, so daß die Kreuzestheologie von ihm herrührt.[7]

5 Act 5,30; 10,39; 13,29; vgl. Gal 3,13; 1Petr 2,24.
6 *Hahn,* Hoheitstitel S. 200.
7 *Schneider,* ThWNT VII S. 575,6; *Dietrich,* S. 216; *H.W.Kuhn,* Jesus als Gekreuzigter S. 41.

12.2
Für die missionarische Verkündigung des Urchristentums war es eine schwere Belastung, daß der Erretter der Welt am Kreuz sein Leben lassen mußte. Für Josephus ist die Hinrichtung am Kreuz »die *jämmerlichste aller Todesarten*« (Jos Bell 7 (6,4), 202f). Cicero nennt die Kreuzigung die »grausamste und abscheulichste Todesstrafe« (Verr II 5 (64),165), und er meint, nomen ipsum crucis absit non modo a corpore civium Romanorum sed etiam a cogitatione, oculis, auribus.[8] Das Kreuz ist für Augen und Ohren rechtschaffener Leute in der gebildeten Welt der Römer eine ästhetische und moralische Beleidigung. Darum schickt es sich nicht, in anständiger Gesellschaft darüber zu sprechen. Die Kreuzigung ist die schwerste Form der Bestrafung, die in Rom in der Regel nur bei Schwerverbrechern, Sklaven und Angehörigen der sozial niedrigen Schichten vollzogen wurde. Der gewaltsame Tod Jesu am Kreuz bezeichnet darum nicht nur ein Fiasko seines irdischen Wirkens. Die Art seiner Hinrichtung ist eine »soziale und ethische Diffamierung«.[9] Daß die Botschaft vom Gekreuzigten in der hellenistisch-römischen Welt auf Widerstand und Verachtung stieß, bekunden mehrere Zeugnisse. Lucian spottet über den »gepfählten Sophisten«.[10] Der Weise der Christen sei nichts anderes als ein Gaukler und Scharlatan; Celsus sagt, Leute, deren Lehrer an ein Kreuz genagelt wurde, kann man nicht ernst nehmen.[11] Ein gekreuzigter Gott ist für jeden natürlich empfindenden Menschen eine unzumutbare Vorstellung. Das peinliche, ja, noch mehr, das widerliche Sterben am Kreuz kann unmöglich ein Heilsereignis für die Menschen sein. Der ganze Spott und der Hohn der Umwelt über die Christen kommt in dem 1856 am Südwesthang des Palatin im Raum III des Pädagogiums entdeckten sog. Spottkruzifix zum Ausdruck. Dort hat jemand im dritten Jahrhundert in die Wand die Gestalt eines Menschen am Kreuz mit einem Eselskopf geritzt. Der Esel schaut auf einen Mann, der auf der linken Seite des Kreuzes

8 Pro Rabirio 5,16. Mit Recht hat *M.Hengel,* mors turpissima S. 151f gegen *H.W.Kuhn,* Jesus als Gekreuzigter S. 8f, der die Aussagen Ciceros als nicht charakteristische Wertung der Kreuzigungsstrafe nachzuweisen sucht, Stellung genommen.
9 *Hengel,* mors S. 179; vgl. Augustinus Sermo 88 c 8: Nil illo tempore fuit ignominiosius quam mors crucis.
10 De morte peregrini 13.
11 Origines contra Celsum VI 34.36.10; VII 41; II 68.

steht und andächtig zum Eselskopf hinaufschaut. Darunter stehen die Worte[12] »Alexamenos betet Gott an«. Das ist die Meinung der heidnischen Umwelt von Christus und den Christen.

12.3

Aus dem Zitat Deut 21,23 durch Paulus Gal 3,13: »Verflucht ist jeder, der am Holze hängt« hat man geschlossen, daß *die Juden Jesus wegen seines Kreuzestodes als einen von Gott Verfluchten* abgelehnt haben. Ein Gekreuzigter ist nicht nur sozial und moralisch anstößig, wie das bei den Römern der Fall ist, sondern auch religiös zu verwerfen, weil er unter dem Fluch Gottes steht. P.Feine hatte vermutet, daß Paulus, als er als Pharisäer die Christen verfolgte, unter Berufung auf Deut 21,23 gegen Christus und die Christen polemisiert habe.[13] Nach G. Bertram hätten die Juden ganz allgemein Jesus unter dem Fluch von Deut 21,23 stehend gesehen, und Paulus setze sich Gal 3,13 damit auseinander.[14] Vor allen Dingen hat G.Jeremias auf Grund der Funde von Qumran Gal 3,13 erörtert[15], Paulus hätte es nie gewagt, Jesus als einen Verfluchten zu bezeichnen, wenn die Juden nicht schon vor der Kreuzigung Jesu Deut 21,23 auf Gekreuzigte angewendet und den Kreuzestod als Tod unter dem Fluch Gottes angesehen hätten. Seit dieser Arbeit haben sich viele mehr oder weniger zustimmend dieser Ansicht angeschlossen, daß die Juden Jesus wegen seines Kreuzestodes als Verfluchten angesehen und Paulus die negative Aussage der Polemik positiv gewendet habe.[16]

Für die These, daß nicht erst Paulus Deut 21,23 auf Jesus bezogen hat, führt man zwei anscheinend zwingende zeitgeschichtliche Belege an, einmal Zeugnisse von Qumran, nämlich die während des Sechs-Tage-Krieges den Israelis in die Hände gefal-

12 *Leipoldt,* Bilder III 849 und Abb 213; *Dinkler,* Denkmäler S. 150–153, Abb 33a; *Lohse,* Ärgernis S. 9; *ders.,* Tod und Leben S. 100; vgl. Tertullian Apol 16,12 (CSEL 69) u. Nat 1,14 (CSEL 20).

13 *Feine,* Evangelium S. 18; ähnlich *Schoeps,* Paulus S. 186.

14 *Bertram,* ThWNT III S. 917f; vgl. auch *Schlatter* Erläuterungen zu Gal 3,13.

15 *G.Jeremias,* Der Lehrer S. 134f.

16 *Hahn,* Hoheitstitel S. 177; *Schrage,* Verständnis S. 58; *Blank,* Jesus und Paulus S. 245; *Kessler,* S. 323; *Stuhlmacher,* Ende des Gesetzes S. 29; *ders.,* Versöhner S. 93 A 14; *ders.,* Bekenntnis zur Auferstehung S. 143 A 30; *ders.,* 18 Thesen S. 513.524; *Roloff,* Anfänge S. 40; *Lohse,* Alttestamentliche Bezüge S. 122; *ders.,* Theologie S. 82; *H.W.Kuhn,* Jesus als Gekreuzigter S. 33–35; *Jeremias,* Jesus und seine Botschaft S. 82f; *Becker,* Galater S. 38; *Stuhlmacher,* Christologie S. 459.

lene, damals noch ungeöffnete, jetzt aber entzifferte Tempelrolle col 64,7–13 und 4Qp Nah 3–4 I6–8, dann die Gespräche Justins mit dem Juden Tryphon Dial 32,1; 89,2–90,1; vgl. auch Ev Nikodemi 16.[17] Die Funde in Qumran sind in der Tat von großer Wichtigkeit zum Verständnis von Deut 21,23 im Judentum. Das Alte Testament wie auch Paulus sprechen nicht vom Kreuz, sondern vom Holz. Wenn jemand ein nach den alttestamentlichen Bestimmungen todeswürdiges Verbrechen begangen hatte und hingerichtet war, dann wurde er, zur entehrenden Abschreckung, öffentlich zur Schau gestellt, indem man ihn an einen Pfahl oder Baum hängte. Da ein so Gehenkter ein von Gott Verfluchter war, durfte der Leichnam nicht über Nacht hängen bleiben, damit das Land durch ihn nicht verunreinigt würde.[18]

Im Laufe der Zeit hat man Deut 21,23 anders verstanden. *Durch die Praxis der Justiz in Persien und Ägypten ist die Vorstellung der Kreuzigung auch in das jüdische Bewußtsein eingedrungen. talah,* das Deut 21,23 vom Aufhängen an den Pfahl gebraucht wird, dient im Alten Testament auch zur Beschreibung der ägyptischen[19] und der persischen[20] Hinrichtungsart. Bertram[21] hat darauf aufmerksam gemacht, daß die Septuaginta das Aufhängen an den Baum Jos 8,29 mit den Worten wiedergibt: ἐκρέμασεν ἐπὶ ξύλου διδύμου. Weil sie offensichtlich annimmt, daß der König von Ai an das Kreuz geheftet wurde, fügt sie, um das unmißverständlich auszudrücken, zu ξύλου noch διδύμου hinzu. *talah* bedeutet nun nicht nur aufhängen, sondern auch kreuzigen. Est 7,9 übersetzt die Septuaginta *talah* direkt mit σταυρόω. Das Kreuzigen ist also für den Juden nichts Unbekanntes. Man sieht die Aussagen des Alten Testaments im Lichte der den Juden ursprünglich unbekannten Exekution der Umwelt.

Daß die Kreuzigung von Juden akzeptiert und biblisch als begründet angesehen wurde, zeigen die Zeugnisse von Qumran. 4Qp Nah I 7[22] berichtet, daß Menschen lebendig aufgehängt

17 *G.Jeremias,* Lehrer S. 133f; *H.W.Kuhn,* Jesus als Gekreuzigter S. 33; *Becker,* Galater S. 38.

18 Jos 8,29; 10,26f; 2Sam 4,12; vgl. 2Makk 15,33.

19 Gen 40,19.22; 41,13.

20 Est 5,14; 6,4; 7,9f; 8,7; 9,13f.25. Jos Ant 11 (6,11),261.266f spricht an diesen Stellen vom Kreuz.

21 *Bertram,* ThWNT III S. 916,36ff.

22 Auf Einzelheiten des Textes ist hier nicht einzugehen. Umstritten ist, wer mit dem Zorneslöwen gemeint ist, der Menschen lebendig aufhängen ließ, und wer die Menschen sind, die nach glatten Dingen suchen. Es bestehen Differenzen, wie die im Text befindlichen Lücken sachgemäß ergänzt werden müssen, ob mit *talah* wirklich an *kreuzigen* gedacht werden muß. *Allegro,* S. 82.86; *van der Woude,* S. 45; *Maier,* II S. 162, vgl. 146; *Dupont-Sommer,* S. 290; *Lohse,* Texte S. 293f; *G.Jeremias,* S. 130.137; *Yadin,* S. 9–12; *J.M.Baumgarten,* S. 472–481.

wurden. Wenn man die Stelle isoliert betrachtet, ist aus ihr noch nicht eindeutig zu entnehmen, was damit gemeint ist. Wahrscheinlich ist an Alexander Jannaios gedacht[23], der 800 aufständische Juden mitten in der Stadt ans Kreuz schlagen ließ. Aufschlußreich ist die Tempelrolle; danach soll ein Jude, wenn er ein todeswürdiges Verbrechen begangen hat, etwa zu den Heiden übergelaufen ist oder sein Volk einer fremden Nation ausgeliefert und es verflucht hat, an das Holz gehängt werden und sterben. Während der Nacht soll er nicht am Baum hängen bleiben, sondern noch am selben Tag beerdigt werden; denn die an den Baum Gehängten sind von Gott und Menschen verflucht.[24] Dieser Text ist von außerordentlicher Wichtigkeit. Er spielt deutlich auf Deut 21,23 an. Es wird aber nicht wie Deut 21,23 ein Getöteter, sondern ein Lebender an das Holz gehängt. Daraus ergibt sich, daß *schon vor Paulus das Wort von Deut 21,23 auf den Gekreuzigten angewendet und von diesem gesagt wird, daß er ein Verfluchter ist.*

Aus diesem Dokument darf nicht der falsche Schluß gezogen werden, daß bei den Juden jeder Gekreuzigte ein von Gott Verfluchter gewesen ist. In der Tempelrolle handelt es sich um den speziellen Fall von einem Verräter, so daß das dort Gesagte nicht verallgemeinert werden darf. Einige Juden hatten Demetrius um Hilfe gegen die verhaßte Gewaltherrschaft von Alexander Jannaios gerufen. Sie waren damit zum Feind des jüdischen Volkes übergelaufen. Als der Syrer sich nicht mit dem Sturz von Alexander begnügen, sondern Jerusalem unterwerfen wollte, wodurch der Tempel bedroht und das Halten der Gebote erschwert wurde, wandten die Juden sich von Demetrius ab, und Alexander Jannaios rächte sich an ihnen. Diese Männer, die »nach glatten Dingen suchen«, sind die ausgesprochenen Gegner der Gemeinschaft von Qumran.[25] Darum sieht man in der Kreuzigung dieser Verräter eine gottgewollte Strafe. Man kann aber daraus *keineswegs den Schluß ziehen, daß jeder, der am Kreuz sein Leben läßt, unter dem Fluch Gottes stehen muß.* Daß das nicht der Fall ist, ergibt sich daraus, daß *zu viele Juden gekreuzigt worden sind,* weil sie sich für ihr Volk, den Tempel und das Gesetz eingesetzt hatten. Auf die 800 Juden, die von Alexander Jannaios hingerichtet wurden, während er mit sei-

23 Jos Ant 13 (14,2),380; Bell 1 (4,6),97.
24 *Yadin,* S. 5–9; Tempelrolle 24,7–13 (Maier S. 63).
25 1QH 2,15.32; 4,10; CD 1,18.

nem Harem diesem Schauspiel essend und trinkend zusah, ist schon hingewiesen worden. Sie waren nicht die ersten Juden, die ihr Leben am Kreuz lassen mußten. Mit Recht verweist E.Stauffer[26] auf die Strafpraxis der Perser, bei denen zahlreiche Hinrichtungen durch Kreuzigung durchgeführt wurden. Kurz nachdem 3000 Rebellen in Babylon ans Kreuz geschlagen waren, erließ Darius für das von ihm beherrschte Palästina einen Erlaß, in dem es heißt: »Wenn jemand diesen Entscheid übertritt, so soll ein Balken seines Hauses herausgerissen und er selbst aufrecht daran angeschlagen werden« (Esr 6,11). Ob und wie oft diese Strafandrohung vollstreckt worden ist, läßt sich nicht sagen. Aber so viel steht fest, daß Juden Jahrhunderte vor Jesus mit der Möglichkeit einer Kreuzigung nicht nur rechnen mußten, sondern auch tatsächlich gekreuzigt worden sind. Alexander der Große und nach ihm die Diadochen haben die persische Art von Massenhinrichtungen beibehalten. In der zur Zeit Jesu entstandenen Assumptio Moses heißt es (8,1) im Blick auf Antiochus Epiphanes IV, daß er »die, welche sich zur Beschneidung bekennen, am Kreuz aufhängt« (vgl. Jos Ant 12 [5,4],256). *Sollen diese gesetzestreuen Märtyrer verflucht gewesen sein, weil sie aus Treue zum Gesetz ihr Leben am Kreuz lassen mußten?* Unter Alexandria wurde auf Betreiben des Pharisäers Diogenes ein Freund Alexanders hingerichtet, weil dieser dem König den Rat gegeben hatte, die 800 Gefangenen zu kreuzigen (Jos Bell 1 [5,3],113). Quintilius Varus ließ im Jahre 3 v.Chr. rings um Jerusalem nicht weniger als 2000 Juden am Kreuz sterben.[27] Nach Philo (Flacc 72.83–85) sind während der Regierungszeit von Caligula (37–41) im Amphitheater in Alexandrien Juden gekreuzigt worden.[28] Im Jahre 46 n.Chr. wurden auf Befehl des Prokurators Tiberius Alexander 2 Juden, Jakobus und Simon, Söhne des Messiasprätendenten Judas, am Kreuz hingerichtet (Jos Ant 20 [5,2],102). Einige Jahre später ließ Ummidius Quadratus, der Statthalter von Syrien, als er nach Cäsarea kam, alle von Cumanus (48–52) in Samaria gefangengenommenen Aufrührer an das Kreuz schlagen.[29] Schließlich

26 *Stauffer,* S. 123; vgl. Hdt III 125,3, ferner III 132,2; IV 202,1.

27 Ass Mos 6,9; Jos Bell 2 (5,2),75; Ant 17 (10,10),295.

28 Philo Flacc 83.84 berichtet von Kreuzigungen bei den Übergriffen auf die Juden im Jahre 38 n.Chr. durch die Ägypter und den Statthalter Flaccus. Allerdings gebraucht er dabei nicht nur das Wort Kreuz, sondern er spricht auch vom ἀνασκολοπίζειν.

29 Jos Bell 2 (12,6),241; Ant 20 (6,2),129.

ist noch darauf hinzuweisen, daß der Prokurator Felix (52–60) nach Aussagen von Josephus unermeßlich viele Aufständische habe hinrichten lassen.[30] Zur Zeit Jesu sind wahrscheinlich mehr messianische Prätendenten gekreuzigt worden als nur Jesus von Nazareth. Wer Zelot wurde, mußte mit seinem Ende am Kreuz rechnen. Konnte ein Mann, der für sein Bekenntnis zu dem einen Gott sein Leben hingab, nur weil die römische Besatzungsmacht die drakonische Bestrafung der Kreuzigung anwandte, wegen dieser Art der Hinrichtung als ein von Gott Verfluchter angesehen werden?[31]

Wichtig ist der Hinweis auf das im Jahre 1968 bei Giv'at ha-Mivtar *im Nordosten von Jerusalem entdeckte Grab.* Dort fand man eine Leiche mit zerbrochenen Unterschenkelknochen und durchlöcherten Fersen.[32] Es handelt sich um einen Gekreuzigten, der, wie die Keramikfunde, die Ossuarien und Inschriften zeigen, etwa zur Zeit Jesu hingerichtet worden ist. Die im Bereich der gebrochenen Beine sich befindenden dunklen Flecken weisen darauf hin, daß der Gekreuzigte vor seiner Bestattung in dem Ossuarium rituell gesalbt worden ist. Diesem 24–28jährigen Jochanan, Sohn des Jechezquel, hat man trotz seiner Kreuzigung alle Ehren erwiesen, ihn gesalbt und ihn wahrscheinlich zusammen mit seinem Kind in dem Familiengrab beigesetzt. Soll auch er wegen seines Todes am Kreuz unter dem Fluch Gottes gestanden haben? Auch den in Alexandria gekreuzigten Juden hat man ein würdiges Begräbnis gegeben (Philo Flacc 83). Nach G. Jeremias[33] ist *talah* Deut 21,23 in den Targumen durch *salab* »kreuzigen« ersetzt worden. Überhaupt bevorzugen Mischna und Tosephta *salab.* Es »ist – wie G. Kittel schreibt[34] – in allen aramäischen Dialekten das spezielle Wort für ›hängen, kreuzigen‹ als Hinrichtungsart.« Den Rabbinen hat die Exegese von Deut 21,23 augenscheinlich Schwierigkeiten bereitet. Sanh 6,4f wird die Stelle erörtert. R.Meir interpretiert den Satz »Ein Gehenkter ist ein Fluch Gottes« so: »Wenn die Schrift sagt: Mich schmerzt das Blut des Bösen, wieviel mehr gilt dies

30 Jos Bell 2 (13,2),253. Auf die später z.B. unter Florus 64–66 oder während der Belagerung Jerusalems durchgeführten Exekutionen braucht in diesem Zusammenhang nicht eingegangen zu werden, weil sie nach der Abfassung der paulinischen Briefe erfolgt sind. Bell 2 (14,9),306.308; 3 (7,33),321; 5 (11,1),449.451.

31 *Schlatter,* Matthäus S. 350; *Hengel,* Nachfolge S. 64.

32 *Tzaferis,* S. 31; *Haas,* S. 42.59.

33 *G.Jeremias,* Lehrer S. 133.

34 *Kittel,* ZNW 284.

vom Blut der Gerechten, das vergossen wird.« Der Gehenkte bzw. der Gekreuzigte ist demnach nicht mehr ein Fluch, sondern ein Schmerz Gottes.[35]

Auch die Aussagen des *Juden Tryphon* bei Justin sind kein zwingender Beweis für die These, daß die Juden Jesus sogleich nach seinem Tode wegen seiner Kreuzigung als einen Verfluchten Gottes angesehen hätten. Tryphon bezeichnet in der Tat Jesus wegen seiner Todesart als einen Verfluchten. Nach Dial 32,1 wirft er den Christen vor, ihr sog. Christus sei »dem schlimmsten Fluch im Gesetz verfallen; denn er wurde gekreuzigt.« Er zweifelt, ob Jesus der Messias ist; denn auf Grund des Gesetzes ist der Gekreuzigte verflucht (89,2). Man muß beachten, daß Justin seine Erfahrungen mit den Juden in der ersten Hälfte des zweiten Jahrhunderts gemacht hat. Nach B.Altaner[36] beruhen die Gespräche mit Tryphon möglicherweise auf wirklichen Disputationen, die während des Bar Kochba-Aufstandes (132–135) in Ephesus mit Juden stattgefunden haben. Es war die Zeit der schärfsten Konfrontation der Juden mit den Christen. In seiner Apologie (I 31) berichtet Justin, daß Bar Kochba Christen, wenn sie Jesus Christus nicht verleugneten und lästerten, grausam gequält und gemartert habe. Wahrscheinlich geschah es, weil sie sich seinem bewaffneten Aufstand nicht anschlossen und ihn nicht als den erwarteten Messias des jüdischen Volkes ansahen. Das mußte von seiten der Juden zur Bekämpfung des von den Christen als Messias verehrten Jesus führen. Erst recht können die Worte des *Nikodemus-Evangeliums* (16,7) nicht als Zeugnis für eine vorpaulinische Anwendung von Deut 21,23 auf Jesus durch die Juden in Anspruch genommen werden. Entstehungszeit und Quellenzusammensetzung des Nikodemus-Evangeliums sind umstritten. E.Fascher[37] meint, Nik Ev 16 sei etwa am Ende des 2.Jahrhunderts entstanden. Aus den veränderten Zeitumständen von damals lassen sich schlecht Rückschlüsse auf Argumentationen zu Beginn des Urchristentums ziehen.

Wie sich die Juden nach der Ermordung Jesu seinen Anhängern gegenüber verhalten haben, ist nicht eindeutig zu ersehen. Nach der Hinrichtung Jesu scheint für das Synhedrion der Fall

35 *Strack-B.,* III S. 494.
36 *Altaner,* S. 67.
37 *Fascher,* Jes 53 S. 26.

erledigt gewesen zu sein. Es hatten sich zwar in Jerusalem und Galiläa kleine Gruppen von Sympathisanten gebildet. Aber diese Schar verängstigter, ehemaliger Jünger Jesu wird die jüdische Führerschaft nicht weiter beunruhigt haben. Nach der Gamaliel-Rede Act 5,36 lösen sich die Gruppen von Messiasanhängern nach dem Tode der charismatischen Führergestalten bald auf, so daß sie nicht zu fürchten sind. Außerdem war man in der Zeit vor der Zerstörung des Tempels gegen Sonderströmungen außerordentlich tolerant. Wie es Pharisäer, Sadduzäer, Essener, Zeloten, Sikarier, hellenistische Juden wie Philo gab, so duldete man auch die Judenchristen, da sie sich treu zu Tempel und Thora hielten, worauf es ankam, wenn man ein guter Jude sein wollte. Das Matthäusevangelium berichtet zwar von Verfolgungen der Christen in den Synagogen des Landes (Mt 10,17f; 23,34). Aber diese Stellen sind spätere Aussagen. Zunächst beweisen sie, daß die Christen lange Zeit hindurch zum Synagogenverband gehört haben, ohne sich viel von andern Juden zu unterscheiden. Das Neue Testament stellt wiederholt heraus, daß die Urgemeinde in Jerusalem korrekt jüdisch lebte, den Tempel besuchte und die Anordnungen der Thora befolgte.[38] Sie stand fest in der jüdischen Gemeinschaft verwurzelt und lebte darum auch unangefochten. Wenn Act 4,1ff die Apostel von den jüdischen Autoritäten verfolgt werden, so ist dieses eine Rejektion späterer Verhältnisse in die urchristliche Zeit. Eine Verschärfung der Situation trat erst ein, als die hellenistischen Judenchristen dem Tempel und Kult gegenüber eine freiere Haltung annahmen. Während diese daraufhin ihrer Einstellung wegen verfolgt wurden, blieben Petrus und Jakobus mit den andern Judenchristen unangefochten. Aus dieser verschiedenen Einstellung der Judenschaft zu den Christen wird ganz deutlich: Der Kreis um Stephanus wird nicht deshalb angegriffen, weil er ein Anhänger Jesu ist und Jesus als Messias propagiert, sondern weil er gegen den Tempel und Kult polemisiert. Verallgemeinert heißt es für die Urgemeinde: Verfolgt wurden die Christen zunächst nicht wegen ihres Messiasglaubens, der sich auf den gekreuzigten Jesus von Nazareth richtete. Solange die Christen nur als eine spezielle Messiasgemeinde angesehen wurden, duldete man sie als eine einem Irrtum verfallene Richtung. Der Nerv des Judentums war erst

38 Mt 5,17–19.23; 24,20; Act 2,46; 3,1ff; 5,12.20f.42; 10,14.

getroffen, wenn es um das Gesetz und den Kultus ging. Als die politischen Verhältnisse sich zuspitzten und das Judentum durch das pharisäische Rabbinat eine orthodoxe Lehre erhielt, man außerhalb von Jerusalem auf Judenchristen stieß, kam es zu Konfrontationen. Daß Jakobus gegen den Willen der Pharisäer im Jahre 62 hingerichtet wurde, hing mit der politischen Situation zusammen. *Die rabbinische Polemik gegen Jesus und die Christen setzte erst am Ende des ersten Jahrhunderts ein.* Rabbi Elieser um 90 hat Spekulationen über die Herkunft Jesu unter dem Namen Ben-Stada und Ben-Pandera angestellt (Schab 104 b). Rabbi Gamaliel um 90 hat sich mit dem Wort Jesu Mt 5,17 auseinandergesetzt.[39] Die zwölfte Bitte des Achtzehngebets mit der Verfluchung der Christen stammt von Schemuel dem Kleinen um 100.[40] Das deutet alles darauf hin, daß Deut 21,23 zunächst in der Polemik gegen Jesus keine Rolle gespielt hat.

Das läßt sich vielleicht auch aus den Briefen des Apostels Paulus entnehmen. 1Kor 1,22f, wo Paulus die Verkündigung des Gekreuzigten gegen Juden und Heiden verteidigt, lautet der Vorwurf der Juden nicht, daß Jesus ein Verfluchter, sondern ein Ohnmächtiger gewesen ist. Den Juden, die Zeichen fordern, ist er ein Ärgernis, weil bei ihm sichtbare, machtvolle Beweise seiner Sendung und Erwählung nicht konstatierbar sind (vgl. Mk 8,11ff; 11,28). *Er wird nicht deshalb von den Juden abgelehnt, weil er durch seinen Kreuzestod als von Gott verflucht gilt, sondern weil ihm die Legitimation durch beglaubigende Zeichen fehlt.* Sein Ende am Kreuz entspricht nicht den messianischen Erwartungen. Sie schauen nach einem kraftvollen Erretter aus, der durch sichtbare, nachweisbare Zeichen seine Macht kundtut, nach einem imponierenden Mann, der als der gesandte König der Endzeit hervortritt, die Feinde des Volkes vernichtet und das Friedensreich voll Macht und Herrlichkeit errichtet oder der als Menschensohn auf den Wolken des Himmels kommt und über alle Gottlosen ein vernichtendes Gericht hält. Wegen dieser Einstellung der Juden zu Jesus antwortet Paulus auf die jüdische Kritik nicht mit dem Hinweis auf die Annahme des infolge des Todes am Kreuz Verfluchten durch

39 Schab 116 a,b; *Strack-B.*, I S. 241f.
40 Ber 28b; *Strack-B.*, IV S. 218f.

Gott, indem er ihn auferweckt und erhöht hat, sondern Paulus verweist auf die δύναμις Gottes (1Kor 1,24).[41]
Wenn Paulus Gal 3,13 von Jesus sagt, daß er ein Fluch geworden ist und dabei auf Deut 21,23 verweist, so ist er dazu *nicht durch jüdische Polemik gegen Jesus, sondern durch die Auseinandersetzung mit den judenchristlichen Gesetzestätern genötigt.* Paulus zitiert nicht nur Deut 21,23, sondern einige Verse vorher (Gal 3,10) schon Deut 27,26, ohne daß er dazu durch Gegner von Jesus veranlaßt ist: »Verflucht ist jeder, der nicht bleibt in alledem, was im Buch des Gesetzes geschrieben steht, daß er es tue.« Da niemand alle Gebote halten kann, stehen alle unter dem Fluch, so daß sie vor Gott nicht gerechtfertigt werden können. In aller Schärfe sagt Paulus den Gesetzesmenschen, wohin ihre Theologie führt. Mit Worten aus dem Gesetz polemisiert er sowohl gegen das Gesetz wie dann auch für die befreiende Tat Christi. Wenn Christus durch seinen Tod am Kreuz den Fluch auf sich nahm, obwohl er unschuldig geworden war, dann hat er dadurch den Fluch aufgehoben. Paulus sagt Gal 3,13 mit andern Worten, was er 2Kor 5,21 so ausdrückt: »Gott hat den, der von keiner Sünde wußte, für uns zur Sünde gemacht, damit wir durch ihn die Gerechtigkeit Gottes werden.« Wie Jesus 2Kor 5,21 für uns zur Sünde gemacht wurde, so ist er Gal 3,13 für uns zum Fluch geworden. Paulus kann den Gedanken der Stellvertretung Jesu entsprechend der Situation der Leser seiner Briefe verschieden zum Ausdruck bringen. Im Galaterbrief formuliert er ihn nicht aus Abwehr von Vorwürfen gegen Jesus, sondern aus dem Kontext seiner Ausführungen über das Gesetz. Weil es in Galatien um das Gesetz ging, zeigt er den dortigen Christen, welche Folgen die Gesetzesfrömmigkeit für die Gesetzestäter mit sich bringt und wie Christus alle Betroffenen vom Fluch des Gesetzes erlöst hat, indem er für uns zum Fluch geworden ist.

12.4

Die Kreuzesaussagen bei Paulus haben in der Mehrzahl einen ausgesprochen warnenden und abgrenzenden Charakter. Seine

41 *K. Müller,* 1Kor 1,18–25 S. 259f und *ders.,* Anstoß S. 103 versteht δύναμις 1Kor 1,24 von 2Kor 13,4 und 1Kor 6,14 her, wo ἐκ δυνάμεως bzw. διὰ τῆς δυνάμεως durch die Verben eindeutig als Auferweckungsmacht charakterisiert ist. 1Kor 1,24 ist von 1Kor 1,17f her bestimmt, wo ebenfalls von σοφία, μωρία und δύναμις im Zusammenhang mit dem Kreuz gesprochen war.

Kreuzestheologie ist *polemisch ausgerichtet.* Sie nimmt den Kampf gegen die Verfälschung der Botschaft von Christus auf. Indem sie den sich selbst erniedrigenden Gott zeigt, der in Elend und Schmach endet, stößt sie den sich selbst transzendierenden Menschen von seinem selbst errichteten Thron.[42] Die Kreuzesablehnung erfolgt nicht nur bei Heiden und Juden. Sie macht auch vor den Toren der Kirche nicht halt. Im Galaterbrief setzt sich Paulus mit Judenchristen auseinander, die wohl die Botschaft vom Kreuz gehört haben, aber, als überzeugte Juden, das Halten des Gesetzes auch für Heidenchristen verbindlich machen wollen. Sie erstreben ein Christentum, das nichts anderes als ein reformiertes Judentum ist, in dem Mose und Christus, Gesetz und Evangelium miteinander vereinigt sind. Paulus gebraucht in der Auseinandersetzung mit ihnen scharfe Worte. Er fragt, welche Hexenmeister am Werke waren, die sie bezaubert haben (Gal 3,1), die Erfüllung des Gesetzes höher zu schätzen als den Glauben an den Gekreuzigten. Die Gemeinde von Galatien hat im Geist begonnen und steht nun in Gefahr, im Fleisch zu enden (Gal 3,3), wenn sie durch Tun des Gesetzes ihr Christsein praktiziert. Das Kreuz ist nicht eine Prolongation des Vorhandenen, sondern eine Wende. Es übt eine kritische Funktion aus; denn es stellt alle moralischen Taten in Frage. *Das Kreuz ist das eindeutige Nein zu aller menschlichen Aktivität als positivem Ausweis Gott gegenüber.* Es macht alles eigenmächtige Tun des Menschen zunichte, richtet sich gegen die Bestrebungen einer Frömmigkeit der Leistungen, durch die die Größe Gottes verkleinert und der Mensch verherrlicht wird. Am Kreuz entscheidet sich, ob man den Weg des Glaubens oder den der Werke gehen will. Es zwingt zu theologischer Klarheit und Nüchternheit und zeigt die Wirklichkeit, wie sie in Wahrheit ist.[43] Darum ist die Theologie des Kreuzes die schärfste Antithese zu allen begeisternden Bestrebungen, die Leistungskraft des Christen in persönlichen Angelegenheiten oder sozialen Notständen zu steigern. Die Gesetzesfrömmigkeit macht das Ärgernis des Kreuzes zunichte und hebt die Wirkungskraft des Kreuzes auf (Gal 5,11).

Wie das Kreuz sich gegen die menschliche Aktivität und Gerechtigkeit wendet, so richtet es sich auch *gegen die menschli-*

42 *Käsemann,* Heilsbedeutung S. 67.83; *Dietrich,* S. 218–220; *H. W. Kuhn,* Jesus als Gekreuzigter S. 40f.

43 *Luther:* theologus crucis dicit id quod res est, WA I, 354,21f.

che Weisheit und Spekulation. In Korinth hat Paulus es mit Gemeindegliedern zu tun, die, vom göttlichen Geist erfüllt, in schwärmerischer Weise sich über die Schranken der Wirklichkeit hinwegsetzen in der Meinung, der Herrlichkeit der zukünftigen Gottesherrschaft bereits jetzt und hier teilhaftig zu sein (1Kor 4,8). Im Bewußtsein eschatologischer Erfüllung vertreten sie eine Theologie der Stärke und Freiheit. Sie fühlen sich, weil sie glauben, bereits im Zeitalter der Auferstehung zu leben, als die Reichen, die Herrschenden, die Vollkommenen, die Verständigen. In ihrem schwärmerischen Enthusiasmus haben sie die Kreuzigung ausgeklammert. Sie haben Christus entstaurisiert und damit die Bedeutung des Sterbens Jesu geschmälert. Paulus wendet sich gegen diese Vollendungsenthusiasten, indem er den auferstandenen Christus an den gekreuzigten bindet. Im Mittelpunkt seiner Predigt steht das für die menschliche Vernunft nicht einsichtige, rätselhafte Sterben Jesu am Kreuz. Wenn man an die Kreuzespredigt die Maßstäbe menschlicher Weisheit anlegt, so ist sie Torheit in Hochpotenz. Die Notwendigkeit seines Kreuzestodes ist logisch nicht nachweisbar, sie läßt sich philosophisch nicht begründen. Die darin zutage tretende Weisheit Gottes haben die Herrscher dieses Äons nicht erkannt. Sonst hätten sie ihn nicht gekreuzigt (1Kor 2,6–8). Im Wort vom Kreuz kommt der Unterschied zwischen Gott und Mensch zum Ausdruck. Im Kreuz erweist Gott seine Souveränität, er zeigt, daß er von menschlichen Heilsvorstellungen unabhängig ist, die ihm vorschreiben wollen, was er zu tun hat. Die Kreuzespredigt offenbart Gott als den ganz anderen, der gerade im Zeichen der menschlichen Ohnmacht seine Kraft und im Zeichen menschlicher Torheit seine Weisheit kundtut: »Gottes Unsinn ist weiser als die Menschen, und Gottes Schwäche ist stärker als die Menschen« (1Kor 1,25). Das Kreuz ist ein Bollwerk gegen alles Bemühen, die heilschaffende Gnade Gottes verständlich zu machen. Nicht der erhöhte Christus, sondern gerade Jesus in seiner tiefsten Erniedrigung verschafft die Errettung. Die Botschaft vom Kreuz ist der stärkste Ausdruck für das ausschließliche Angewiesensein auf Gott. Sie ist die Absage gegen alle menschliche Weisheit. Wer glaubt, bedarf nicht der rationalen Begründung der Kreuzesbotschaft. »Es hat Gott gefallen, durch die Torheit der Botschaft diejenigen zu erretten, die glauben« (1Kor 1,21).

Die polemischen Kreuzesaussagen im zweiten Korintherbrief

und Phil 3 können zusammen betrachtet werden, weil Paulus sich in beiden Briefen mit demselben Gegner auseinandersetzt.[44] Es sind Judenchristen, die selbstbewußt ihre Herkunft herausstellen (2Kor 11,18.22; Phil 3,3–5) und stolz auf Mose hinweisen (2Kor 3,12ff). Sie sehen in Jesus den großen Lehrer und starken Wundertäter. Sie heroisieren, glorifizieren und divinisieren den irdischen Jesus. Durch seine Machttaten hat er gezeigt, daß er die Grenzen des Menschen durchbrochen hat und zur Manifestation des Göttlichen geworden ist. In eine solche Christuskonzeption paßt ein am Kreuz gescheiterter Jesus mit seinem Leiden und Sterben nicht hinein. Darum wenden sie sich gegen seine Schwachheit, die im Kreuz offenbar wird, während Paulus sie bejaht (2Kor 13,4). Mit großer Schärfe geht Paulus gegen sie vor. Sie sind Feinde des Kreuzes, die von der Heilsbedeutung des Kreuzes nichts wissen wollen. Ihr Gott ist der Bauch; ihre Herrlichkeit besteht in der Schande; sie sind auf das Irdische bedacht; ihr Ende ist das Verderben (Phil 3,19, vgl. 2Kor 11,15). Paulus nennt sie Lügenapostel und heimtückische Arbeiter (2Kor 11,13f), die sich als Apostel Christi ausgeben, ohne es zu sein, Hunde, böse Arbeiter, Verstümmelte (Phil 3,2). Die Botschaft vom Gekreuzigten darf nicht verschwiegen und nicht frisiert werden.

12.5
Es wäre verkehrt, aus dem eben Gesagten den Schluß zu ziehen, daß Paulus nur in polemischen Debatten mit Gegnern vom Kreuz gesprochen hat. Paulus hat sich ganz offensichtlich nicht gescheut, auch in seiner *Missionspredigt Jesus als den Gekreuzigten* darzustellen. Wir haben zwar nirgendwo eine ausgeführte Missionspredigt des Apostels Paulus[45], aber aus den Andeutungen in seinen Briefen läßt sich entnehmen, daß er nicht allgemein vom Tode Jesu und seiner danach erfolgten Auferweckung gesprochen hat, sondern daß der Gekreuzigte im Mittelpunkt seiner Missionsverkündigung gestanden hat. Obwohl er damit aus ganz verschiedenen Gründen bei Juden wie bei Griechen auf Widerstand stoßen mußte, hat ihn dieses nicht veranlaßt, die Todesart Jesu zu verschweigen. Wenn er den Galatern schreibt, er habe ihnen den Gekreuzigten vor Augen ge-

44 *Gnilka,* Philipper S. 213–218; *Friedrich,* Philipper S. 131–134.
45 *Friedrich,* Thessalonicher S. 216–221.

stellt (Gal 3,1), so spielt er damit auf seine Missionspredigt an. Er will mit diesem Ausdruck nicht sagen, daß er vor ihren Augen ein eindrucksvolles Bild von den Leiden und Qualen des am Kreuz Hängenden entworfen hat, wie es in unsern Passionsliedern zum Teil zum Ausdruck kommt; er weist mit diesem Wort darauf hin, daß er den Galatern Jesus Christus als den Gekreuzigten öffentlich kundgemacht hat.[46]
Daß die Missionspredigt des Paulus Verkündigung des gekreuzigten Christus war, wird aus den Ausführungen des Apostels 1Kor 1–2 ganz deutlich. In der Auseinandersetzung mit den verschiedenen Richtungen in der Gemeinde zu Korinth exemplifiziert Paulus an seiner eigenen Person, wie verkehrt es ist, wenn man sich auf ihn beruft. Darum fragt er die Korinther, ob er etwa für sie gekreuzigt sei und sie auf seinen Namen getauft seien (1,13). Paulus erinnert mit diesen Worten die Korinther an den Beginn ihres Christseins und erwähnt neben der Taufe den Gekreuzigten. Kreuz und Taufe gehören zusammen.[47] Das wissen die Korinther seit den ersten Tagen ihres Christseins. Wie nach Röm 1,16 das Evangelium eine Kraft Gottes zur Errettung für jeden Glaubenden ist, so ist 1Kor 1,18 das Wort vom Kreuz den Geretteten eine Gotteskraft. Die missionarische Botschaft des Evangeliums und die Predigt vom Kreuz sind identisch. »Das Wort vom Kreuz« (1Kor 1,18) nimmt die vorhergehende Wendung »Kreuz Christi« (1,17) auf, von dem Paulus sagt, daß es entleert werden könnte. Beide Formulierungen sind uns so vertraut, daß uns die Besonderheit der Ausdrucksweise gar nicht mehr zum Bewußtsein kommt. σταυρός ist zunächst der Pfahl, die Palisade, mit der man Bezirke einzäunte (Hom Il 24,453; Od 14,11), dann das Marterwerkzeug der Hinrichtung, das in ganz verschiedener Gestalt verwendet wurde.[48] Soweit festzustellen ist, fehlt im griechischen Bereich eine übertragene Anwendung des Wortes, während crux, wie M.Hengel[49] gezeigt hat, im Lateinischen durchaus metaphorisch gebraucht werden kann. Wenn Paulus vom Kreuz Christi spricht, so denkt er nicht nur an das Exekutionsholz, an dem Jesus hängt, sondern, wie gerade auch die Wendung »Wort vom Kreuz« zeigt, an

46 *Schrenk,* ThWNT I S. 771,17ff; *Oepke,* Galater S. 67; *Schlier,* Galater zSt; *Mussner,* Galater zSt.
47 *Ortkemper,* S. 45.
48 *Schneider,* ThWNT VII S. 572.
49 *Hengel,* mors S. 165f.

das ganze Heilsgeschehen, das sich durch das in tiefster Erniedrigung erfolgte Sterben Jesu ereignet hat. Daraus ergibt sich, daß der aus der Terminologie des grausamen Strafvollzuges entnommene Begriff in der christlichen Gemeinde zu einem gefüllten und geprägten Verkündigungswort geworden ist. Wenn Paulus in so prägnanter Weise das Kreuz Christi erwähnt, ohne den Korinthern ausführlich zu erklären, was damit gemeint ist, dann setzt er voraus, daß er verstanden wird, ohne daß er viel Worte zu machen braucht. Seit er den Korinthern die Botschaft von Christus gebracht hat, wissen sie, was das Kreuz Christi für sie bedeutet. 1Kor 2,1f sagt Paulus dann expressis verbis, daß im Mittelpunkt seiner Missionspredigt der Gekreuzigte gestanden hat: »Als ich zu euch kam, Brüder, kam ich nicht, um glänzende Rede oder gelehrte Weisheit vorzutragen, sondern um euch das Geheimnis Gottes zu verkündigen. Denn ich hatte mich dafür entschieden, bei euch nichts zu wissen als Jesus Christus, und zwar den Gekreuzigten«. Paulus hat Christus nicht als den großen Lehrer und Freund der Menschen, nicht als den sozialen Reformator unter den Sklaven von Korinth und den überragenden Wundertäter, nicht als den Erhöhten und Triumphierenden gepriesen, sondern im Zentrum seiner Verkündigung stand Christus in seiner tiefsten Schmach und größten Schwachheit.

Aus den Beobachtungen, daß die Kreuzesaussagen in solchen Briefabschnitten vorkommen, in denen Paulus von seiner Verkündigung spricht, in dem lehrhaften Römerbrief aber fehlen, zieht W.Dietrich[50] die Folgerung, daß das Kreuz Christi seinen Sitz im Leben der konkreten Verkündigungssituation gehabt hat. Deshalb könne man wohl von einer Kreuzesverkündigung, nicht aber von einer Kreuzestheologie sprechen. Dem ist nicht zuzustimmen. Zwar hat der Römerbrief, bei dem Kreuzesaussagen kaum vorkommen, einen stärker lehrhaften Charakter als z.B. die Korintherbriefe. Aber er ist nicht ein Kompendium der paulinischen Theologie. In ihm fehlen nicht nur die grundlegenden Worte vom Kreuz, sondern auch Aussagen über das Abendmahl, die Auferstehung und die Kirche.[51] Außerdem verschweigt Paulus im Römerbrief das Kreuz nicht, sondern er schreibt, daß bei der Taufe der alte Mensch gekreuzigt wird

50 *Dietrich,* S. 220.
51 *Friedrich,* Römerbrief S. 1139.

(Röm 6,6). Der Galaterbrief hat im mittleren Teil eine sehr lehrhafte Ausprägung. Gal 2,19 findet sich wie Röm 6,6 das Verb συσταυρόω; und Gal 3,13 gebraucht Paulus zwar das Wort Kreuz nicht, aber mit »am Holz hängen« ist das Kreuzigen gemeint. Schließlich ist auf Phil 2,9 hinzuweisen. Die Aussage in dem Christuslied, daß Jesus sich in dem Gehorsamsweg bis zum Sterben erniedrigt hat, genügt Paulus nicht. Weil es ihm auf die Botschaft vom Kreuz ankommt, macht er den interpretierenden Zusatz »bis zum Tode am Kreuz«.

12.6

Wenn Paulus vom Sterben Jesu, von seiner Hingabe in den Tod spricht, fügt er oft sofort hinzu, daß Jesus auferweckt ist[52], wie auch die Traditionsformeln beide Heilsfakten nennen.[53] In den Missionsreden der Apostelgeschichte begegnet ebenfalls immer wieder die Wendung: Ihr habt ihn getötet – Gott hat ihn auferweckt.[54] Tod und Auferweckung gehören zusammen. Der Gestorbene ist nicht im Grabe geblieben, sondern Gott hat sich zu ihm bekannt und ihn auferweckt. Ganz anders verhält es sich bei den paulinischen Aussagen über das Kreuz. Wo Paulus betont Jesus als den Gekreuzigten herausstellt, wird seine Auferweckung anscheinend absichtlich nicht erwähnt.[55] Das ist statistisch in den meisten Fällen zutreffend. Das bedeutet aber nicht, daß Paulus beides voneinander trennt. 2Kor 13,4 ist der Zusammenhang von *Kreuz und Auferstehung* unübersehbar: Christus wurde aus Schwachheit gekreuzigt, aber er lebt aus der Kraft Gottes. Paulus gebraucht nicht das Wort auferwekken, sondern er spricht im Blick auf die Situation in der korinthischen Gemeinde vom Leben aus der Macht Gottes. Damit will er sagen: Christus ist auferstanden, und als Auferstandener ist er gegenwärtig. Es gibt keine Theologie des Kreuzes ohne die Botschaft von Ostern.[56]

In dem Christuslied Phil 2,8, in das Paulus die Worte »bis zum Tode am Kreuz« eingefügt hat, ist zwar nicht von der Auferstehung, sondern von der Erhöhung die Rede. Der Erweckte und Erhöhte ist für Paulus der Gekreuzigte, und der Gekreuzigte ist

52 Röm 6,5; 8,34; 14,9; 2Kor 5,15.
53 Röm 4,25; 1Kor 15,3; 1Thess 4,14.
54 Act 2,23f; 3,15; 4,10; 5,30; 10,40.
55 *Wilckens*, Kreuz und Weisheit S. 84f.
56 *Bultmann*, 2.Korinther S. 245f; *Wendland*, Mitte S. 11f.

für ihn der Auferstandene. Wenn Paulus vom Gekreuzigten schreibt, gebraucht er immer das Partizipium perfectum (1Kor 1,23; 2,2; Gal 3,1), d.h. Jesus hat zu einem gewissen Zeitpunkt der Geschichte sein Leben am Kreuz lassen müssen. Aber er ist auch jetzt noch nach seiner Auferstehung als Gekreuzigter gegenwärtig.[57] Kreuz und Auferstehung sind nicht Gegensätze, sondern gehören zusammen. Der Auferstandene trägt die Nägelmale des Kreuzes. Es ist nicht nebensächlich, darauf hinzuweisen, daß Paulus, wenn er den Gekreuzigten erwähnt, mit Ausnahme von Gal 3,1 (vgl. 6,12) nicht den Namen des Mannes von Nazareth gebraucht, den dieser während seines irdischen Lebens getragen hat, wie das in der Traditionsformel 1Thess 4,14 der Fall ist, sondern er redet, anscheinend ganz bewußt, vom Kreuz des Christus (1Kor 1,17; Gal 6,12; Phil 3,18), von dem gekreuzigten Christus (1Kor 1,23; 2,2). Nun ist »Christus« bei Paulus nicht mehr nur ein Messiastitel, sondern weithin bereits ein Name für den erschienenen Messias.[58] Aber Christus ist nicht die Bezeichnung für den irdischen Jesus, sondern für den erhöhten Kyrios. Gal 6,14 schreibt Paulus direkt vom Kreuz unseres Kyrios Jesus Christus. Die krasseste Formulierung gebraucht er 1Kor 2,8: »Wenn die Machthaber dieses Äons die Weisheit Gottes erkannt hätten, hätten sie den Herrn der Herrlichkeit nicht gekreuzigt.«[59] »Herr der Herrlichkeit« ist ein Gottesprädikat.[60] Paulus überträgt diese hohe Gottesbezeichnung auf den gekreuzigten Jesus Christus. Der Apostel, der sonst die Armut und Schwachheit Jesu hervorhebt, ist wohl kaum der Meinung gewesen, daß der Menschgewordene noch im Besitz der göttlichen Herrlichkeit war, sondern er spricht von dem gekreuzigten und auferstandenen Jesus Christus, an

57 *Deißmann,* Paulus S. 153; *Schneider,* Passionsmystik S. 25; *K. Müller,* 1Kor 1,18–25 S. 267; *ders.,* Anstoß S. 97f; *Schneider,* ThWNT VII S. 582 A 7 und 583,10f; *Schniewind,* Botschaft S. 31; *ders.,* Leugner S. 120.

58 *Grundmann,* ThWNT IX S. 534, 25ff.

59 Es ist für unsere Fragestellung nicht bedeutsam, ob mit den Archonten die dämonischen Mächte gemeint sind, so *Delling,* ThWNT I S. 488 A 7; *Bultmann,* Theologie S. 176f; *Schelkle,* Passion S. 164; *Wilckens,* Weisheit und Torheit S. 62; *Schneider,* ThWNT VII S. 581, 25ff; *Kümmel-Lietzmann* S. 170; *Ortkemper,* S. 61f; *Schrage,* Verständnis S. 69. An weltliche Machthaber denken *Schniewind,* Archonten S. 104f; *Oepke,* Irrwege S. 452f; *K.L.Schmidt,* Todesprozeß S. 16f; *Cullmann,* Staat S. 45.74f; *Delling,* Röm 13 S. 33. Weil Archonten im Plural sonst im NT nicht vorkommen und weil Beziehungen von 1,20.28 mit 2,6 und von 1,18.27f mit 2,6f vorliegen, ist wohl an die irdischen Regierenden zu denken.

60 Aeth Hen 22,14; 25,3.7; 27,3.5; 36,4; 40,3; 63,2; 75,3; vgl. *Wilckens,* Weisheit und Torheit S. 73 A 1; *Kuss,* Römerbrief (1959) S. 614f.

den die Christen glauben und den er verkündigt. Der Gekreuzigte ist der Kyrios der Herrlichkeit. Paulus relativiert das Kreuz nicht, sondern er wagt es, von dem gekreuzigten Gott zu sprechen.

12.7

Bultmann hatte sich in seinem Aufsatz über »Neues Testament und Mythologie« gegen die Historisierung des Kreuzes und gegen die objektivierenden Vorstellungen des Neuen Testaments gewandt. Das Kreuz ist »nicht sofern es in dem objektivierbaren weltgeschichtlichen Zusammenhang, sondern sofern es in seiner Bedeutsamkeit gesehen wird, das Heilsereignis«. Folgt man den objektivierenden Vorstellungen des Neuen Testaments, dann versteht man es als ein mythisches Ereignis. Es muß aber in seiner Bedeutsamkeit als ein eschatologischer Vorgang betrachtet werden. »Es ist nicht ein Ereignis der Vergangenheit, auf das man zurückblickt, sondern es ist das eschatologische Ereignis in der Zeit und jenseits der Zeit, sofern es, in seiner Bedeutsamkeit verstanden, und das heißt für den Glauben, stets Gegenwart ist.«[61]

Es ist richtig, daß es bei der Verkündigung des Todes Jesu nicht um die historische Schilderung der letzten Stunde Jesu geht. Mit dem Wort vom Kreuz ist nicht eine exakte Darstellung der Vorgänge auf Golgatha gemeint. Es ist richtig, daß das Wort vom Kreuz von einem Ereignis der Gegenwart handelt. Das Neue Testament bringt das dadurch zum Ausdruck, daß es von Christus als dem Gekreuzigten im participium perfecti spricht. Die Kreuzigung Jesu ist nicht ein Faktum der Vergangenheit, wie andere Todesvollstreckungen zur Zeit Jesu. Es ist richtig, daß es bei der Verkündigung des Kreuzes um eschatologische Vorgänge geht; denn es verwirklicht sich schon jetzt, was beim Endgericht allen offenbar werden wird, daß es Gerettete und Verlorene gibt (1Kor 1,18). Es ist auch richtig, daß das Kreuz das Heilsereignis für den Menschen ist; denn durch das Kreuz werden die Menschen vom Gesetz, vom Fluch und von der Sünde befreit.

Die eschatologische Betonung des Kreuzestodes Jesu darf aber nicht dazu führen, daß das Einmalige des Lebens und Sterbens Jesu negiert und alles, was damit zusammenhängt, als ein my-

61 *Bultmann,* Mythologie S. 46.

thisches Geschehen abgewertet wird. Die Botschaft vom Kreuz ist nicht das Mythologoumenon eines sterbenden Gottes, der wieder aufersteht, sondern es geht um den Mann von Nazareth, der unter Pontius Pilatus hingerichtet wurde. G.Bornkamm[62] hatte gegen die Entmythologisierung durch Bultmann seinerzeit geltend gemacht, daß bei Bultmann Jesus Christus zur bloßen Heilstatsache werde und aufhöre, Person zu sein, weil er keine Geschichte mehr habe. Das Heilsgeschehen in Jesus Christus sei mehr als ein Gefüge von Bedeutsamkeiten. *Der Hinweis auf das einmalige historische Ereignis schützt die Botschaft vom Kreuz sowohl gegen eine mythische Verschleierung wie gegen eine existentielle Einengung.* In weiten Teilen der Forschung macht sich die Befreiung von dem beherrschenden Einfluß Bultmanns bemerkbar. H.G.Link stellt fest, es sei nicht mehr möglich, »eine überzeugende Kreuzesinterpretation ohne die – lang genug vernachlässigte – Einbeziehung der irdisch-historischen Wirksamkeit Jesu vorzulegen«.[63] Der Gekreuzigte ist sowohl der irdische Jesus wie der erhöhte Christus. Die Botschaft vom Kreuz verblaßt zu einer Ideologie, wenn sie von dem Erdenleben Jesu gelöst wird. Sie identifiziert gerade den erhöhten Kyrios mit dem irdischen Jesus. Der qualvolle Tod zeigt, daß das Werk Gottes mit den Menschen nicht eine Demonstration der Macht, sondern die Verwirklichung der Liebe Gottes ist. Weil der Gekreuzigte eine ganz bestimmte Gestalt in der Menschheitsgeschichte ist, ist die Botschaft vom Kreuzestod ein Schutzwall gegen eine Ideologisierung des Heilswirkens. Sie wendet sich mit ihrer Realistik gegen alle Spekulationen.[64]

Betrachtet man die Worte über das Kreuz isoliert, dann fällt einem auf, daß das für Paulus sonst so wichtige »für uns« fehlt.[65] Wenn das »pro me« expressis verbis auch nicht erwähnt wird, so ist es in den Worten vom Kreuz doch mit enthalten; sonst könnte Paulus die Korinther nicht fragen: »Ist Paulus etwa für euch gekreuzigt?« (1Kor 1,13) Natürlich ist Paulus nicht für die Korinther gekreuzigt, wohl aber – und das will Paulus ihnen doch ganz offensichtlich sagen – Christus. Ebenso ist auch aus

62 *Bornkamm,* Mythos S. 18f.

63 *Link,* Kreuzestheologie S. 343 in dem Bericht über die Herausgebertagung der Evangelischen Theologie mit dem Thema Kreuzestheologie.

64 *Schrenk,* Geschichtsanschauung S. 61; *Baumann,* Mitte S. 288.

65 *Brandenburger,* Kreuzigung Jesu S. 36.42; *Dietrich,* S. 216; *H.W.Kuhn,* Jesus als Gekreuzigter S. 28.

Gal 3,13 zu entnehmen, daß zu der Botschaft vom Kreuz die stellvertretende Hingabe Jesu in den Tod gehört.

12.8
Das Neue an der Kreuzesbotschaft im Vergleich mit den vorher charakterisierten Arten der Verkündigung vom Tode Jesu ist, daß das Sterben Jesu für die Menschen nicht nur Befreiung von Sünde und Schuld ist, sondern daß diese Botschaft durch ihre die Menschen scheidende Wirkung auch Gericht enthält. Die Botschaft vom Kreuz übt eine kritische Funktion aus, weil an ihr offenbar wird, ob man ein Verlorener oder ein Geretteter ist (1Kor 1,18). Wer sie als Torheit ablehnt, vollzieht bereits in der Gegenwart den endgeschichtlichen Schuldspruch Gottes an sich.[66]

Eine zweite Eigentümlichkeit ist bei den Kreuzesworten festzustellen. Trotz der heilschaffenden Kraft der Kreuzesbotschaft wollen Christen vielfach nicht gern etwas vom Kreuz hören, weil die Annahme dieser Botschaft Konsequenzen für ihre persönliche Lebensgestaltung mit sich bringt. Die Bejahung des Gekreuzigten greift tief in die eigene Lebensführung hinein. Die Verkündigung vom Opfertod Jesu, von seinem stellvertretenden Sterben, vom Loskauf und von der Versöhnung enthalten starke Zusagen des Gnadenerweises Gottes, des Geschenkes Gottes an die Menschen. Natürlich sind sie auch mit gewissen Forderungen verbunden, die aus der Zusage Gottes kommen.[67] Christen können, nachdem Christus für sie gestorben ist, nicht mehr sich selbst leben, sondern für den für sie Gestorbenen und Auferweckten (2Kor 5,15). Weil Christen losgekauft sind, sollen sie Gott mit ihrem Leib verherrlichen (1Kor 6,20). Nachdem Paulus Röm 6,1ff ausgeführt hat, daß der Christ mit Christus begraben und damit der alte Mensch getötet ist, ruft er der Gemeinde zu: »Laßt nicht die Sünde in eurem sterblichen Leibe wohnen« (Röm 6,12). Auf den Indikativ der Heilstat Gottes im Sterben Jesu folgt der Imperativ, das Geschenkte anzunehmen und zu realisieren. Auch im Hebräerbrief kommt, nachdem von der durch das Opfer Jesu hergestellten Verbindung mit Gott gesprochen ist, die Aufforderung: »So laßt uns mit wahrhaftigem Herzen in der Fülle des Glaubens

66 *Wilckens*, Weisheit und Torheit S. 23; *Müller*, Anstoß S. 102.
67 *Delling*, Kreuzestod S. 36–43.

hinzutreten« (Hebr 10,22). Der Mensch kann nicht so bleiben, wie er bisher gelebt hat.
Was vom Kreuz gesagt wird, geht darüber weit hinaus. Die Botschaft vom Kreuz mit seiner Schwachheit prägt die Existenz des Predigers (2Kor 13,4). Das zeigen die Peristasenkataloge.[68] Paulus sagt von sich, daß er die Malzeichen Jesu an seinem Leibe trage (Gal 6,17). Sein Leben ist durch die Kreuzestheologie bestimmt.[69] Das Kreuz wirkt sich aber nicht nur auf seine Verkündiger aus, sondern auf jeden, der Christ sein will. In der Nachfolge Jesu wird man in die Gemeinschaft seiner Leiden hineingezogen und seinem Tode gleichgestaltet (Phil 3,10). R.Bultmann hat recht, wenn er schreibt: »An das Kreuz glauben, heißt, das Kreuz Christi als das eigene übernehmen, heißt, sich mit Christus kreuzigen lassen.«[70] *Durch das Wort vom Kreuz kommt jeder, der dem Gekreuzigten nachfolgt, mit dem Kreuz in Berührung.* Er wird in das Kreuzesgeschehen hineingenommen, er wird mit Christus gekreuzigt (Gal 2,19; Röm 6,6). Der der Sünde verhaftete Leib mit all seinen leidenschaftlichen Begierden, das durch Sünde und Tod gekennzeichnete natürliche Dasein wird gekreuzigt (Gal 5,24; Röm 6,6). Das Kreuz duldet keine Kompromisse und Zugeständnisse, es bedeutet ein radikales Nein zur bisherigen Daseinsweise und einen scharfen Trennungsstrich gegen alles, was von Christus scheiden könnte. »Durch das Kreuz ist die Welt für mich gekreuzigt und ich für die Welt« (Gal 6,14). Die taktischen Überlegungen der Irrlehrer, sich der jüdischen Gesetzespraxis zu unterwerfen, um Verfolgungen zu entgehen (Gal 6,12), sind mit der Verkündigung des Kreuzes nicht vereinbar. Das Kreuz provoziert zur Verfolgung (Gal 5,11). Wenn Paulus seine Gegner in Philippi Feinde des Kreuzes nennt (Phil 3,18), so geschieht das deshalb, weil sie den Weg des Leidens scheuen. Der Glaube an den Gekreuzigten führt zur Kreuzesnachfolge.

12.9
Wenn die Worte vom Kreuz auch zahlenmäßig nicht so häufig vorkommen, so darf man daraus nicht schließen, daß die Kreuzesverkündigung für Paulus von minderer Bedeutung ist. Die Statistik ist kein Gradmesser für den Wert eines Wortes. Wenn

68 2Kor 6,4–10; 11,23–29; *W.Schrage,* Leid S. 164f.
69 Röm 15,31; 1Kor 4,9–13; 2Kor 1,8; 4,7–12; Phil 2,17; 1Thess 2,1f.
70 *Bultmann,* Mythologie S. 46.

bei den einzelnen Aussagen vom Kreuz auch nicht der ganze Inhalt der Heilslehre entfaltet wird, so involviert die Botschaft vom Kreuz doch in so starkem Maße die ganze Größe und Eigenart des Todes Jesu, wie das in keinem andern Wort der Fall ist. Darum ist es zutreffend, wenn man sagt: *Die Kreuzesbotschaft enthält die ganze neutestamentliche Theologie.* Sie enthält das Gericht über alles eigene Denken und Tun. Sie durchkreuzt alle Macht und Herrlichkeit des Menschen, auch des Christen. Wo man sich unter die Tatsache des Kreuzes beugt, da zerbrechen alle eigenmächtigen Gedanken und Hoffnungen, und übrig bleibt Christus, der aus Schwachheit gekreuzigt ist, aber aus der Macht Gottes lebt (2Kor 13,4). Die Stellung zur Botschaft vom Kreuz ist ein Prüfstein, ob man an Jesus Christus glaubt oder ob man einen nach eigenen Wünschen oder nach Modeerscheinungen frisierten Heilsbringer propagiert. Um alle Ideale, Utopien und Programme zu zerstören, zeigt Gott seinen Sohn in der Schwachheit und Niedrigkeit als den allein in Betracht kommenden Erretter.

13
Die Schwierigkeit einer sachgemäßen Verkündigung des Todes Jesu

13.1

Die neutestamentlichen Prediger versuchen, auf ganz verschiedene Weise, mit verschiedenen Wörtern und Bildern, ihren Mitmenschen, den Juden und Griechen, die Bedeutung des Sterbens Jesu klarzumachen. Die Vielfalt der neutestamentlichen Aussagen zeigt, daß die soteriologische Verkündigung dem Erkenntnisvermögen der Umwelt entsprechend gestaltet worden ist. Man nimmt das Anschauungsmaterial aus den verschiedenen Traditionen und Strömungen, aus dem Kult und dem Recht und benutzt die Begrifflichkeit der damaligen Zeit, um jedem Menschen in seinem Kulturkreis überzeugend zu sagen, was Gott zu seiner Errettung getan hat. Man prägt Formeln, und es entstehen Traditionsstücke. Aber nicht die Formel, sondern die in der Formel zum Ausdruck kommende Sache ist wichtig. Verkündigung ist nicht die Deklamation von festgefügten Lehrsätzen und überlieferten Bildern. Es gibt, was die Anschauungswelt und die Ausdrucksmöglichkeiten betrifft, keine Normaltheologie. *Die Botschaft muß immer wieder neu übersetzt und ohne Einbuße der Substanz neu formuliert werden.* Das zeigt das Neue Testament in vielfacher Weise. Als Beweis soll Mk 10,45 mit 1Tim 2,5f verglichen werden. Die beiden Stellen liefern einen klassischen Beweis, daß die ersten Christen tradierte Formeln nicht stur nachgeplappert haben, sondern bemüht gewesen sind, die alte Botschaft in der Sprache ihrer Umwelt auszudrücken. 1Tim 2,5 wird der Spruch von Mk 10,45 nicht wörtlich wiedergegeben, sondern mit den Termini des griechischen Verstehens. Aus dem jüdischen Hoheitstitel bei Markus »Menschensohn«, der den Griechen unbekannt und darum nichtssagend war, wird bei Timotheus der »Mensch Christus Jesus«. Die semitische Wendung »seine Seele hingeben« wird verkürzt zu »sich hingeben«, aus »viele«, das im Hebräischen einen inkludierenden Sinn haben kann, wird sachgemäß »alle«, das Simplex λύτρον wird durch das voller klingende ἀντίλυτρον ersetzt. Die semitische Ausdrucksweise wird Zug um Zug gräzisiert, damit das, was man sagen will, bei den Lesern auch richtig ankommt.[1] Aufschlußreich ist auch ein Studium der Reden in der Apostelgeschichte. Sie sind inhaltlich anders bestimmt, je nachdem ob sie sich an Juden oder Heiden wenden. Zentrum und Ziel aller Predigten ist die Verkündigung des Evangeliums von Jesus Christus. Aber der Ausgangs- und Anknüpfungspunkt ist der Zusammensetzung der Hörerschaft entsprechend jeweils ein anderer. Die Judenmissionare knüpfen an die den Hörern bekannte Heilsgeschichte Gottes mit dem Volke Israel im Alten Testament an. Darum sprechen sie von den Patriarchen und Mose, von der Landnahme und dem König David. In Jesus Christus ist die Heilsgeschichte zu ihrem Ziel gekommen. Anders ist die Heidenpredigt gestaltet. Sie geht vom Polytheismus aus, weist auf den Schöpfergott hin, der sich durch sein Wirken auch den Heiden bezeugt hat, und führt so zu Jesus Christus, der das letzte Angebot Gottes an sie ist.[2]

13.2

Bei der Untersuchung der verschiedenen Vorstellungskreise – mögen die Bilder aus dem alttestamentlichen Kult oder den Mysterienreligionen, der Märtyrertheologie oder dem öffentlichen Leben entnommen sein – hat es sich gezeigt, daß *das Anschauungsmaterial der damaligen Zeit nicht ausreicht, sondern dauernd durchbrochen werden muß, wenn die Bedeutung des Christusgeschehens erläutert werden soll,* und daß die Begriffe, Metaphern, Analogien und Vergleiche, die das Neue Testament verwendet, mit dem Christusgeschehen nicht dekkungsgleich sind. Sie erweisen sich als unzureichend, um die durch Christus geschaffene Wirklichkeit zu erfassen. Darum müssen sie, wenn sie nicht falsche Vorstellungen erwecken sollen, umgestaltet werden. Das geschieht in verschiedener Weise. Beim Loskauf werden z.B. nur Teilmomente des Vergleichs aufgenommen. Es wird wohl von der Zahlung und der damit erwirkten Befreiung gesprochen. Es wird aber nichts darüber gesagt, an wen das Lösegeld gezahlt wird. Die Versöhnung er-

1 *Lohse,* Märtyrer S. 118f; *Büchsel,* ThWNT IV S. 351; *A.Schulz,* Nachfolge S. 257; *J.Jeremias,* Lösegeld S. 226.

2 *Haenchen,* Apostelgeschichte S. 358.465; *Friedrich,* Fragen des NT S. 482f.

folgt nicht in einer zweiseitigen Absprache, sondern sie ist ein einmaliger, einseitiger Akt. Die Bedeutung der Mysterienreligion zur Verdeutlichung des Christusgeschehens wird abgeändert, indem die Einmaligkeit des Sterbens Jesu herausgestellt wird. Diese Einmaligkeit ist auch bei den Opferaussagen des Hebräerbriefs wesentlich. Diese werden überhöht, indem der Priester und das Opfer zusammengesehen werden, so daß mit dem ursprünglichen Vorgang des Opferns im Tempel kaum noch Berührungspunkte übrig bleiben.[3] Weil die damaligen Ausdrucksmittel unzureichend sind, um die Bedeutung des Sterbens Jesu angemessen darzustellen, dürfen sie nicht dogmatisiert und als allein verbindlich propagiert werden. Die Physiker klagen über die Unzulänglichkeit der menschlichen Sprache, wenn sie die Ergebnisse ihrer Forschung exakt in Worte fassen wollen.[4] Wenn dieses schon geschieht beim Vorstoß in Bereiche der Natur, die den menschlichen Sinnen nicht unmittelbar zugänglich sind, wieviel mehr ist das der Fall, wenn himmlische Dinge verkündigt werden sollen. Die menschliche Anschauungswelt ist dafür unzureichend, und die menschliche Ausdrucksweise ist zu arm, wenn von Gott in seiner Unsichtbarkeit und von seinem Tun in seiner Unbegreiflichkeit sachgemäß geredet werden soll.

13.3

Das Geheimnis des göttlichen Handelns läßt sich heute nicht mehr durch Wörter, Bilder und Praktiken der damaligen Zeit anschaulich machen, weil der heutige Mensch sie weithin nicht mehr kennt und sie darum auch nicht mehr versteht oder vielleicht sogar mißversteht, weil er mit ihnen falsche Vorstellungen verbindet.[5] Die Denkformen und die Denkschemata von damals sind durch die Veränderung der politischen, sozialen, religiösen und wissenschaftlichen Situation dem heutigen Menschen fremd geworden.[6] Darum ist es im Blick auf den Auftrag, den der Prediger des Evangeliums hat, unsachgemäß, von Opfer, Stellvertretung, Loskauf und dgl. zu reden.[7] Weil die kultischen Denkvoraussetzungen fehlen, muß man, wenn man

3 *Lohse,* Märtyrer S. 121 A 3; *Bultmann,* Theologie S. 300; *Schrage,* Verständnis S. 81 A 102; *Lohse,* Tod und Leben S. 101; *Althaus,* Christl. Wahrheit II S. 242f.
4 *Friedrich,* Auf das Wort kommt es an S. 552f; *Heisenberg,* S. 166.181.
5 *Friedrich,* Fragen S. 477f.
6 *Ebeling,* Dogmatik II S. 152; *Althaus,* Wahrheit II S. 243.
7 *Küng,* Christsein S. 415.

die biblische Begrifflichkeit verwendet, der eigentlichen Verkündigung erst einmal einen religionsgeschichtlichen Vortrag vorausschicken, indem man erklärt, welche Bewandtnis es mit den einzelnen Wörtern und Bildern hat. Ist einem dieses gelungen, dann muß sofort hinzugefügt werden, daß der Vergleich doch nicht ganz stimmt, weil das Christusgeschehen alle Bilder und Vergleiche sprengt. Was dem damaligen Menschen sofort einleuchtete, bedarf heute langer propädeutischer Bemühungen. »Durch die ungeheure Wirkung, die diese klassischen Worte (Rechtfertigung, Versöhnung, Vergebung, Erlösung, Sohnesannahme) nachmals auf die Dogmatik ausgeübt haben, sind sie im Laufe der Jahrhunderte selbst mit einer so starken dogmatischen Patina bedeckt worden, daß es vielen schwerfällt, ihren Ursinn noch zu erkennen. Aber dem prädogmatischen, antiken, einfachen Menschen ist der Ursinn deutlich gewesen, weil er die Bildhaftigkeit der apostolischen Worte ohne Mühe verstand.«[8]

Angesichts dieses Tatbestandes ist es falsch, die Aussagen über die Bedeutung des Todes Jesu auf bestimmte Termini und Bilder des Neuen Testaments zu beschränken und sie in dem Glauben, daß sie allein richtig und zutreffend sind, zu kanonisieren und zu dogmatisieren. Es ist keine schriftgemäße Predigt, wenn wegen genauer Wiederholung biblischer Wörter das Heilsangebot Gottes nicht verstanden und das Ärgernis des Kreuzes nicht empfunden wird. A.Schlatter bemerkt im Blick auf seine Tätigkeit im Pfarramt: »Die Sendung Jesu besteht nicht in der Herstellung seligmachender Formeln, weshalb wir uns den uns gegebenen Dienst gefährlich verdunkeln, wenn wir den Schein erzeugen, er besteht in der Rezitation einer geheiligten Formel, mag sie auch noch so wertvoll sein.«[9] Wenn man ohne Rücksichtnahme auf die Hörer wiederholt, was die Apostel gesagt haben, dann besteht die Gefahr, daß nicht mehr der Ruf der Befreiung und Erlösung erschallt, sondern historische Vorträge gehalten werden und die biblische Botschaft verdunkelt wird. »Daß wir ihn (Jesus Christus) verloren haben, liegt zum großen Teil daran, daß wir seit der Reformation keine

8 *Deißmann*, Paulus S. 130f; vgl. Schillebeeckx, S. 283; *Schweizer*, Verkündigungsaufgabe S. 137: »Je länger ich predige, desto länger und schmerzhafter wird die Vorbereitungszeit, weil ich mich nach einer Sprache sehne, die wieder Vollmacht und Aussagekraft hat«.

9 *Schlatter*, Rückblick S. 70.

Sprache mehr haben, mit der wir von ihm angemessen sprechen können. Wir können aber von ihm richtig nur in unserer eigenen, nicht in einer überkommenen Sprache sprechen.«[10]
Aufgabe der Theologie ist es, durch historisch-kritische Exegese zu erheben, was damals mit den Begriffen, Bildern und Formeln gemeint gewesen ist. Das aus der historischen Distanz fremd Anmutende ist zu interpretieren, damit das damals Geläufige und Verständliche präsent wird. Das biblisch Fern-gewordene muß nahe, das Fremde bekannt und das Vergangene gegenwärtig werden, wenn die Botschaft Jesu Christi erschallt. Wie die hellenistischen Missionare die judenchristliche Ausdrucksweise in die Sprachwelt ihrer griechischen Hörer transponiert und die semitischen Wörter in hellenistische Terminologie gefaßt haben, so muß der Prediger von heute die Aussagen der Bibel in die Sprache und Anschauungswelt der Gegenwart umsetzen, ohne den Inhalt und die Bedeutung der biblischen Botschaft zu mindern.[11]
Das ist sicher nicht leicht. Aber was *A. Schlatter* von dem Schreiber der Evangelien sagt, sollte in gewisser Weise auch auf die Prediger des Evangeliums in der Gegenwart zutreffen. Nach Schlatter habe kein Evangelist bei der Darstellung Christi die Phantasie gefürchtet, sondern sie in eine lebhafte Tätigkeit versetzt. Das Entstehen einer mit dem Christusbild sich beschäftigenden Poesie sei so alt wie die Evangelisation. Die durch die Phantasie erzeugte urchristliche Christuspoesie, die der Darstellung Deutlichkeit und Plastik verlieh, uferte bei den Evangelisten nicht ins Phantastische aus und wurde nicht zum Mythos, weil sie sich nicht vom Glauben löste, sondern sich der kraftvollen Zucht unterwarf.[12]
Claus Harms fordert in seinem berühmten Aufsatz für die Brüder des Barkauer Predigervereins, daß man nicht bei dem alten Trott bleiben dürfe, sondern mit Zungen reden solle: »Mit Zungen!! Lieben Brüder, mit Zungen reden!«[13] Mit dieser Forderung geht es ihm vor allem um das Reden in der Vollmacht des heiligen Geistes. Wer durch ihn predigt, predige mit Zungen. Aber die Sprachform sei dabei durchaus nicht unwichtig. Als Motto setzt er seinen Ausführungen das Wort aus Plinius

10 *Gogarten,* S. 18.
11 *Bolkovac,* S. 53.
12 *Schlatter,* Theologie II S. 532.
13 *Harms,* S. 386–399.

vor: nec sum contentus eloquentia saeculi nostri (Plin Ep 1,5). Er spornt die Pastoren an, der Amtssprache eine andere Gestalt zu geben. Man solle sich nicht bemühen, die Sprache der Gelehrten nachzuahmen, sondern fleißig dem Volke auf den Mund sehen und sich nicht davon abhalten lassen, ein Neues zu pflügen.

Aufgabe der Predigt ist es, die Botschaft Christi, wie sie sich im Neuen Testament bietet, so zur Sprache zu bringen, daß der Hörer sie als an ihn ergehendes Wort Gottes annimmt. Ob eine Verkündigung theologisch richtig ist, zeigt sich nicht an der dogmatisch-korrekten Repetition tradierter Formeln, sondern an der Effektivität des Wortes, das das Heilsschaffen Gottes präsent macht, so daß Menschen den Ruf der Befreiung und Erlösung hören und erfahren.[14] Die alte Botschaft darf nicht alt sein, sondern sie muß so formuliert werden, daß sie die Jahrhunderte überspringt und so als neu, gegenwartsnah dem Hörer begegnet. Wenn das Wort Fleisch werden soll, so muß es in die Wirklichkeit des heutigen Menschen eintreten. Nicht der Inhalt, aber die Sprachgestalt der alten Texte muß neu werden. Es soll nicht etwas anderes gesagt werden als das, was das Neue Testament sagt, sondern es muß anders gesagt werden, als es um das Jahr 50 n.Chr. geschehen ist.

13.4

Ist es angesichts der geschilderten Situation *zu rechtfertigen, wenn man heute vom Opfertod Jesu spricht?* Die Gegenwart kennt seit Jahrhunderten die Praxis des Opferkultes in unseren Breiten nicht mehr. Sie liegt außerhalb unseres Erfahrungsbereiches. Wenn vom Opfer gesprochen wird, denkt man nicht in der Anschauung des Alten Testaments, sondern in den Vorstellungen des Heidentums. Dieses geht davon aus, daß die Welt von übergeordneten Mächten abhängig ist, die man sich durch Darbringung von Opfern gefällig machen muß. Man verweist auf Ovid, ars amandi 3,653f:

munera, crede mihi, capiunt hominesque deosque
placatur donis Jupiter ipse datis.

Die Sühnopfer sollen den Zorn der Götter stillen und sie gnädig stimmen.[15]

14 *Rieger*, S. 93f.
15 *Schimmel*, Sp. 1639f; *Heiler*, S. 206f.213.

Diese Auffassung hat man auch vom Opfertod Jesu. Man sieht in Gott einen grausamen Tyrannen, dessen Zorn wegen Verletzung seiner Ehre durch ein außergewöhnliches Opfer besänftigt werden muß.[16] Mit großer Schärfe protestiert F.Nietzsche gegen die neutestamentliche Opfertodtheologie. Er nennt den Gedanken des stellvertretenden Opfertodes eine absurde Vorstellung, schauderhaftes Heidentum, das Ende des Evangeliums. Auf die Frage, wie Gott das zulassen konnte, »fand die gestörte Vernunft der kleinen Gemeinschaft eine geradezu schrecklich absurde Antwort: Gott gab seinen Sohn zur Vergebung der Sünden als Opfer. Wie war es mit einem Male zu Ende mit dem Evangelium! Das Schuldopfer und zwar in seiner widerlichsten, barbarischen Form, das Opfer des Unschuldigen für die Sünden der Schuldigen! Welches schauderhafte Heidentum!«[17]

Die Anschauung der Bibel vom Opfer ist eine völlig andere. Es dient nicht dazu, Gott gnädig zu stimmen, sondern es ist das hilfreiche Mittel, durch das Gott Sünde und Schuld der Menschen beseitigen will. Durch das Opfer übt nicht der Mensch einen Einfluß auf Gott aus, sondern es ist eine gnädige Einrichtung Gottes zugunsten der Menschen. Darum ist Gott nicht nur der Empfänger des Opfers, sondern der Spender. Er stiftet die Sühne.[18] Der Priester ist beim Opfer nicht der Repräsentant der Menschen vor Gott, der im Auftrag und in der Vertretung der Menschen Gott die Gaben anbietet, sondern er handelt als Diener Gottes, wenn er die von Sünde befreiende Gabe darbringt. Gott wirkt die Sühne, wenn der Priester in seinem Auftrag die Sühnehandlung vollzieht, und die Menschen sind die Empfänger der Sühne.[19] Aber wer weiß das schon?

Die Verkündigung vom Opfertod Jesu stößt, weil man das Alte Testament nicht kennt, auf die größten Schwierigkeiten. Darum hilft der Vergleich des Todes Jesu mit dem im Tempel vollzogenen Opfer nicht weiter. Weil die meisten Menschen den Sinn des alttestamentlichen Opfers nicht mehr kennen, denken sie ähnlich wie Nietzsche und verstehen nicht, daß der

16 *Bussmann,* Christus starb S. 342.

17 *Nietzsche,* Antichrist Abschn. 51.

18 Deut 21,8; Ps 65,4; 79,9; Jes 53,6.10; Lev 17,11. *Koch,* Sühne S. 218; *v. Rad,* Theologie I S. 283f.

19 *Schelkle,* Passion S. 142f; *Schniewind,* Markus S. 146; *von Rad,* Theologie I S. 283f; *Koch,* S. 231; *Patsch,* S. 152.

Tod Jesu nicht den zürnenden Gott umstimmen soll, sondern daß der gnädige Gott seinen Sohn uns zugute sterben läßt. Daß Gott den Menschen gnädig ist, ist nicht eine Wirkung des Todes Jesu, sondern das Sterben Jesu ist ein Zeichen des gnädigen Gottes. Der Prediger muß viel Schutt von falschen Anschauungen beseitigen, wenn er bei den Hörern den Sinn des Opfertodes Jesu verständlich machen und Dankbarkeit für das Sterben Jesu erwecken will.[20]

13.5
Ist der Gedanke der Stellvertretung heute noch nachvollziehbar? Stellvertretung Christi bedeutet, daß Christus mit seinem Tod unsere Schuld und Strafe auf sich genommen und sie damit beseitigt hat. Ist so etwas für den heutigen Menschen als reales Geschehen denkbar und darum akzeptabel? Für die Juden war der Gedanke, daß Schuld stellvertretend gesühnt werden kann, geläufig. Sie vertraten eine uns fremd anmutende Auffassung von Sünde und Sühne.[21] Eindrücklich ist die Szene mit dem Sündenbock am Versöhnungstag geschildert. Der Hohepriester »soll seine beiden Hände auf den Kopf des lebenden Bockes stemmen und über ihm alle Verschuldungen der Israeliten und alle ihre Auflehnungen mit allen ihren Verfehlungen bekennen und sie auf den Kopf des Bockes tun und diesen durch einen bereitstehenden Mann in die Wüste hinausschicken. So soll der Bock alle ihre Verschuldungen mit sich hinaustragen in eine abgeschiedene Gegend« (Lev 16,21f). Durch das bei der Handaufstemmung ausgesprochene Bekenntnis werden alle Sünden des Volkes auf den Bock übertragen, und dieser bringt sie in die Wüste. Durch die Vernichtung des Tieres sind auch die hinausgetragenen Sünden beseitigt, so daß sie sich nicht mehr in der alten Gemeinschaft auswirken können. Nicht nur Tiere, auch Menschen können stellvertretend für andere eintreten. In Qumran sollen die führenden Männer einen vollkommenen Wandel führen, um stellvertretend für das Land Sühne zu leisten (1QS VIII 3.6.10). Mose wollte für sein Volk eintreten, und der Gottesknecht hat durch den Tod die Schuld anderer auf sich genommen.

20 *Nagel*, S. 29: »In den zwei Jahrzehnten meiner pfarramtlichen Tätigkeit habe ich die Karfreitagspredigt zunehmend als die schwierigste homiletische Aufgabe im ganzen Kirchenjahr empfunden.«
21 *Koch*, S. 224.229; *Wilckens*, Rechtfertigungslehre S. 26.

Den Menschen der Gegenwart ist solch ein Denken fremd. Man spricht zwar von Kollektivschuld, aber man wendet sich gegen Sippenhaft. Schon im Alten Testament lehnen die Propheten die Haftung der Schuld anderer ab. Jeder solle nur die Folgen seiner eigenen Taten tragen (Jer 31,29f; Hes 18,2–4.30). Für den Menschen der Gegenwart ist Schuld, da sie an der Person haftet, nicht übertragbar. Kant hat das klar gesehen und unmißverständlich zum Ausdruck gebracht: »Diese ursprüngliche ... Schuld ... kann, soviel wir nach unserm Vernunftrecht einsehen, nicht von einem anderen getilgt werden; denn sie ist keine transmissible Verbindlichkeit, die etwa wie eine Geldschuld ... auf einen andern übertragen werden kann, sondern die allerpersönlichste, nämlich eine Sündenschuld, die nur der Strafbare, nicht der Unschuldige ... tragen kann.«[22]
Aber nicht nur Philosophen, auch Theologen betonen, daß kein Mensch dem andern seine Schuld abnehmen kann. Man kann sich zwar mit einem andern, der schuldig geworden ist, solidarisch erklären, man kann die Schuld des anderen als die eigene erleiden. Aber eine Stellvertretung gibt es bei Schuld und Strafe nicht, weil beide personbezogen sind. Die Schuld ist immer die eigene, weil sie dem Ich anhaftet und keiner dem andern sein Ich abtreten kann. Weil die Schuld mit zur Qualität des Ich gehört, muß jeder seine Verfehlung selbst austragen.[23] Wie kann man da dem Menschen von heute den stellvertretenden Tod Jesu verkündigen?

13.6
Der Loskauf von Menschen durch Zahlung von Geld ist nicht unaktuell. Trotz dieses Gegenwartsbezuges *stößt die Verkündigung des Loskaufes der Menschen durch Christus auf Schwierigkeiten.* Der Hörer möchte nicht nur die Höhe des Preises hören und das Faktum der Befreiung zur Kenntnis nehmen, sondern er stellt auch die Frage, wer der Empfänger der Zahlung ist. Ursprünglich war man von der Botschaft der Befreiung so überwältigt, daß man sie annahm, ohne große Spekulationen anzustellen. Dann aber setzten die Reflektionen ein, an wen die Zahlung geleistet worden ist. Die einen sprechen vom Teufel, dem die Menschen durch ihre Sünden als Sklaven

22 *Kant,* S. 77.
23 *Heim,* S. 135f; *Bultmann,* Mythologie S. 20; *Weber,* Grundlagen S. 233–236; *ders.,* Versöhnungslehre S. 263f.

ausgeliefert sind.[24] Aber nach den Evangelien versucht der Satan, das Sterben Jesu zu verhindern (Mk 8,33). Andere meinen, es sei Gott, der von seinem Sohn unerbittlich den Tod als Lösegeld fordert.[25] Aber Jesus und Gott stehen sich nicht als Vertreter verschiedener Parteien gegenüber, sondern Jesus handelt im Auftrage Gottes, wenn er durch den Loskauf die Befreiung durchführt.[26] Das Wort vom Loskauf erweckt Fragen, wenn der Prediger sich dieses Bildes bedient. Es genügt nicht, die Heilsbedeutung des Todes darzustellen. Der Hörer möchte Antwort haben auf seine Fragen[27].

13.7
Hört der heutige Mensch das Wort Versöhnung, dann denkt er an »sich aussöhnen, sich vertragen«. *Spricht der Prediger von der Versöhnung durch Christus, so muß er aufklären und richtigstellen, daß Versöhnung nicht ein Friedenspakt zwischen zwei zerstrittenen Parteien auf Grund einer beiderseitigen Übereinkunft ist, sondern der einseitige Akt Gottes.* Nicht Gott und Mensch söhnen sich aus, sondern die Initiative geht von Gott aus, der die Feindschaft der Menschen gegen Gott beseitigt und Frieden herstellt.

13.8
Wie steht es mit der Botschaft vom Kreuz? Enthält sie noch die Aussagekraft und den Zündstoff von damals? Die Verkündigung des Kreuzes war für Heiden, Juden und auch für Christen eine Provokation. Ist das heute noch der Fall? Goethe, der sich in einem Brief an Lavater zwar nicht als einen Widerchristen oder Unchristen, aber doch als einen dezidierten Nichtchristen bezeichnet hat[28], sagt in den Venezianischen Epigrammen 66, daß ihm das Kreuz genauso zuwider sei wie Tabaksqualm, Wanzen und Knoblauch:
Vieles kann ich ertragen. Die meisten beschwerlichen Dinge
duld ich mit ruhigem Mut, wie es ein Gott mir gebeut.
Wenige sind mir jedoch wie Gift und Schlange zuwider,

24 *Grundmann,* Gotteskindschaft S. 149; vgl. dagegen *Bultmann,* Theologie S. 297: »Der mythologische Gedanke eines Handels mit dem Teufel liegt fern«, auch *Kessler,* S. 75–77.
25 *Schlatter,* Matthäus S. 603; *Büchsel,* ThWNT IV S. 345,27ff; *Feine,* Theologie S. 117.
26 *Kümmel,* Jesus und Paulus S. 99.
27 *Lohse,* Märtyrer S. 121 A 3.
28 *Funk,* S. 209.

Viere: Rauch des Tabaks, Wanzen und Knoblauch und Kreuz.[29] Obwohl das Kreuz für die meisten nicht mehr so unerträglich ist, wie es Goethe noch empfunden hat, kommt sein negativer Sinn auch in der Gegenwart noch zum Ausdruck. Kreuz ist für viele gleichbedeutend mit Bedrängnis, Betrübnis, Beschwerden, Demütigung, Kummer, Leid, Pein und Schwäche. Man spricht davon, daß jemand zu Kreuze kriechen muß, d.h. er muß klein beigeben, sich dem Willen eines andern beugen und sich einem andern unterwerfen. Wer sein Kreuz auf sich nimmt, lädt Not auf sich und trägt sein Leid. In allen diesen Synonyma und Redewendungen zeigt sich, daß Kreuz etwas Bedrückendes, Unangenehmes ist.[30] Aber das ist nicht gemeint, wenn Paulus vom Kreuz spricht.

Weil das Kreuz Christi anstößig ist, hat man das Marterholz verschönt. Um es vom Gestank des Ärgernisses zu befreien, hat man es mit Rosen verziert.[31] Es ist zu einem religiös-verklärten

29 *Frohnes*, S. 298.

30 *Dornseiff*, S. 210.307.330; *Küng*, Christsein S. 564.

31 *Goethe* beschreibt in seinem Gedicht »Die Geheimnisse, ein Fragment«, Sämtl. Werke 1 (1885) S. 244, wie ein ganz junger Mönch, der sich im Gebirge verirrt hat, plötzlich vor einem Kloster steht, in dessen Eingangstorbogen sich ein mit Rosen umwundenes Kreuz findet:

Das Zeichen sieht er prächtig aufgerichtet,
das aller Welt zu Trost und Hoffnung steht,
zu dem viel tausend Geister sich verpflichtet,
zu dem viel tausend Herzen warm gefleht,
das die Gewalt des bittern Tods vernichtet,
das in so manches Siegesfahne weht.
. . .
Doch von ganz neuem Sinn wird er durchdrungen,
wie sich das Bild ihm hier vor Augen stellt:
es steht das Kreuz mit Rosen dicht umschlungen.
Wer hat dem Kreuze Rosen zugesellt?
Es schwillt der Kranz, um recht von allen Seiten
das schroffe Holz mit Weichheit zu begleiten.

Einen völlig anderen Sinn hat die Zufügung von Rosen zum Kreuz in Luthers Wappen. Während Goethe die scharfen Kanten des schroffen Holzes durch die Weichheit der Rosen beseitigen will, bejaht Luther seiner Theologie entsprechend das Kreuz, wie es Paulus verkündigt hat. Das zeigt die Umschrift des Wappens: »Des Christen Herz auf Rosen geht, wenn's mitten unterm Kreuze steht.« Daß Luther das Zueinander von Rosen und Kreuz als ein Merkzeichen seiner Theologie verstanden haben will, bringt er in einem Brief an Lazarus Spengler 1530 zum Ausdruck: »Das erst sollt ein Kreuz sein, schwarz im Herzen, das seine naturliche Farbe hätte, damit ich mir selbst Erinnerung gäbe daß der Glaube an den Gekreuzigten uns selig machet. . . . ob's nu wohl ein schwarz Kreuz ist, mortifiziret und soll auch wehe tun. . . . solch Herz aber soll mitten in einer weißen Rosen stehen, anzuzeigen, daß der Glaube Freud, Trost und Friede gibt und kurz in eine weiße fröhliche Rosen steht.« *M.Luther*, Briefwechsel 5 Nr. 1628 S. 445; vgl. *K.Löwith*, S. 28–33 und *Moltmann*, Der gekreuzigte Gott S. 37.

Bild geworden, ja, man hat es zu einem Symbol gemacht, das dem ursprünglichen Sinn gegenüber eine genau gegensätzliche Aussagebedeutung erhält. Aus dem Zeichen der Niederlage ist ein Siegeszeichen, aus dem Symbol der Schande eines der Ehre geworden. *Das Kreuz ist glorifiziert, so daß es den Charakter des Anstößigen verloren hat.* Politiker und Soldaten tragen es als Auszeichnung, kirchliche Amtsträger als Zeichen der Würde und Macht, für junge Mädchen ist es ein zierender Schmuck[32]. Aus dem grausamen Marterholz hat man ein bewundernswertes Kunstwerk aus Silber und Gold gemacht. Goethe spürte noch den Zwiespalt der Kreuzesauffassung, wenn er in einem Brief an Zelter zwischen dem leichten Ehrenkreuzlein und dem leidenden Marterholz unterscheidet.[33] Für die meisten Menschen ist das Kreuz heute kein Ärgernis mehr. Man hat sich in der Kirche daran gewöhnt, daß Jesus von den Römern gekreuzigt worden ist. Durch die Uminterpretation als geheiligtes Symbol hat es eine Umwertung erhalten. F.Nietzsche hat es deutlich gespürt und es auch klar zum Ausdruck gebracht: »Die modernen Menschen mit ihrer Abstumpfung gegen alle christliche Nomenklatur fühlen das Schauerlich-Superlativische nicht mehr, das für den antiken Geschmack in der Paradoxie der Formel ›Gott am Kreuz‹ lag.«[34]
Wie soll man angesichts dieser Situation sachgerecht vom Kreuz predigen? Man hat sich damit zu helfen gesucht, daß man an die Stelle des Kreuzes den Galgen gesetzt und nicht mehr vom Gekreuzigten, sondern vom Gehängten gesprochen hat. Aber auch dadurch kann das Ärgernis des Kreuzes nicht in ausreichender Weise verdeutlicht werden. Zu viele sind in diesem Jahrhundert gehängt worden. Nachdem sich die politischen Verhältnisse geändert haben, sind die so Hingerichteten nicht mehr verabscheuungswürdige Verbrecher, sondern Märtyrer und Helden geworden, die man feiert und deren man ehrend ge-

32 »Man hat sich nachgerade daran gewöhnt, daß das Kreuz nicht als Bürde auf dem Rücken, sondern als Würde auf dem Bauch . . . getragen und dieses zentrale christliche Schand- und Siegeszeichen als serienweise verabreichter bischöflicher Segensgestus verfeierlicht und verharmlost wird« (*Küng,* Christsein S. 564); vgl. *Link,* Kreuz S. 827.

33 »Ein leichtes Ehrenkreuzlein ist immer etwas Lustiges im Leben, das leidige Marterholz, das widerwärtigste unter der Sonne, sollte kein vernünftiger Mensch auszugraben und aufzupflanzen bemüht sein« (*Geiger,* S. 410 Brief von Goethe an Zelter vom 9.VI.1831).

34 *Nietzsche,* Jenseits von Gut und Böse III 46.

denkt. Wenn man heute vom Tode Jesu am Kreuz spricht, erweckt man bei den Zuhörern andere Vorstellungen als im Urchristentum. Die Größe des Leidens Christi, die Negation der menschlichen Erwartungen und des menschlichen Tuns müssen heute anders ausgedrückt werden. Der Prediger vom Kreuz stößt auf abgestumpfte Hörer, deren Ohren für die Besonderheit dieser Predigt taub geworden sind.

14
Christus, der Anführer des Heils

Es ist wichtig, auf eine Bezeichnung für den gestorbenen und auferstandenen Christus aufmerksam zu machen, die im Neuen Testament nicht sehr häufig vorkommt und in der Dogmatik überhaupt keine Bedeutung erlangt hat, sich aber in der Gegenwart besonders gut eignet, das Heilswirken Jesu deutlich zu machen. Es geht um den Titel ἀρχηγός, der sich nur in zwei Schriften des Neuen Testaments findet, in der Apostelgeschichte und im Hebräerbrief, und in beiden Schriften auch nur zweimal erwähnt wird. ἀρχηγός ist eine im Urchristentum anscheinend nicht besonders gebräuchliche Hoheitsbezeichnung für Christus gewesen. Man muß sich aber davor hüten, die Zahl der neutestamentlichen Belege als einen Wertmesser für die theologische Relevanz eines Wortes anzusehen. Es kommt nicht darauf an, wie häufig ein Terminus im Neuen Testament erscheint, wohl aber darauf, ob mit dem Wort die Sache zutreffend ausgedrückt wird, in diesem Fall, ob mit ἀρχηγός die Person und das Tun Jesu Christi sachgemäß und für den Leser verständlich zur Sprache kommt, so daß diese Bezeichnung zur Darstellung des Heilswirkens Jesu in der Gegenwart hilfreich ist.

14.1

Allen vier Stellen ist gemeinsam, daß sie den Ausdruck ἀρχηγός *im Zusammenhang von Passionsaussagen* bringen. Act 3,15 sagt Petrus in seiner Rede an die Juden, sie hätten den ἀρχηγὸς τῆς ζωῆς getötet. Vor dem Synhedrium wiederholt er seine Anklage, sie hätten den ermordet und an das Kreuz gehängt, den Gott als ἀρχηγός erhöht hat (Act 5,30f). Dieselbe Beobachtung der Zuordnung von ἀρχηγός zu Passionsaussagen läßt sich auch an den beiden Stellen im Hebräerbrief machen. Gerade im Hebräerbrief wird das Leiden und Sterben Jesu besonders stark hervorgehoben. Er mußte für jedermann den Tod zu schmecken bekommen (2,9). Der ἀρχηγὸς τῆς σωτηρίας ist durch Leiden vollendet, das heißt: er ist zum Ziel gelangt[1] (2,10). Schließlich ist noch auf Hebr 12,2 hinzuweisen: Der ἀρχηγὸς τῆς πίστεως erduldete das Kreuz und achtete die Schande, die dieses Sterben mit sich brachte, gering. Der ἀρχηγός ist nach dem einstimmigen Urteil aller Aussagen des Neuen Testaments der gekreuzigte Christus.

Wie an allen vier Stellen der Tod Jesu hervorgehoben wird, so wird auch *an allen vier Stellen seine Auferweckung und Erhöhung* genannt. Gott hat den getöteten ἀρχηγός erweckt (Act 3,15). An der zweiten Stelle der Apostelgeschichte wird nicht nur von der Erweckung, sondern auch von seiner Erhöhung gesprochen: »Der Gott unserer Väter hat Jesus auferweckt, den ihr ans Holz gehängt und umgebracht habt. Diesen hat Gott als ἀρχηγὸν καὶ σωτῆρα zu seiner Rechten erhöht« (Act 5,30f). Die Erhöhung des Gekreuzigten als ἀρχηγός und σωτήρ ist ein Gnadenangebot Gottes, um Israel die Umkehr und Vergebung der Sünden zu schenken. Der Hebräerbrief vermeidet die Terminologie der Auferstehung. Er macht aber Aussagen über die Erhöhung Jesu.[2] So sagt er von ihm, er sei mit »Herrlichkeit und Ehre gekrönt«. Wenn der ἀρχηγὸς τῆς σωτηρίας durch Leiden vollendet ist, so heißt das, daß der so ans Ziel Gekommene in die Herrlichkeit eingegangen, also erhöht ist (Hebr 2,9f).[3] Hebr 12,2 wird direkt gesagt, daß der ἀρχηγός sich zur Rechten von Gottes Thron gesetzt hat. Darauf ist auch angespielt, wenn es heißt: »Er hat angesichts der vor ihm liegenden Freude das Kreuz auf sich genommen.« Mit der Freude ist die bevorstehende, auf die Passion folgende Erhöhung gemeint.[4]

1 *Bleek,* II S. 298; *Büchsel,* Theologie des Hebräerbriefs S. 64.

2 *Friedrich,* Lied S. 289.

3 *Riggenbach,* Hebräer S. 47; *Friedrich,* Lied S. 291; *Käsemann,* Gottesvolk S. 86; *Bleek,* S. 298f; *Michel,* Hebräer S. 144.

4 In der Exegese gehen die Meinungen auseinander. Von den Zeiten der Kirchenväter an gibt es ein dreifaches Verständnis der Freude. πρόκειμαι kann heißen »vorliegen«, im Sinne von »vorhanden sein, im Besitz haben« wie auch »vorliegen« im Sinne von »in Aussicht stehen«. Ebenso kann ἀντί übersetzt werden mit »anstatt, anstelle«, aber auch »um willen, zugunsten von«. Je nachdem, welche Bedeutung man wählt, gibt es einen verschiedenen Sinn von χαρά. Einige denken an die Freude des Präexistenten, die der Sohn vor seiner Menschwerdung beim Vater hatte 2Kor 8,9; Phil 2,6f; andere an die Freude eines vom Leid verschonten Lebens auf der Erde. Gemeint ist jedoch die Freude nach Überwindung des Leides in der himmlischen Herrlichkeit; *Bleek,* Hebr II S. 864; *Riggenbach,* Hebräer 390f; *Windisch,* Hebr 109f; *Strathmann,* Hebr 147; *Kuss,* Hebr 185; *Michel,* Hebr 434f.

An drei Stellen wird *die Bedeutung des ἀρχηγός durch einen Genitiv charakterisiert:* Act 3,15 τῆς ζωῆς, Hebr 2,10 τῆς σωτηρίας und Hebr 12,2 τῆς πίστεως. An der vierten Stelle vermißt man den erklärenden Zusatz. Dafür ist zu ἀρχηγός das Substantiv σωτήρ hinzugefügt, woraus sich auch eine Interpretation des ἀρχηγός ergibt. Um diese Genitive richtig zu verstehen, muß man sich vor Augen halten, daß an allen vier Stellen trotz verschiedener Formulierungen eine erstaunlich starke inhaltliche Übereinstimmung vorliegt. Daraus ergibt sich, daß es sich wohl kaum um irgendwelche zufälligen Augenblicksformulierungen handeln kann. Dazu ist die Einheit zu offensichtlich. Da bei den christologischen Aussagen zwischen Apostelgeschichte und Hebräerbrief, abgesehen von der Mose-Christus-Typologie in der Stephanusrede Act 7,35ff u. Hebr 3,1–6, sonst keine ausgesprochene Kongruenz festzustellen ist, wird man annehmen müssen, daß eine direkte Beeinflussung oder eine Abhängigkeit voneinander nicht besteht. Die Apostelgeschichte und der Hebräerbrief verweisen mit ihren Aussagen auf eine in der Urchristenheit vorhandene Anschauung. Wenn alle vier Stellen einmütig von Tod und Auferweckung des ἀρχηγός sprechen und dann die Tätigkeit des ἀρχηγός durch einen Genitiv definieren, wird man vermuten dürfen, daß die verschiedenen Wörter im Genitiv denselben Tatbestand zum Ausdruck bringen, wie das auch bei der Beschreibung von Tod und Erhöhung trotz verschiedener Formulierungen der Fall ist. Da Hebr 2,10 von der σωτηρία und Act 5,31 vom σωτήρ gesprochen wird, ist wegen der Berührungen miteinander in der Erklärung der Genitive von Hebr 2,10 auszugehen. Es geht bei den ἀρχηγός-Aussagen um die Errettung, um das verheißene, in Christus begründete, aber noch ausstehende und darum erhoffte Heil (Hebr 9,28). »Heil« Hebr 2,10 und »Todesfurcht« 2,15 sind die sich ausschließenden, die Existenz des Menschen bestimmenden Realitäten. Der ἀρχηγὸς τῆς σωτηρίας ist der Vernichter des Herrschers über die Todesmacht. Zum Heil gehört die Befreiung von der Todesfurcht und damit die Ermöglichung des Lebens. Das herauszustellen ist wichtig im Blick auf Act 3,15, wo vom ἀρχηγὸς τῆς ζωῆς gesprochen wird. Act 5,31 erläutert das zu ἀρχηγός hinzugefügte σωτήρ die Bedeutung des ἀρχηγός. Als »Heiland« verschafft er das »Heil«, das mit der Sündenvergebung der Umkehrenden beginnt. Act 3,15 ist wahrscheinlich dasselbe gemeint wie Hebr 2,10.15 und Act

5,31, obwohl das Wort σωτηρία dort nicht gebraucht ist. Als Gegensatz zu dem Mörder Barrabas, den sich die Juden freibaten, und im Kontrast zum Verhalten der Juden, die Jesus töteten, wird Jesus ἀρχηγὸς τῆς ζωῆς genannt. Es ist das eschatologische Leben, das endgültige Heil, das mit seiner Person verbunden ist.[5] Wie ein Vergleich von Act 5,20 mit 13,26 zeigt, sind »Leben« und »Heil« auswechselbare Begriffe.

Hebr 12,2 ist weder vom Heil noch vom Leben, sondern vom Glauben die Rede. Das scheint in eine ganz andere Richtung zu weisen. Bei genauer Betrachtung ist aber der Genitiv Hebr 12,2 ähnlich zu verstehen wie an den andern Stellen. Glaube hat hier eine andere Bedeutung als bei Paulus. Glaube ist nicht Glaube an Christus, weil Jesus selbst der ἀρχηγός τῆς πίστεως ist. Glaube bezeichnet auch nicht eine persönliche Haltung, die man einnimmt. Es ist nicht die subjektive Zuversicht, das Vertrauen. Glaube ist hier sehr viel objektiver gemeint. Das ergibt sich aus der wichtigen Stelle Hebr 11,1 über den Glauben. Das Kapitel von den Männern des Glaubens beginnt mit einer Art Definition dessen, was unter Glaube zu verstehen ist. Der Verfasser des Hebräerbriefes bezeichnet Glauben als die Wirklichkeit des Erhofften.[6]

Schon im Alten Testament berührt sich der Glaube mit der Hoffnung.[7] Er hat etwas »transzendent Zukünftiges« an sich, das über die irdische Erscheinungswelt hinausreicht, das aber die absolute Sicherheit der Verwirklichung in sich birgt. Der Blick der Christen wird auf Jesus gerichtet. Wenn er ἀρχηγὸς τῆς πίστεως genannt wird, so ist er mehr als nur ein Vorbild des Glaubens. Es wird an dieser Stelle nicht vom Glaubensakt, sondern vom Glaubensgut gesprochen, wie an andern Stellen ἐλπίς auch nicht nur eine Erwartungshaltung, sondern das Hoffnungsgut ausdrückt.[8] Die Christen, die noch unterwegs sind (Hebr 12,1), sollen auf den schauen, der bei seinem Lauf bereits ans Ziel gelangt ist.[9] Mit Glaube ist Hebr 12,2 etwas ganz Ähnliches gemeint wie Hebr 2,10 mit Heil und Act 3,15 mit Leben (vgl. Hebr 12,9b). πίστεως ist genauso wie ζωῆς und σωτηρίας ein Genitiv der Richtung. Jesus ist der ἀρχηγός zur

5 *Kliesch*, S. 89.
6 *Dörrie*, S. 197.202; *Köster*, ThWNT VIII 584,24ff.
7 *Bultmann*, ThWNT II S. 527,27ff; *Käsemann*, Gottesvolk S. 20f; vgl. Hebr 6,11.
8 Hebr 6,18; Kol 1,5; Titus 2,13.
9 *Michel*, Hebr S. 431.

Wirklichkeit des Erhofften, die Hebr 2,10 »Heil« und Act 3,15 »Leben« genannt wird.

14.2
Wie ist ἀρχηγός sachgemäß ins Deutsche zu übertragen? In den Kommentaren und Abhandlungen werden ganz verschiedene Vorschläge gemacht. Man übersetzt ἀρχηγός mit Anfänger, Vorgänger, Vordermann, Anführer, Bahnbrecher, Heerführer, Herzog, Fürst, Herrscher, Urheber, Begründer. Es ist umstritten, woher man die Bezeichnung genommen hat. Zur Herleitung hat man den Hellenismus, die Gnosis und auch die alttestamentliche, jüdische Welt herangezogen. ἀρχηγός *ist ein im Griechischen bekanntes Wort.*[10] Es bezeichnet den militärischen Anführer[11], den Gründer und Schutzherrn von Städten[12], den Ahnherrn eines Geschlechts[13], wie auch den Urheber und Begründer, die Ursache[14]. G.Delling[15] leitet die Bezeichnung Jesu als ἀρχηγός von dem Heroenglauben der Griechen ab. Der Heros, der der Begründer einer Stadt ist, wird von den Bewohnern dieser Stadt, die seinen Namen trägt, als Schutzherr verehrt. In diesem Sinn versteht Delling Christus als Heros – Heiland. W.Grundmann[16] geht noch einen Schritt weiter. Er spezialisiert das nach seiner Meinung den Aussagen des Neuen Testaments zugrundeliegende Heroenbild auf Herakles, den Nationalhelden der Griechen, der ἀρχηγός oder auch ἀρχηγέτης genannt und an vielen Kultstätten verehrt wurde, weil er nach einem Leben voller großer Taten, aber auch leidvoller Mühe von den Göttern aufgenommen wurde.[17] Nach W.Grundmann ist die Heilandsfunktion des Herakles-Mythos auf die historische Gestalt Jesu übertragen worden. Der urchristliche Hellenistenkreis habe Jesus in Anlehnung an Herakles zum ἀρχηγός und σωτήρ erklärt.
Diese Annahme ist kaum richtig. *Es liegen keine Hinweise vor, daß Lukas oder der Verfasser des Hebräerbriefs Jesus von dem*

10 Eine lexikalische Übersicht bietet *P.G.Müller*, S. 72–81.
11 Thuc I 132; Eur Tro 1267; Iph Taur 1303.
12 Plat Tim 21 e; Leg 8,848 d; Bakchylides 7,51f.
13 Isocr Nikokles (3) 28; Philippos (5) 32.105.
14 Plat crat 401d; Isocr Panathenaikos (12)101.
15 *Delling*, ThWNT I S. 485f; vgl. auch *Wendland*, ZNW (1904) S. 350; *Bousset*, Kyrios S. 243f; *W.Manson*, Hebräer S. 102–104.
16 *Grundmann*, Problem S. 65–71.
17 *Pfister*, S. 42–60.

Herakles- oder einem andern Heroen-Mythos her verstanden haben. Die ἀρχηγός-Aussagen des Neuen Testaments sind nicht vom Griechischen her zu deuten, sondern zielen, wenn man sie aus dem Textzusammenhang her interpretiert, in eine ganz andere Richtung. Nach Act 3,15 ist ἀρχηγός eine in das Judentum weisende Bezeichnung; denn das Wort ist eingebettet in biblisch-jüdisches Gedankengut. Act 3,13 wird Ex 3,6.15 zitiert: Der Gott Abrahams, Isaaks und Jakobs, der Gott der Väter hat seinen Sohn Jesus verherrlicht. Jesus wird dann nicht nur ἀρχηγός, sondern auch Heiliger und Gerechter genannt (Act 3,14). Das sind nicht griechische, sondern jüdische Hoheitsaussagen, mit denen man den erwarteten Heilsbringer bezeichnete. Der »Gerechte« ist ein messianischer Titel (Äth Hen 38,2; 53,6). Nach Act 7,52 haben die Propheten das Kommen des Gerechten verkündigt (vgl. auch Act 22,14).[18] Ebenso ist der »Heilige« ein Messiasprädikat.[19] Act 3,22 wird dann ferner auf Deut 18,15.18 verwiesen, daß Gott einen Propheten wie Mose erwecken wird. Dieser wird Act 7,35 ganz ähnlich wie Jesus ἄρχων und λυτρωτής genannt[20], wobei zu beachten ist, daß Mose der Führer aus Ägypten in das verheißene Land gewesen ist und ἄρχων genau so wie ἀρχηγός Wiedergabe des hebräischen Wortes *rosch* ist. In diesem mit Anspielungen auf das Alte Testament und jüdische Heilserwartungen gesättigten Zusammenhang würde ein Hinweis auf Herakles oder einen andern griechischen Heros wie ein Fremdkörper wirken. Der ἀρχηγός des Neuen Testaments hat mit den Vorstellungen der griechischen Mythologie nichts zu tun. Es ist vielmehr zu vermuten, daß der Titel aus dem alttestamentlichen Gedankengut auf Christus übertragen ist. Zu demselben Ergebnis kommt man bei der Analyse des Zusammenhanges von Act 5,31. Von der Kreuzigung Jesu wird mit einem Zitat aus Deut 21,22 gesprochen. Wenn Jesus nicht nur ἀρχηγός, sondern auch σωτήρ genannt wird, so verweist diese Zusammenstellung durchaus nicht ohne weiteres in die griechische Anschauungswelt, wie man oft annimmt.[21] Es ist sicher kein Zufall, daß Act 5,30 genau so wie 3,13 vom »Gott unserer Väter« gesprochen wird,

18 *Dechent,* S. 439–443; *Wilckens,* Missionsreden S. 168–170; *Haenchen,* Apostelgeschichte S. 166 A 2.

19 Mk 1,24; Lk 4,34; Joh 6,69; *Friedrich,* Beobachtungen S. 66f.

20 *Wilckens,* Missionsreden S. 212.217.220.

21 *Voss,* S. 51–54.

und σωτήρ begegnet keineswegs nur im griechischen Herrscherkult, sondern auch in der Septuaginta. Dort ist das Wort zwar keine Messiasbezeichnung, wie es auch ἀρχηγός nicht ist. Aber die Aussagen dort ermöglichen den Juden von ihrer Erwartung her, Jesus als σωτήρ zu bezeichnen.[22] Nach Act 13,23 hat Gott Jesus aus dem Samen Davids entsprechend der Verheißung als Retter Israels herbeigeführt. Der σωτήρ ist der messianische Erretter, der nicht die Befreiung von den Römern, sondern als Erhöhter die Vergebung der Sünden bringt (Act 5,31). Dieser Gedanke, daß Gott durch die Erhöhung Jesu als ἀρχηγός und σωτήρ Israel Umkehr und Vergebung gewährt, ist nur aus jüdischer Erwartung her zu erklären. Auch Hebr 2,17 wird vom Sühnen der Sünden gesprochen. Die Reinigung von Sünden gehört zur eschatologischen Erlösungserwartung des jüdischen Volkes.[23] Die ἀρχηγός-Aussagen des Neuen Testaments bieten abgesehen von der Bezeichnung selbst keine Berührungspunkte mit dem griechischen Heros-Mythos. Der Hoheitstitel, wie das Neue Testament ihn verwendet, gehört zur alttestamentlichen Gedankenwelt.

14.3

Käsemann und mit ihm die Mehrzahl neuerer Forscher, die sich mit dem Problem des Hebräerbriefes befaßt haben, sehen ihn *im Lichte der Gnosis.*[24] Dementsprechend versteht man den ἀρχηγός vom gnostischen Mythos des Erlösers[25] her und von der Himmelsreise der Seele, die, aus der himmlischen Welt kommend, als Lichtsamen in das Innere des Menschen eingegangen ist und dann mit Hilfe des göttlichen Gesandten nach dem Tode den Weg zur himmlischen Heimat wieder zurücklegt. Diese Lehre vom Seelenaufstieg nimmt in der gnostischen Literatur einen hervorragenden Platz ein.[26] Bei diesem Prozeß ist der Erlöser der Weggenosse, Wegweiser und Führer der präexistenten Seelen, der den Weg kennt, weil er ihn gebahnt hat, ihn als Erster gegangen ist und darum ihn den andern zeigen kann.

22 *Fohrer,* ThWNT VII S. 1013.

23 Aeth Hen 10,22; Jub 4,26; 5,5; Test Lev 18,9.

24 *Käsemann,* Gottesvolk S. 52–58. 79–82. 90–95. 99–105. 144f; *Theissen,* S. 11.62f.121–123.152; *Schierse,* S. 36f.51.80–83.104f; *Bultmann,* Theologie S. 181; *Grässer,* Glaube S. 16.34.59.95f.111–115.180.209.216; *ders.,* Heilsbedeutung S. 165–184; *Schrage,* Verständnis S. 83.

25 *Vielhauer,* Erlöser S. 581f; *Cullmann,* Christologie S. 98.

26 *Jonas,* S. 205f.

Manches was der Hebräerbrief über den ἀρχηγός sagt, hat Ähnlichkeit mit den gnostischen Vorstellungen vom Erlöser und Führer der Seelen. Aber es ist doch sehr fraglich, ob die neutestamentlichen Aussagen über ihn von der Gnosis her zu verstehen sind. Wenn irgendwo ähnliche Anschauungen hervortreten, so muß daraus nicht ohne weiteres auf Abhängigkeit voneinander geschlossen werden. Mit Recht sagt Colpe[27], daß aus einer Analogie nicht unbedingt eine Genealogie abgeleitet werden muß. In der Geistesgeschichte kommt es immer wieder vor, daß ähnliche Gedanken geäußert werden, ohne daß ein direkter Kontakt der Autoren besteht. Solche Gemeinsamkeiten kommen häufig aus der geistigen Entwicklung der Zeit. Bilder und Begriffe machen oft eine verschiedene Entwicklung durch, so daß sie sich differenzieren und bei gleichbleibendem Wortgehäuse eine verschiedene Aussage gewinnen. Bei dem ersten Kontakt mit in Deutschland geborenen Israelis nach dem Kriege erschrak man häufig über die von ihnen gebrauchte – wie es schien – nationalsozialistische Terminologie. Sie redeten aber nicht die Sprache der Nationalsozialisten, sondern das Deutsch von 1932, das später von den Nationalsozialisten mißbraucht und von ihnen mit einem spezifischen neuen Inhalt gefüllt worden war. Es wäre ein Fehlschluß, Israelis wegen der von ihnen gebrauchten Wörter und Bilder als Nationalsozialisten anzusehen. Genauso verkehrt ist es, wenn man von der später voll entwickelten Gnosis her Rückschlüsse auf den Inhalt neutestamentlicher Aussagen machen will. Gemeinsame Terminologie oder gemeinsame Bilder bedeuten noch lange nicht eine geistige Gemeinschaft. Man darf die gnostischen Anschauungen des 2. Jahrhunderts nicht in die Texte des Neuen Testaments hineinlegen und aus ihnen dann etwas herauslesen, was ihnen noch fremd ist, sondern man muß die Aussagen des Neuen Testaments aus ihren jeweiligen Zusammenhängen heraus interpretieren.

Gegen die These einer vorchristlichen Gnosis ist man sehr vorsichtig geworden, zumal ausgesprochen gnostische Textdokumente aus vorchristlicher Zeit fehlen.[28] *Wann die Gnosis und wo sie entstanden ist, weiß man nicht.* Jedenfalls hat sie

27 *Colpe,* Religionsg. Schule S. 195.

28 *Beyschlag,* Simon-Magus-Frage S. 425f; *ders.,* Simon Magus und christliche Gnosis S. 2–4.218f; *Wilson,* S. 14, vgl. 60; *Hofius,* S. 90–95; *Bergmeier,* S. 219f; *Drijvers,* S. 822.

zur Zeit des Neuen Testaments noch nicht die Rolle gespielt, die manche Neutestamentler ihr zugeteilt haben. Während für Bultmann die Gnosis das entscheidende Weltbild der damaligen Zeit darbietet und die gnostische Bewegung die ernsthafteste und gefährlichste Konkurrenz für die christliche Mission bedeutet hat[29], stellt der Altphilologe Langerbeck, Editor der Werke des Gregor von Nissa und Dionysos Areopagita, die Gegenthese auf, daß in der gesamten Antike zu irgendeiner Zeit und an irgendeinem Ort niemand, weder ein Christ noch ein Christgegner, etwas von einer gnostischen Bewegung als einer dritten neben Judentum und Christentum gewußt hat.[30] Der erlöste Erlöser, der nach Ph. Vielhauer im Anschluß an W. Bousset und R. Reitzenstein im Mittelpunkt der gnostischen Anschauung gestanden hat[31], ist erst mit dem Manichäismus des dritten Jahrhunderts nach Christus literarisch greifbar.[32] Wenn in der Forschung so viel von ihm gesprochen wird, so entspricht das nicht den Ausführungen in den gnostischen Zeugnissen, sondern er ist eine moderne Interpretationsgestalt gnostischer Gedankenvorstellungen.[33]

Abgesehen von diesen allgemeinen Feststellungen historischer Art ergeben sich aber auch inhaltliche Bedenken gegen die gnostische Interpretation der neutestamentlichen ἀρχηγός-Aussagen. *Christus erscheint weder in der Apostelgeschichte noch im Hebräerbrief als der erlöste Erlöser,* erst recht nicht als der zu erlösende Erlöser, der bei der Menschwerdung um seine präexistente Seele die Maske der Materie gelegt hat, die er beim Tode dann wieder abwirft, sondern er ist Mensch geworden und ist als Mensch in allen Stücken den andern Menschen gleich geworden. Die Glaubenden im Neuen Testament sind auch nicht wie der Erlöser und die zu Erlösenden metaphysisch durch eine gemeinsame himmlische Präexistenz miteinander verbunden, so daß sie eine ursprüngliche Einheit und himmli-

29 *Bultmann,* Theologie S. 168.

30 *H. Langerbeck,* Bultmanns Theologie des Neuen Testaments, Gnomon 26 (1954) S. 503.

31 *Vielhauer,* Oikodome S. 29; *Rudolph,* Randerscheinungen S. 773; *Bultmann,* Theologie S. 170f.

32 *Colpe,* Religionsg. Schule S. 179; *Schenke,* Gott und Mensch S. 148; *Wilson,* S. 31; *Rudolph,* Gnosis S. 139f; *Schmithals,* Herkunft S. 389.404.413f; *Fischer,* Johanneischer Christus S. 262; *Berliner Arbeitskreis,* S. 18f; *Schenke,* Christologie S. 210f; *Schoeps,* Standortbestimmung S. 465.

33 *Colpe,* Religionsg. Schule S. 174; *Rudolph,* Stand S. 539; *Schenke,* Gnosis S. 382.

sche Bruderschaft bilden. Zwar stammen Christus und die Christen, der Heilige und die Geheiligten[34] von einem und dem einzigen Gott.[35] Aber damit ist noch nichts über die Präexistenz der Seele und die ursprüngliche Konsubstantialität von Christus und den Christen gesagt.[36] Hebr 2,11 trägt nicht die Beweislast für die gnostische Syngenesislehre, mit der man sie beschwert. Da das Thema des Hebräerbriefs nicht die Präexistenz, die Unsterblichkeit und die damit verbundene Himmelsreise der Seele ist, ist der ἀρχηγός des Neuen Testaments auch nicht der Seelenführer, der unter Zurücklassung der Materie die Seele in die himmlische Welt zurückführt, und nicht der erlöste Erlöser, der durch seinen Weg hinab und herauf die Welt wieder in Ordnung bringt. Tod und Erhöhung Christi haben nicht die Aufgabe, den Bann der Materie zu durchbrechen, die Seele aus der Materie zu befreien und den präexistenten Anthropos wiederherzustellen. Nach der viel erörterten Stelle Hebr 2,9f geht es nicht um den Erlöser und die Erlösten, sondern um Gott, der im Gegensatz zur Gnosis, aber in Übereinstimmung mit den Aussagen des Alten Testaments der Handelnde ist, um dessentwillen und durch den das All seinen Bestand hat. Hinter allem Geschehen mit Christus und den Christen steht Gott. Er hat Jesus als ἀρχηγός zum Ziel gelangen lassen durch Leiden. Das hat mit der Selbsterlösung des Erlösers nichts zu tun, wohl aber mit Gottes gnädigem Willen. Der Tod Jesu ist nicht Abstreifen der Materie von der himmlischen Natur, und die Erlösung besteht dementsprechend nicht in der Rückführung der zerstreuten Lichtteile in die himmlische Heimat, sondern Jesus bringt Sühnung der Sünden (Hebr 2,17). Der Hebräerbrief spricht nicht von einem Naturablauf, sondern vom Wesen und von der Macht göttlicher Gnade. Die Bedeutung Gottes in soteriologisch-christologischem Geschehen darf nicht übersehen werden.

Eine gnostische Genealogie und Interpretation der ἀρχηγός-Aussagen im Neuen Testament ist abzulehnen. Es ist zu beachten, daß nicht nur der Hebräerbrief, sondern auch die Apostelgeschichte – und zwar in auffallender Übereinstimmung mit den Aussagen des Hebräerbriefs – vom ἀρχηγός spricht und

34 Hebr 10,10.14.29; 13,12.

35 Deut 6,4; Jos Ant 5 (5,1,25),97; 1Kor 8,6.

36 *Schweizer,* Erniedrigung S. 139; *Michel,* Hebräer S. 143.162.64 A1; *G.P. Müller,* S. 292–297.

diese eine gnostische Beeinflussung nicht erkennen läßt.[37] Simon Magus (Act 8,9ff) wird weder als Lehrer eines Erlösungssystems oder gar als gnostischer Erlöser geschildert, wie ihn später die Kirchenväter gesehen haben, noch wird er von Lukas polemisch entgnostifiziert, sondern als Magier dargestellt, der durch Wundertaten Aufsehen erregte und sich selbst als große Kraft bezeichnet hat.[38] Bei den ἀρχηγός-Stellen waren im Neuen Testament starke Hinweise auf jüdische Anschauungen zu finden. Darum muß gefragt werden, ob sich nicht im Alten Testament irgendwelche Ansätze für die Entwicklung der christologischen ἀρχηγός-Vorstellung finden lassen.

14.4

Das Wort ἀρχηγός kommt in der Septuaginta wiederholt vor. Es ist dort in der Hauptsache Wiedergabe von *rosch* und bezeichnet häufig das Oberhaupt der Familie (z.B. Ex 6,14; 1Chron 5,24), den militärischen Führer (1Chron 12,21(20); 26,26) und Anführer des Volkes (Num 25,4; Deut 33,21). Das gegen Mose murrende Volk will sich einen ἀρχηγός wählen, um wieder nach Ägypten zurückziehen zu können (Num 14,4). Einige Handschriften geben *rosch* statt mit ἀρχηγός auch mit ἡγούμενος wieder (Richt 11,6.11). Im Ausdruck ἀρχηγός ist stark das Moment des Hauptes und der damit gegebenen Führung enthalten. *Ein messianischer Titel ist er im Alten Testament aber nicht.* Der Gedanke der Führung hat im Alten Testament, ohne daß das Substantiv ἀρχηγός gebraucht wird, eine große Bedeutung.[39] Daß Jahwe sein Volk aus Ägypten herausgeführt und in das Land, wo Milch und Honig fließt, hereingeführt hat, gehört zu den Grundworten des Alten Testaments[40], so daß G.von Rad von dem ältesten erkennbaren Bekenntnis, dem geschichtlichen Credo, gesprochen hat[41].

Zur Verwirklichung seiner Heilspläne beruft Gott Menschen,

37 *Rudolph,* Stand S. 545; *Schmithals,* Apostelamt S. 272; *Talbert,* Luke.

38 *Beyschlag,* Simon-Magus-Frage S. 395–426; *ders.,* Simon Magus und die christliche Gnosis S. 90 A 30; vgl. die Vertreter der gegenteiligen Ansicht: Simon-Magus-Frage S. 411 A 37 und Simon Magus S. 90 A 30; vgl. ferner *Conzelmann,* Apostelgeschichte S. 53; *Bergmeier,* S. 203.206. »Von der Bedeutung, die Simon in der Gnosis besaß, scheint Lukas gar nichts zu wissen« (*Schmithals,* Apostelamt S. 272).

39 *Schreiner,* S. 2–18.

40 Ex 20,2; Lev 19,36; Num 23,22; Deut 5,6; 6,12; Jos 24,17; Richt 2,12; 1Kön 9,9; 2Kön 17,7; Ps 81 (80),11; Amos 2,10.

41 *v. Rad,* Formgeschichtl. Problem S. 11–16.

die die Führer des Volkes sein sollen. So erhält Mose von Gott den Auftrag, das Volk Israel aus Ägypten herauszuführen (Ex 3,10, vgl. 1Sam 12,8). Der Prophet Micha nimmt diesen Gedanken auf, daß Mose von Gott als Anführer Israels eingesetzt ist: »Ich habe dich aus dem Lande Ägypten geführt und dich aus dem Sklavenhaus erlöst, habe Mose, Aaron und Mirjam vor dir her (als Führer) gesandt« (Mich 6,4). Mit dem Gedanken der Führung ist der der Leitung durch den Hirten[42] verwandt: »Du führst dein Volk wie eine Herde durch die Hand von Mose und Aaron« (Ps 77 (76),21). Aber nicht nur Mose und Aaron sind Führer. Auch David ist es durch den Willen Gottes. Gott hat ihn von der Herde weg erwählt, daß er sein Volk weide, und er weidete es mit lauterem Sinn und führte es mit kluger Hand (Ps 78 (77),70–72). An einer andern Stelle heißt es, David habe Israel aus- und eingeführt und Gott habe ihm verheißen: »Du wirst mein Volk weiden und wirst Führer über Israel sein« (2Sam 5,2), eine Stelle, die dann Mt 2,5 zitiert wird.
Gott hat nicht nur damals Israel aus Ägypten geführt und es durch Männer wie Mose und David geleitet, auch in Zukunft will er es führen. Der Gedanke der Führung Gottes aus der Knechtschaft in die Freiheit, aus der Fremdlingschaft in die Heimat spielt bei den Propheten in ihren Worten an das Volk im Exil eine Rolle (Jer 16,14f). *Gott ist der Führer:* »Ich werde sie aus den Völkern herausführen und sie aus den Ländern zusammenführen und werde sie in ihr Land führen und werde sie weiden auf den Bergen Israel« (Ez 34,13, vgl. 20,34). Gott geht als Führer seinem Volk voraus (Jes 52,12), er marschiert an der Spitze des Zuges. »Ich will sie vereinigen wie Schafe in der Hürde, wie eine Herde auf ihrer Trift, daß sie lärmen vor Menschen. Der Durchbrecher zieht vor ihnen her, sie brechen durch, schreiten durchs Tor und gehen heraus. Er schreitet vor ihnen her, ihr König, Jahwe an ihrer Spitze« (Mich 2,12f). Wie der Leithammel als erster durch das Tor hindurchzieht und die Herde auf die Weide führt, so zieht Jahwe dem Zug seines Volkes voraus und führt es aus der Gefangenschaft in die Freiheit. In der Heilszeit erweist sich Gott als der große Anführer Israels, er ist der Initiator ihrer Errettung.
Wichtig ist ein Hinweis auf *Philo.* Dort kommt das Wort ἀρχηγός selbst zwar nicht vor. Er spricht aber vom ἀρχηγέτης, wo-

42 Ps 23 (22),1–3; 78 (77),52.72.

mit er die alttestamentlichen Stammväter bezeichnet. Bedeutsam ist, was er über die göttliche Führung sagt.[43] Wie überall bei seinen Ausführungen verbindet er alttestamentliche Motive mit griechischem Gedankengut. Die alttestamentliche Aussage über Gott als Anführer des Volkes Israel aus Ägypten wird bei ihm zum Bild für den Auszug der Seele aus der irdischen Verhaftung zu Gott. Der Mensch braucht, da er den Weg nicht kennt, einen Führer. Gott bedient sich des Logos, der die Seele zur Vollendung führen kann. Der Logos als erstgeborener Sohn Gottes ist dazu imstande. Er ist ein Engel, der den Weg freimacht, so daß man ihn, ohne zu straucheln, gehen kann.[44] Da es zwischen Hebräerbrief und Philo manche Berührungen gibt, ist es gut denkbar, daß der Verfasser des Hebräerbriefs den ἀρχηγός-Gedanken aus Philo übernommen hat. Aber vom ἀρχηγός spricht ja nicht nur der Hebräerbrief, sondern auch Lukas, und *die ganze Vorstellungswelt von der Seelenwelt ist dem Hebräerbrief so fern, daß eine direkte Abhängigkeit nicht anzunehmen ist.* Wie Philo vom Alten Testament ausgeht und das Alte Testament mit der Logos- und Psyche-Philosophie der Griechen verbindet, so hat das Urchristentum das Alte Testament christologisch interpretiert und in den ἀρχηγός-Aussagen alttestamentliche Vorstellungen auf Christus übertragen.[45]

14.5

Was im Alten Testament von Gott gesagt wird, nimmt das Neue Testament auf und wendet es auf Jesus an. Das führt dazu, daß er den Titel ἀρχηγός erhält. Wie schon hingewiesen, haben Schriftgelehrte und Hohepriester (Mt 2,6) im Gespräch mit dem König Herodes 2Sam 5,2 zitiert, daß dem Volk Israel ein Führer (ἡγούμενος) verheißen ist, der das Volk Israel weiden wird. Indem 2Sam 5,2 auf Jesus angewendet wird, erhält Jesus bei Matthäus die Aufgabe des Führers und Hirten. Aber Matthäus sieht den Führer noch stark in der Gestalt des messiani-

43 *Michaelis,* ThWNT V S. 64,17ff; *P.G.Müller,* S. 193–212.

44 Philo Migr Abr 170–175; deus imm 182.

45 Auf den in den Schriften von Qumran genannten »Fürst der Gemeinde« 1QSb 5,20; 1QM 5,1; CD 7,20 hat *K.Schubert,* Messiaslehre S. 186f und Gemeinde vom Toten Meer S. 129 aufmerksam gemacht, um die Bezeichnung Jesu als ἀρχηγός zu erklären. In der LXX wird nasi zweimal mit ἀρχηγός wiedergegeben. Aber der Fürst in Qumran entspricht so sehr dem militärisch-politischen davidischen Idealkönig, daß zwischen ihm und dem ἀρχηγός im NT keine sachlichen Berührungen vorliegen; *P.G.Müller,* S. 149–171; *Braun,* Qumran I S. 246.

schen Davidssohns. Anders verhält es sich bei den Aussagen im *Markusevangelium.* Dort kommt den Worten vom Nachfolgen der Jünger und dem Voranschreiten Jesu entscheidende Bedeutung zu. Es findet sich zwar noch nicht die substantivische Verdichtung des Wortes ἀρχηγός, aber in narrativer Form wird deutlich herausgestellt, daß Jesus der Führer ist. Es ist bedeutsam, daß Markus seinen Bericht über Jesus mit der Berufung der Jünger zur Nachfolge beginnt. Damit bringt er zum Ausdruck, daß die Nachfolge ein wichtiges Element beim Verständnis der Person Jesu ist. Mk 8,34 wird das Wort vom Kreuztragen und der Nachfolge aus der Logienquelle (Lk 14,27 und Mt 10,38) zitiert. Aber Markus übernimmt es nicht wörtlich, sondern gestaltet es um, und diese Umgestaltung ist wichtig für unsere Fragestellung. Mt 10,38 heißt es: »Wer nicht sein Kreuz nimmt und mir nachfolgt (ἀκολουθεῖ ὀπίσω μου), ist mein nicht wert.« Weil es Markus um die Nachfolge geht, stellt er diesen Gedanken stark heraus. Aus dem ἀκολουθεῖ ὀπίσω μου wird eine Doppelaussage. Markus beginnt den Spruch mit dem Bedingungssatz: »Wenn jemand hinter mir hergehen will« (ὀπίσω μου ἐλθεῖν), und er schließt mit dem Imperativ: »Er folge mir nach« (ἀκολουθείτω μοι). Auf die Nachfolge kommt es an. Man muß dem nachfolgen, der vorausschreitet. Davon wird an drei Stellen im Markusevangelium gesprochen. Mk 10,32 berichtet, daß Jesus seinen Jüngern auf dem Weg zur Passion nach Jerusalem entschlossen vorauszog, und die nachfolgende Jüngerschar ist erstaunt und erschrocken. Ebenso geht der Auferstandene den Jüngern nach Galiläa voraus, wohin die Jünger ihm dann folgen sollen (Mk 14,28; 16,7). Zu beachten ist, daß im Zusammenhang mit dem »Vorausgehen« Jesu das Bild vom Hirten und der Herde gebraucht wird (Mk 14,27). Jesus, der vorausschreitet, ist der Hirte, d.h. der Führer für die, die ihm nachfolgen. In den Evangelien ist wiederholt von der Nachfolge der Jünger die Rede. Diesen eben zitierten Stellen aus dem Markusevangelium kommt aber eine besondere Bedeutung im Blick auf unsere Fragestellung zu, weil sie *von dem den Jüngern vorausschreitenden Jesus zum Kreuz und von der Begegnung mit dem Auferstandenen* berichten. Wie schon darauf aufmerksam gemacht wurde, werden an allen Stellen über den ἀρχηγός im Neuen Testament genauso wie hier bei Markus Kreuz und Auferstehung erwähnt.

In den Evangelien gibt es noch nicht den zum Hoheitstitel ausgereiften Begriff ἀρχηγός. Aber ihre Aussagen enthalten alle Elemente, die zur Fixierung des Ausdrucks führen: Jesus schreitet an der Spitze des Zuges nach Jerusalem, wo er gekreuzigt wird, er geht als der Auferstandene den Jüngern voran und verheißt seinen Nachfolgern das Leben. *In den Evangelien haben wir noch nicht die begriffliche, wohl aber die narrative Anführer-Christologie.* Oder anders ausgedrückt: Wir haben wohl die indirekte, aber noch nicht die titulare Anführer-Christologie.[46] Daß Jesus als ἀρχηγός bezeichnet wurde, ist demnach weder zufällig noch willkürlich, sondern in der vorliegenden Tradition sachgemäß bereits enthalten. Der Titel bringt in anschaulicher Weise das soteriologische Wirken Jesu zum Ausdruck. Er ist der heilsgeschichtliche Anführer, der durch seinen Tod und seine Auferweckung imstande ist, die ihm Nachfolgenden zum eschatologischen Heil zu bringen. ἀρχηγός ist wie δίκαιος und ἅγιος zur christologischen Bezeichnung geworden, obwohl alle drei Wörter im Alten Testament in dieser Weise noch nicht vorgesehen sind; aber alle drei sind aus der Theologie des Alten Testaments von Aussagen über Gott erwachsen und auf Christus angewendet.

Wichtig ist die *Hirtenrede Joh 10.* Im Alten Testament gehören Führen und Weiden zusammen. Auf Mt 2,5 ist schon hingewiesen. Daß bei Johannes eine nahe Verwandtschaft mit Texten aus der mandäischen und überhaupt der gnostischen Literatur vorliegt, ist unbestreitbar.[47] Aber es sollten auch die Berührungspunkte mit dem Alten Testament nicht übersehen werden.[48] In der Hirtenrede wird dasselbe zum Ausdruck gebracht, was die ἀρχηγός-Stellen im Neuen Testament sagen, ohne daß Johannes die Bezeichnung ἀρχηγός gebraucht: Der Hirt schreitet seiner Herde voraus, und die Schafe folgen ihm (Joh 10,4); er führt die Schafe, die nicht aus dem Stall sind (10,16). Auffallend bei den Ausführungen über den guten Hirten ist, daß von seinem Sterben für die Schafe gesprochen wird (10,11.15.17f), das bei Johannes zum Führen des Hirten dazugehört. Führen – Sterben – ewiges Leben (10,11) werden, wie bei der ἀρχηγός-Aussage Act 3,15, zusammengesehen. Der Tod des Hirten ist kein Opfertod zur Sühne von Schuld, sondern dient zur Errettung vor dem das Leben der Schafe bedrohenden Wolf (10,11f), wo-

46 *P.G.Müller,* S. 355.
47 *Fischer,* Johanneischer Christus S. 245–266.
48 *Schnackenburg,* Johannesevang. II S. 356.362.371f.

mit nur der Teufel gemeint sein kann. Wer dem guten Hirten folgt, ist frei von der Todesverfallenheit; denn der Hirt schenkt den Seinen das ewige Leben (10,10.28). Das erinnert an die Ausführungen über den ἀρχηγός Act 3,15 und Hebr 2,10ff. Wie Joh 10 das enge Verbundensein von Hirt und Schaf ausdrückt – die Schafe sind sein Eigentum 10,4 –, so gehören auch Hebr 2,12.17 Christus und Christen zusammen; denn sie sind Brüder. Auch nach Hebr 2,14f hat der Tod Jesu die Aufgabe, den Teufel, der die Gewalt über den Tod hat, zu entmachten und die zu befreien, die durch die Furcht vor dem Tod ihr Leben lang der Knechtschaft verfallen sind. Joh 8,12 heißt es: »Wer mir nachfolgt . . ., wird das Licht des Lebens haben«. Auch bei der Geschichte von dem reichen Jüngling sind Nachfolgen und Erlangen des ewigen Lebens aufeinander bezogen. Als dieser fragt, was er tun muß, um das ewige Leben zu ererben, lautet die abschließende Antwort Jesu: Folge mir nach! (Mk 10,17.21). Das ist Act 3,15 zusammengefaßt in der Wendung ἀρχηγὸς τῆς ζωῆς.

14.6
An allen vier Stellen ist auf Grund dieses Überblicks ἀρχηγός *mit »Anführer« wiederzugeben.* Für die Übersetzung mit »Urheber, Begründer« beruft man sich häufig auf Hebr 5,9[49]. Aber die Wendung »Urheber ewigen Heils« gehört nicht zur Terminologie des Verfassers vom Hebräerbrief, sondern ist dort ein Ausdruck aus dem zitierten Lied über den Hohenpriester. Darum kann diese Stelle nicht ohne weiteres für eine beweiskräftige Interpretation von Hebr 2,10 herangezogen werden.[50] ἀρχηγός ist auch nicht von Act 26,23 »Erster aus der Auferstehung der Toten« oder Kol 1,18 »Erstgeborener aus den Toten« zu erklären.[51] Wenn damit gesagt werden soll, daß Jesus der erste Auferweckte ist, mit dem die allgemeine Totenauferwekkung begonnen hat, dann ergibt der Act 3,15 angehängte Relativsatz »den Gott von den Toten erweckt hat« eine Tautologie. Da ἀρχηγός an allen Stellen im Neuen Testament dieselbe Bedeutung hat, an den übrigen Stellen die Interpretation von Act 26,23 nicht zutrifft, ist sie auch Act 3,15 nicht richtig.

49 Zum Beispiel auch *G.M.M.Pelser,* S. 91.96.
50 *Friedrich,* Lied S. 293; *Zimmermann,* Bekenntnis S. 162.
51 Dagegen *Kümmel,* Kirchenbegriff S. 47f; dafür *Conzelmann,* Apostelgeschichte S. 33; *Wilckens,* Missionsreden S. 175; *Conzelmann,* Mitte der Zeit S. 191f.216.

Jesus ist der Anführer zum ewigen Leben (Act 3,15). Durch die Auferstehung wurde er an die Spitze all derer gestellt, die in seiner Nachfolge zum ewigen Leben gelangen. Gott hat ihn damit als Anführer zur eschatologischen Heilsrettung eingesetzt (Act 5,31). Wie Gott im Alten Testament der Führende ist, der sich zur Realisierung seiner Heilspläne Menschen erwählt, so führt auch Hebr 2,10 Gott viele Söhne zur Herrlichkeit, indem er den Führer ihres Heils durch Leiden an das Ziel bringt und so Jesus zum Anführer der Errettung wird (Act 13,23).[52] Auch Hebr 12,2 ist ἀρχηγός mit »Anführer« zu übersetzen. Jesus führt den Lauf an, der zum Glauben, d.h. zur Verwirklichung der christlichen Hoffnung führt. Weil er bereits das Ziel erreicht hat, darum soll man auf ihn blicken. Er ist imstande zu führen.

14.7

Was haben diese Aussagen für die Verkündigung des Todes Jesu an den heutigen Menschen zu bedeuten? Jeder, der eine Reise in ein völlig unbekanntes Land macht, dessen Sprache er nicht kennt, über dessen Bewohner, deren geographische und wirtschaftliche Verhältnisse er nichts erfahren konnte, wird sich dankbar einem sachkundigen Führer anvertrauen, der die Reise schon einmal gemacht hat, so daß er den Weg kennt, den man gehen muß. Alle Menschen sind Wanderer auf dem Weg in ein unbekanntes Land. Keiner der unter den Lebenden Weilenden hat dieses unbekannte Land schon einmal betreten. In diese Situation der Ungewißheit und Ratlosigkeit erschallt die Botschaft von dem Anführer Jesus Christus, der bereits ans Ziel der Reise gelangt ist und der imstande ist, Menschen, die sich ihm anvertrauen und die bereit sind, ihm nachzufolgen, aus den Nöten der Gegenwart zu erretten, von der Furcht zu befreien und

52 Umstritten ist die Zuordnung von ἀγαγόντα. *Delling,* ThWNT I S. 486, 26ff; *Käsemann,* Gottesvolk S. 89. und *Klein,* Hebräer 2,10–18 S. 62 verbinden es mit ἀρχηγόν, was auf den ersten Blick grammatisch am nächstliegenden zu sein scheint. In Wirklichkeit verhält es sich aber anders. Auch im klassischen Griechisch erscheint im Infinitiv, selbst wenn wie hier eine Beziehung auf einen Dativ vorliegt, das prädikative Partizipium doch im Akkusativ, *Blass-Debrunner-Rehkopf* § 410; *H. Krämer* S. 102–107. Auch aus sachlichen Gründen muß die Wendung eine Aussage über Gott enthalten, weil von Söhnen die Rede ist. Die Menschen sind nicht Söhne Jesu, sondern Gottes, des Schöpfers und Vaters. Jesus ist Bruder, nicht aber Vater der Menschen geworden, Hebr. 2,11; vgl. *Kögel,* S. 56; *Riggenbach,* S. 48; *Windisch,* S. 21; *Strathmann,* S. 46; *Michel,* S. 148; *Kuss,* Der Brief an die Hebräer S. 43; *Schierse,* S. 154 A 62; *Lohse,* Märtyrer S. 164 A 3.

ihnen Heil und Leben zu geben. Die Aussagen über Jesus als Anführer enthalten Aspekte über die Bedeutung des Todes Jesu, die für die Verkündigung in der Gegenwart bedeutsam sind.
Wenn Jesus »Führer« genannt wird, so ist damit nicht gemeint, daß er das Vorbild ist, das wir nachahmen sollen. Daß das nicht der Anschauung des Hebräerbriefs entspricht, ergibt sich eindeutig aus den anderen christologischen Aussagen des Schreibens. Er ist nicht unser Vorbild, weil wir ihm, obwohl er uns gleichgeworden ist, nicht gleich sind; denn er ist sündlos, wir aber nicht. Er hat nicht gezeigt, wie man es machen muß, um zum Ziel zu kommen, sondern hat den Weg gebahnt und bringt seine Brüder, mit denen er verbunden ist, zum Ziel. Als Anführer will er nicht Nach-ahmer, sondern Nach-folger. Das Wort »Nachfolgen« kommt im Hebräerbrief nicht vor. Aber es ist die selbstverständliche Konsequenz aus der Proklamierung Jesu als Vorläufer und Anführer.[53]
Der Ausdruck »Führer« hat durch die politischen Vorgänge in diesem Jahrhundert einen negativen Klang erhalten. Auch zur Zeit des Neuen Testaments hätte er für die Urchristen anstößig sein können, weil er damals ebenfalls im politischen Raum beheimatet und religiös gefüllt war. Wenn Jesus trotzdem im Neuen Testament als ἀρχηγός bezeichnet wird, so soll er damit nicht als Heros verehrt werden. Er war nicht eine autonome Gestalt, die selbstherrlich alles bestimmte, nicht der siegreiche Führer, der durch seinen Mut und seine Klugheit alle Schwierigkeiten beseitigte. Er war kein höheres Wesen, das nur ein Scheinleben auf Erden führte, sondern er hat an unserm Fleisch und Blut teilgehabt (Hebr 2,14). Er war ein Mensch, wie wir es alle sind, doch ohne Sünde, aber der Not, dem Druck des Lebens, den Versuchungen, dem Leiden und Sterben ausgesetzt; er war denselben Bedingungen des Menschseins unterworfen wie die andern. Um Anführer zu sein, mußte er denen, denen er vorausging und für die er den Weg bahnen sollte, in allen Stükken gleich werden (Hebr 2,17). Er hat sich der Menschen nicht geschämt, sondern sich zu ihnen als seinen Brüdern bekannt (Hebr 2,11ff). In den Tagen seines Erdenlebens hat er mit lautem Schreien und unter Tränen Bitten und Gebet vor Gott gebracht, der allein ihn von dem Tode hätte erretten können (Hebr 5,7f). Gott hat ihn vor dem Tode nicht bewahrt. Jesus

53 *Schweizer*, Erniedrigung S. 138.

mußte sein Leben lassen. Er ist jedoch nicht gestorben, wie alle sterben müssen. Seine Geschichte ist mit seinem Tode nicht beendet. Weil er in allen Stücken dem Willen Gottes gemäß gelebt hat, weil er den Weg des Gehorsams bis zum Ende gegangen ist, ist er nicht im Tode geblieben, sondern Gott hat ihn auferweckt, er sitzt zur Rechten Gottes und ist mit Herrlichkeit und Ehre gekrönt (Hebr 2,9).

Trotz seines Ausscheidens aus dieser Welt hat Jesus die Menschen nicht im Stich gelassen und sie hilflos dem Verderben preisgegeben. Sein Sterben ist ein allem Sterben der Menschen vorauslaufender Tod, so daß er für die Menschen von einmaliger Bedeutung ist. Jesus Christus ist nicht im Tode geblieben. Sein Eingang in das Leben ist ein Beweis, daß die Macht des Todes besiegt ist.[54] Durch seinen Tod und seine Erhöhung hat er eine Bresche in die Todesverfallenheit der Menschen geschlagen. *Sein Durchbruch zum Leben hat Konsequenzen für die Menschen, die bisher durch Todesfurcht geknechtet waren* (Hebr 2,14). Kein Mensch kann dem Tode entfliehen (Hebr 9,27). Das Leben der Menschen ist mit dem ersten Atemzug, den ein Kind tut, ein Leben zum Tode. Die Todesfurcht, die mehr ist als eine psychische Verhaltensweise dem physischen Sterben gegenüber, macht das menschliche Leben zum Dasein eines Sklaven. Das Sterben Jesu Christi hat die Wirkung, daß der entmächtigt worden ist, der die Gewalt über den Tod hatte. Christus hat den Gewalttäter besiegt. Durch seinen Gehorsamsweg in den Tod hat er die Todesknechtschaft der Menschen beseitigt. So ist er der Bahnbrecher für die Menschen zum Heil, zum Leben. Mit dem Tode Jesu hat das Sterben der Menschen nicht aufgehört. Aber der Tod wird nicht mehr ein diabolisches Machtmittel. Christen folgen, auch wenn sie sterben, ihrem Anführer Jesus Christus nach. Weil dieser den Weg des Todes gegangen ist, aber im Reich des Todes nicht geblieben ist, kann er ihnen, den Nachfolgenden, den Weg zeigen, der aus dem Tod in das Land des verheißenen Heils führt. Der im Himmel Thronende übernimmt die Führung für die, die ihm gehören, wenn sie die Welt des Verderbens verlassen. Er geleitet sie, weil er vorangeschritten ist, zu dem Ziel der Herrlichkeit.[55]

Das Bekenntnis zu Jesus als dem Anführer des Heils steht nicht

54 *Friedrich,* Bedeutung der Auferweckung S. 371.
55 *Gyllenberg,* S. 680f.

im Gegensatz zur Verkündigung des Kreuzes. Wie die neutestamentlichen Stellen zeigen, gehört beides aufs engste zusammen. Der Anführer sucht nicht Ehre, sondern er hat die Schande, am Kreuz sein Leben zu lassen, nicht gemieden und das Kreuz ertragen (Hebr 12,2). Wer sich für ihn entscheidet und ihm, dem Anführer nachfolgen will, muß ebenfalls bereit sein, die Schmach auf sich zu nehmen (Hebr 13,13), Benachteiligungen, Beschimpfungen und Verfolgungen zu ertragen (Hebr 10,33f). Das gehört auch zu dem Weg, den der Anführer zum Leben seinen Nachfolgern zeigt.

15
Zusammenfassung

Das Neue Testament hat viele Vergleiche und Bilder, um den Menschen seiner Zeit die Bedeutung des Sterbens Jesu nahezubringen. Wie sich gezeigt hat, sprechen diese Bilder und Vergleiche den Menschen heute nicht mehr so unmittelbar an, wie es damals der Fall gewesen ist. Zum Teil erwecken sie sogar falsche Vorstellungen, so daß die biblische Botschaft verdunkelt werden kann. Darum bedürfen sie oft langer Erklärungen, wenn man sie verständlich zu machen versucht und ihre Bildkraft ausnutzen will. *Der heutige Prediger muß darauf bedacht sein, wie er unmißverständlich die Bedeutung und den Anstoß des Heilswirkens Gottes in Jesus Christus seinen Hörern kundtun kann. Ein möglicher Weg ist, auf Jesus, der durch Angst und Verspottung, durch Niederlagen und qualvolles Sterben gekennzeichnet ist, als Anführer aus der Welt des Todes in das Reich des Lebens hinzuweisen.*

Literaturverzeichnis

Allegro, I.M., Die Botschaft vom Toten Meer. Das Geheimnis der Schriftrollen, 1957.

Altaner, B./Stuiber, A., Patrologie. Leben, Schriften und Lehre der Kirchenväter, [8]1978.

Althaus, P., Die christliche Wahrheit, 1948.

–, Art. Kenosis, in: RGG[3] III Sp. 1244–1246.

Asendorf, U./Nagel, W./ Roloff, J. und *Mumm, R.*, Die Heilsbedeutung von Kreuz und Auferstehung Jesu Christi (FuH 20), 1970.

Baader, W., Das Kreuz Christi im Widerstreit der Meinungen, in: Referate, Voten und Dokumente von der 35. ordentlichen Landessynode der Ev.-Luth. Landeskirche Schleswig-Holstein in Rendsburg, 1968.

Bachmann, Ph., Der 2. Brief des Paulus an die Korinther (KNT 8), [2]1909.

Balz, H.R., Methodische Probleme der neutestamentlichen Christologie (WMANT 25), 1967.

Bammel, E., Herkunft und Funktion der Traditionselemente in 1.Kor. 15,1–11, ThZ 11 (1955) S. 401–419.

–, Versuch zu Kol 1,15–20, ZNW 52 (1961) S. 88–95.

Bardtke, H., Die Handschriftenfunde am Toten Meer. Die Sekte von Qumran, 1958.

Barrett, C.K., The Lamb of God, NTS 1 (1954/55) S. 210–218.

–, The Background of Mark 10,45, in: New Testament Essays, Festschr. T.W.Manson, 1959, S. 1–18.

Barth, K., Kurze Erklärung des Römerbriefes, 1956.

Bartsch, H.W., Die Bedeutung des Sterbens Jesu nach den Synoptikern, ThZ 20 (1964) S. 87–102.

–, Zur vorpaulinischen Bekenntnisformel im Eingang des Römerbriefes, ThZ 23 (1967) S. 329–339.

Bauer, W., Das Johannesevangelium (HNT 6), [2]1925.

–, Griechisch-deutsches Wörterbuch zu den Schriften des NT und der übrigen urchristlichen Literatur, [5]1958.

Baumann, R., Mitte und Norm des Christlichen. Eine Auslegung von 1.Kor. 1,1–3,4 (NTA NF 5), 1968.

Baumgarten, J., Paulus und die Apokalyptik. Die Auslegung apokalyptischer Überlieferungen in den echten Paulusbriefen (WMANT 44), 1975.

Baumgarten, J.M., Does *tlh* in the Temple Scroll Refer to Crucifixion?, JBL 91 (1972) S. 472–481.

Beck, J.T., Erklärung des Briefes Pauli an die Römer I, 1884.

Becker, J., Untersuchungen zur Entstehungsgeschichte der Testamente

der 12 Patriarchen (AGSU 8), 1970.
–, Beobachtung zum Dualismus im Johannesevangelium, ZNW 65 (1974) S. 73–78.
–, Auferstehung der Toten im Urchristentum (SBS 82), 1976.
–, Der Brief an die Galater (NTD 8) [14]1976.
–, Das Evangelium des Johannes (Ökumenischer Taschenbuch-Kommentar zum NT 4,1), 1979; (4,2) 1981.
Behm, J., Art. αἷμα, in: ThWNT I S. 171–175.
–, Art. ἐκχέω, in: ThWNT II S. 465–466.
–, Art. κλάω, in: ThWNT III S. 726–743.
Bergmeier, R., Quellen vorchristlicher Gnosis?, in: Festschr. K.G.Kuhn, 1971, S. 200–220.
Berliner Arbeitskreis für Koptisch-gnostische Schriften, Die Bedeutung der Texte von Nag Hammadi für die moderne Gnosisforschung, in: *K. W. Tröger*, Gnosis und Neues Testament. Studien aus Religionswissenschaft und Theologie, 1973, S. 13–76.
Bertram, G., Art. κρεμάννυμι, in: ThWNT III S. 915–920.
Betz, J., Die Eucharistie in der Zeit der griechischen Väter II 1. Die Realpräsenz des Leibes und Blutes Jesu im Abendmahl nach dem Neuen Testament, 1961.
Betz, O., Die Proselytentaufe der Qumrantexte und die Taufe im Neuen Testament, RQ 1 (1958/59) S. 213–234.
Beyschlag, K., Zur Simon-Magus-Frage, ZThK 68 (1971) S. 395–426.
–, Simon Magus und die christliche Gnosis (WUNT 16), 1974.
Blank, J., Das Johannesevangelium, BiLe 7 (1966) S. 28–39. 112–127.
–, Paulus und Jesus. Eine theologische Grundlegung (StANT 18), 1968.
Blass, F., Debrunner, A., Grammatik des neutestamentlichen Griechisch, [9]1957.
Blass, F., Debrunner, A., Rehkopf, F., Grammatik des neutestamentlichen Griechisch, [14]1976.
Bleek, F., Der Brief an die Hebräer II, 1836.
Blinzler, J., Der »Reisebericht« im Lukasevangelium, in: Aus der Welt und Umwelt des Neuen Testaments (1969), S. 62–93.
Bömer, F., Untersuchungen über die Religion der Sklaven in Griechenland und Rom, Bd. II: Die sog. sakrale Freilassung in Griechenland und die δοῦλοι (ἱεροί) (Mainzer Akademie der Wissenschaften und Literatur. Abh. der geistes- und sozialwissenschaftl. Klasse), 1960.
Bolkovac, P., Seelsorge und Sprache, 1946.
Boman, Th., Die Jesusüberlieferung im Lichte der neueren Volkskunde, 1967.
Bornkamm, G., Mythos und Evangelium (TEH NF 26), 1951.
–, Die Offenbarung des Zornes Gottes, in: Das Ende des Gesetzes (BEvTh 16), 1952, S. 9–33.
–, Taufe und neues Leben bei Paulus, ebd., S. 34–50.
–, Herrenmahl und Kirche bei Paulus, in: Studien zu Antike und Urchristentum. Ges. Aufs. II (BEvTh 28), 1959, S. 138–176.
–, Das Bekenntnis im Hebräerbrief, ebd., S. 188–203.
–, Art. Evangelien, in: RGG[3] II Sp. 749–765.
–, Jesus von Nazareth (Urban Bücherei 19), [11]1977.
Bousset, W., Die armenische Übersetzung der Testamente der zwölf

Patriarchen, ZNW 1 (1900) S. 106–175.
–, Der 1. Brief an die Korinther, in: *J.Weiß*, SNT II, ²1908.
–, Kyrios Christos. Geschichte des Christusglaubens von den Anfängen des Christentums bis Irenäus, ²1921.
Brandenburger, E., Σταυρός. Kreuzigung Jesu und Kreuzestheologie (WuD 10), 1969, S. 17–43.
–, Frieden im Neuen Testament. Grundlinien urchristlichen Friedensverständnisses, 1973.
Braumann, G., Leidenskelch und Todestaufe, Mc 10,38f, ZNW 56 (1965) S. 178–183.
Braun, H., Qumran und Neues Testament I, 1960.
–, Der Sinn der neutestamentlichen Christologie. Gesammelte Studien zum Neuen Testament und seiner Umwelt, ²1967, S. 243–282.
Brox, N., Der 1. Petrusbrief (EKK 21), 1979.
Brunner, E. Der Römerbrief (BhG 6), 1948.
Brunner, P., Aus der Kraft des Werkes Christi. Zur Lehre von der heiligen Taufe und vom heiligen Abendmahl (Kirchl. Theol. Hefte 9), 1950.
–, Wesen und Funktion von Glaubensbekenntnissen, in: Veraltetes Glaubensbekenntnis?, 1968, S. 7–64.
Büchsel, F., Art. ἀλλάσσω, in: ThWNT I S. 252–260.
–, Art. ἱλάσκομαι, ἱλαστήριον, in: ThWNT III S. 311–318.320–324.
–, Art. λύτρον, ἀπολύτρωσις, in: ThWNT IV S. 341–359.
–, Die Theologie des Hebräerbriefes (BFChTh 27,2), 1972.
Bultmann, R., Die Geschichte der synoptischen Tradition, ²1931.
–, Reich Gottes und Menschensohn, ThR 9 (1937) S. 1–35.
–, Neues Testament und Mythologie, in: Kerygma und Mythos 1 (1948), S. 15–53.
–, Das Evangelium nach Johannes (KEK II), ¹¹1950.
–, Art. ἐλπίς, in: ThWNT II S. 527–530.
–, Das Verhältnis der urchristlichen Christusbotschaft zum historischen Jesus, in: Exegetica. Aufsätze zur Erforschung des Neuen Testaments, 1967, S. 445–469.
–, Theologie des Neuen Testaments, ⁶1968.
–, Der 2. Brief an die Korinther, 1976.
Burchard, Ch., Zur armenischen Überlieferung der Testamente der zwölf Patriarchen, in: *Ch.Burchard, J.Jervell, J.Thomas*, Studien zu den Testamenten der zwölf Patriarchen (BZNW 36), 1969.
Burger, Ch., Jesus als Davidssohn. Eine traditionsgeschichtliche Untersuchung (FRLANT 98), 1970.
–, Schöpfung und Versöhnung. Studien zum liturgischen Gut von Kolosser- und Epheserbrief (WMANT 46), 1975.
Bussmann, C., Themen der paulinischen Missionspredigt auf dem Hintergrund der spätjüdisch-hellenistischen Missionsliteratur (EHS.T 23,3), 1971.
–, »Christus starb für unsere Sünden«. Eine Anfrage an die Exegese angesichts des Unverständnisses, auf das dieser Satz heute trifft, in: Biblische Randbemerkungen, Schüler-Festschr. R.Schnackenburg, ²1974, S. 337–345.
Campenhausen, H.v., Der Ablauf der Osterereignisse und das leere

Grab, in: Tradition und Leben. Kräfte der Kirchengeschichte, 1960, S. 48–113.
Cerfaux, L., Christus in der paulinischen Theologie, 1964.
Clemen, C., Religionsgeschichtliche Erklärung des Neuen Testaments. Die Abhängigkeit des ältesten Christentums von nichtjüdischen Religionen und philosophischen Systemen 2, 1924.
Colpe, C., Die religionsgeschichtliche Schule. Darstellung und Kritik ihres Bildes vom gnostischen Erlösermythos (FRLANT 98), 1961.
–, Gnomon 38 (1966) S. 47–51.
–, Art. ὁ υἱὸς τοῦ ἀνθρώπου, in: ThWNT VIII S. 403–481.
–, Gnosis II, RAC 11 Sp. 537–659.
Conzelmann, H., Die Apostelgeschichte (HNT 7), 1963.
–, Die Mitte der Zeit. Studien zur Theologie des Lukas (BHTh 17), ^{5}1964.
–, Grundriß der Theologie des NT, 1968.
–, Der 1. Brief an die Korinther (KEK V), ^{11}1969.
–, Der Brief an die Kolosser (NTD 8), ^{14}1976.
–, Art. Jesus Christus, in: RGG^{3} III Sp. 619–653.
Cranfield, C.E.B., The Epistle to the Romans I (ICC), 1977.
Cullmann, O., The Significance of the Qumran Texts for Research into the Beginnings of Christianity, JBL 74 (1955) S. 213–226.
–, Der Staat im Neuen Testament, 1956.
–, Die Christologie des Neuen Testaments, ^{5}1975.
Dalman, G., Jesus – Jeschua. Die drei Sprachen Jesu. Jesus in der Synagoge, auf dem Berge, beim Passahmahl, am Kreuz, 1922.
Dauer, A., Die Passionsgeschichte im Johannesevangelium. Eine traditionsgeschichtliche und theologische Untersuchung zu Joh 18,1–19,30 (StANT 30), 1972.
Dechent, H., Der »Gerechte« – eine Bezeichnung für den Messias, ThStKr 100 (1927/28) S. 439–443.
Deichgräber, R., Gotteshymnus und Christushymnus in der frühen Christenheit. Untersuchungen zu Form, Sprache und Stil der frühchristlichen Hymnen (StUNT 5), 1967.
Deißmann, A., Bibelstudien. Beiträge, zumeist aus den Papyri und Inschriften zur Geschichte der Sprache, des Schrifttums und der Religion des hellenistischen Judentums und des Urchristentums, 1895.
–, ἱλαστήριος und ἱλαστήριον. Eine lexikalische Studie, ZNW 4 (1903) S. 193–212.
–, Licht vom Osten. Das Neue Testament und die neuentdeckten Texte der hellenistisch-römischen Welt, ^{4}1923.
–, Paulus. Eine kultur- und religionsgeschichtliche Skizze, ^{2}1925.
Delling, G., Art. ἀρχηγός κτλ., in: ThWNT I S. 485–488.
–, Art. πλήρωμα, in: ThWNT VI S. 297–304.
–, Die Bedeutung der Auferstehung Jesu für den Glauben an Jesus Christus, in: *F. Viering*, Die Bedeutung der Auferstehungsbotschaft für den Glauben an Jesus Christus, 1966, S. 65–90.
–, Art. βάπτισμα, βαπτισθῆναι, in: Studien zum Neuen Testament und zum hellenistischen Judentum, 1970, S. 236–256.
–, Der Tod Jesu in der Verkündigung des Paulus, ebd., S. 336–346.
–, Röm 13,1–7 innerhalb der Briefe des Neuen Testaments, oJ.

–, Der Kreuzestod Jesu in der urchristlichen Verkündigung, 1971.
Demke, Ch., Der sog. Logos-Hymnus im johanneischen Prolog, ZNW 58 (1967) S. 45–68.
Dibelius, M., Joh 15,13. Eine Studie zum Traditionsproblem des Johannesevangeliums, in: Botschaft und Geschichte, Bd. I, 1953, S. 204–220.
–, Die alttestamentlichen Motive in der Leidensgeschichte des Petrus- und des Johannes-Evangeliums, ebd., S. 221–247.
–, Die Isis-Weihe bei Apuleius und verwandte Initiationsriten, ebd., Bd. II, 1956, S. 30–79.
–, und *Greeven, H.*, An die Kolosser, Epheser, an Philemon (HNT 12), [3]1953.
–, und *Conzelmann, H.*, Die Pastoralbriefe (HNT 13), [3]1955.
–, Die Formgeschichte des Evangeliums, [3]1959.
–, *Kümmel, W. G.*, Paulus, [4]1970.
Dietrich, W., Kreuzesverkündigung, Kreuzeswort und Kreuzesepigraph, in: Randbemerkungen zum »Kreuz Christi« bei Paulus, Theok 2 (1973) S. 214–231.
Dinkler, E., Art. Taufe, in: RGG[3] VI Sp. 627–637.
–, Älteste christliche Denkmäler, Bestand und Chronologie, in: Signum Crucis (1967) S. 134–178.
–, Die Verkündigung als eschatologisch-sakramentales Geschehen. Auslegung von 2Kor 5,14–6,2, in: Festschr. H.Schlier, 1970, S. 169–189.
–, Art. Friede, in: RAC VIII Sp. 434–505.
Dodd, C.H., According to the Scriptures. The Sub-Structure of New Testament Theology, 1957.
–, Historical Tradition in the Fourth Gospel, 1963.
Dörrie, H., Zu Hbr 11,1, ZNW 46 (1955) S. 196–202.
Dornseiff, F., Der deutsche Wortschatz nach Sachgruppen, [5]1959.
Drijvers, H.J., Ursprung des Gnostizismus als religionsgeschichtliches Problem, in: *K.Rudolph*, Gnosis und Gnostizismus (WdF 262), 1975, S. 798–841.
Dupont-Sommer, A., Die essenischen Schriften vom Toten Meer, 1960.
Ebeling, G., Dogmatik des christlichen Glaubens II, 1979.
Eckart, K.G., Exegetische Beobachtungen zu Col 1,9–20, ThViat 7 (1959/60) S. 87–106.
Eichholz, G., Die Theologie des Paulus im Umriß, 1972.
Eichrodt, W., Theologie des Alten Testaments, Bd. I, [8]1968.
Eißfeldt, O., Einleitung in das Alte Testament, [3]1964.
Elert, W., Redemptio ab hostibus, ThLZ 72 (1947) S. 265–270.
Elliger, K., Leviticus (HAT I 4), 1966.
Eltester, W., Der Logos und sein Prophet, in: Festschr. E.Haenchen, 1964, S. 109–134.
Ernst, J., Pleroma und Pleroma Christi. Geschichte und Deutung eines Begriffs der paulinischen Antilegomena (BU 5), 1970.
–, Die Briefe an die Philipper, an Philemon, an die Kolosser, an die Epheser (RNT), 1974.
Ewald, P., Die Briefe des Paulus an die Epheser, Kolosser und Philemon (KNT X), 1905.

Fascher, E., Jes 53 in christlicher und jüdischer Sicht, in: AVTRW 4, oJ.
–, Theologische Beobachtungen zu δεῖ, in: Festschr. Bultmann, 1954, S. 228–254.
Feine, P., Das gesetzesfreie Evangelium des Paulus nach seinem Werdegang dargestellt, 1899.
–, Theologie des Neuen Testaments, [6]1934
Fichte, J.G., Die Grundzüge des gegenwärtigen Zeitalters. Dargestellt in Vorlesungen. Sämtliche Werke VII, hrsg. von *I.Hermann Fichte*, oJ.
Fiedler, P., Sünde und Vergebung im Christentum, Concilium 10 (1974) S. 568–571.
Fischer, K.M., Tendenz und Absicht des Epheserbriefes (FRLANT 111), 1973.
–, Der johanneische Christus und der gnostische Erlöser. Überlegungen auf Grund von Joh 10, in: *K.W.Tröger*, Gnosis und Neues Testament. Studien aus Religionswissenschaft und Theologie, 1973, S. 245–266.
Förster, W., Art. εἰρήνη, in: ThWNT II S. 405–416.
–, Art. σωτήρ, in: ThWNT VII S. 1010–1012.
Fohrer, G., Art. σωτήρ, in: ThWNT VII S. 1013.
Forestell, J.T., The Word of the Cross. Salvation as Revelation in the fourth Gospel (AnBib 57), 1974.
Friedrich, G., Art. εὐαγγέλιον, in: ThWNT II S. 718–734.
–, Art. προφήτης, in: ThWNT VI S. 829–863.
–, Art. Römerbrief, in: RGG[3] V Sp. 1137–1143.
–, Die Briefe an die Philipper und Thessalonicher (NTD 8), [14]1976.
–, Utopie und Reich Gottes (Kleine Vandenhoeck-Reihe 1403), oJ.
–, Beobachtungen zur messianischen Hohepriestererwartung in den Synoptikern, in: Auf das Wort kommt es an, Gesammelte Aufsätze, 1978, S. 56–102.
–, Die Gegner des Paulus im 2. Korintherbrief, ebd., S. 189–223.
–, Ein Tauflied hellenistischer Judenchristen, 1Thess 1,9f., ebd., S. 236–250.
–, Das Lied vom Hohenpriester im Zusammenhang von Hebr. 4,14–5,10, ebd., S. 279–299.
–, Ursprung, Urform und Urbedeutung des Abendmahls, ebd., S. 301–318.
–, Die Auferweckung Jesu, eine Tat Gottes oder ein Interpretament der Jünger?, ebd., S. 319–353.
–, Die Bedeutung der Auferweckung Jesu nach Aussagen des Neuen Testaments, ebd., S. 354–373.
–, Fragen des Neuen Testaments an die Homiletik, ebd., S. 457–491.
–, Art. δύναμις, in: Exeget. Wörterbuch zum NT, 1980, S. 860–867.
Frohnes, H., in: *M.Kähler*, Schriften zu Christologie und Mission. Das Kreuz, Grund und Maß der Christologie (TB 42), 1971.
Fuchs, E., Die Freiheit des Glaubens, Röm 5–8 ausgelegt (BEvTh 14), 1949.
–, Zur Frage nach dem historischen Jesus, in: Glaube und Erfahrung. Zum christologischen Problem im Neuen Testament. Gesammelte Aufsätze III, 1965, S. 1–31.
Füglister, N., Die Heilsbedeutung des Pascha (StANT 8), 1963.

Funck, H., Goethe und Lavater, Briefe und Tagebücher (Schriften der Goethegesellschaft 16), 1901.
Gabathuler, H.J., Jesus Christus – Haupt der Kirche – Haupt der Welt. Der Christushymnus Col 1,15–20 in der theologischen Forschung der letzten 130 Jahre (AThANT 45), 1965.
Gächter, P., Strophen im Johannes-Evangelium, ZKTh 60 (1936) S. 99–120. 420–423.
Gaugler, E., Der Brief an die Römer I, 1945.
–, Der Epheserbrief, 1966.
Gäumann, N., Taufe und Ethik. Studien zu Röm 6 (BEvTh 47), 1967.
Geiger, L., Briefwechsel zwischen Goethe und Zelter III, 1902.
Gese, H., Die Sühne, in: Zur biblischen Theologie. Alttestamentliche Vorträge, 1977, S. 85–106.
–, Der Johannesprolog, ebd., S. 152–201.
Gnilka, J., Das Gemeinschaftsmahl der Essener, BZ NF 5 (1961) S. 39–55.
–, Der Philipperbrief (HThK X 3), 1968.
–, Christus unser Friede – ein Friedens-Erlöserlied in Eph 2,14–17. Erwägungen zu einer neutestamentlichen Friedenstheologie, in: Festschr. H.Schlier, 1970, S. 190–207.
–, Der Epheserbrief (HThK X 2), 1971.
–, Wie urteilte Jesus über seinen Tod?, in: *K.Kertelge*, Der Tod Jesu. Deutungen im NT (QD 74), 1976, S. 13–50.
–, Martyriumsparänese und Sühnetod in synoptischen und jüdischen Traditionen, in: Festschr. H. Schürmann, 1978, S. 223–246.
–, Das Evangelium nach Markus (EKK II 2), 1979.
Godet, F., Kommentar zu dem Brief an die Römer I, ²1892.
Gogarten, F., Die Verkündigung Jesu Christi, 1948.
Goppelt, L., Typos. Die typologische Deutung des Alten Testaments im Neuen (BFchTh II 43), 1939.
–, Art. ποτήριον, in: ThWNT VI S. 148–158.
–, Geschichtlich wirksames Sterben. Zur Sühnewirkung des Kreuzes, in: Festschr. H.Thielicke, 1968, S. 61–68.
–, Versöhnung durch Christus, in: Christologie und Ethik, 1968, S. 147–164.
–, Theologie des Neuen Testaments. Jesu Wirken in seiner theologischen Bedeutung, Bd. I, 1975; Bd. II, 1976.
–, Der 1. Petrusbrief (KEK XII 1), 1978.
Gottlieb, H., τὸ αἷμα μου τῆς διαθήκης, StTh 14 (1960) S. 115–118.
Grässer, E., Der Glaube im Hebräerbrief (MThSt 2), 1965.
–, Hebräer 1,1–4. Ein exegetischer Versuch (EKK 3), 1971.
–, Die Heilsbedeutung des Todes Jesu in Hebräer 2,14–18, in: Festschr. E.Dinkler, 1979, S. 165–184.
Graß, H., Ostergeschehen und Osterberichte, ⁴1970.
Grimm, W., Eschatologischer Saul wider eschatologischen David. Eine Deutung von Lk 13,31ff, NT 15 (1973) S. 114–133.
–, Weil ich dich liebe. Die Verkündigung Jesu und Deuterojesaja (Arbeiten zum NT und Judentum 1), 1976.
Grundmann, W., Die Gotteskindschaft in der Geschichte Jesu und ihre religionsgeschichtlichen Voraussetzungen, 1938.

–, Das Problem des hellenistischen Christentums innerhalb der Jerusalemer Gemeinde, ZNW 38 (1939) S. 45–73.

–, Das Evangelium nach Markus (ThHK II), ²1959.

–, Das Evangelium nach Lukas (ebd. III), ⁷1974.

–, Art. δεῖ, in: ThWNT II S. 21–25.

–, Art. χρίω κτλ., in: ThWNT IX S. 518–576.

Gryglewicz, F., Das Lamm Gottes, NTS 13 (1966/67) S. 133–146.

Gubler, M.L., Die frühesten Deutungen des Todes Jesu. Eine motivgeschichtliche Darstellung aufgrund der neueren exegetischen Forschung (OBO 15), 1977.

Güttgemanns, E., Der leidende Apostel und sein Herr. Studien zur paulinischen Christologie (FRLANT 90), 1966.

Gyllenberg, R., Die Christologie des Hebräerbriefes, ZSTh 11 (1934) S. 662–690.

Haas, N., Anthropological Observations on the Skeletal Remains from Giv–at ha–Mivtar, IEJ 20 (1970) S. 38–59.

Hadorn, D.W., Die Offenbarung des Johannes (ThHK 18), 1928.

Haenchen, E., Probleme des johanneischen Prologs, in: Gott und Mensch, 1965, S. 114–143.

–, Die Apostelgeschichte (KEK III), ⁵1965.

–, Der Weg Jesu. Eine Erklärung des Markus-Evangeliums und der kanonischen Parallelen, ²1968.

Hahn, F., Die alttestamentlichen Motive in der urchristlichen Abendmahlsüberlieferung, EvTh 27 (1967) S. 337–389.

–, Siehe, jetzt ist der Tag des Heils. Neuschöpfung und Versöhnung nach 2Kor 5,14–6,2, EvTh 33 (1973) S. 244–253.

–, Christologische Hoheitstitel. Ihre Geschichte im frühen Christentum, ⁴1974.

–, Methodologische Überlegungen zur Rückfrage nach Jesus. In: *K. Kertelge*, Rückfrage nach Jesus (QD 63), 1974, S. 11–77.

–, Zum Stand der Erforschung des urchristlichen Herrenmahls, EvTh 35 (1975) S. 553–563.

Hahn, W.T., Das Mitsterben und Mitauferstehen mit Christus bei Paulus. Ein Beitrag zum Problem der Gleichzeitigkeit des Christen mit Christus, 1937.

Harms, C., Ausgewählte Schriften und Predigten II, 1955.

Harnack, A.v., Beiträge zur Einleitung in das Neue Testament II, Sprache und Reden Jesu, 1907.

–, Aus Wissenschaft und Leben II, 1911.

Haupt, E., Die Gefangenschaftsbriefe (KEK VIII und IX), ⁸1902.

Hausrath, A., Jesus und die neutestamentlichen Schriftsteller I, 1908.

Hegermann, H., Die Vorstellung vom Schöpfungsmittler im hellenistischen Judentum und Urchristentum (TU 82), 1961.

Heiler, F., Erscheinungsformen und Wesen der Religion, 1961.

Heim, K., Jesus der Weltvollender. Der Glaube an die Versöhnung und die Weltverwandlung, 1937.

Heisenberg, W., Sprache und Wirklichkeit in der modernen Physik, in: Schritte über die Grenzen. Ges. Reden und Aufsätze, 1971, S. 160–181.

Heitmüller, W., Taufe und Abendmahl im Urchristentum (RV Bd. I

22/23), 1911.
Hengel, M., Der Kreuzestod Jesu Christi als Gottes souveräne Erlösungstat. Exegese über 2Kor 5,11–21, in: Theologie und Kirche. Reichenau-Gespräch der Evangelischen Landessynode Württemberg, 1967, S. 60–89.
–, Nachfolge und Charisma. Eine exegetisch-religionsgeschichtliche Studie zu Mt 8,21f und Jesu Ruf in die Nachfolge, 1968.
–, Gewalt und Gewaltlosigkeit. Zur »politischen Theologie« in neutestamentlicher Zeit (CwH 118), 1971.
–, Mors turpissima crucis, in: Festschr. E.Käsemann, 1976, S. 125–184.
Herrmann, J., Art. ἱλάσκομαι, in: ThWNT III S. 302–311.
Hill, D., Greek Words and Hebrew Meanings: Studies in the Semantics of Soteriological Terms (MSSNTS 5), 1967.
Hofius, O., Der Vorhang vor dem Thron Gottes (WUNT 14), 1972.
–, Erwägungen zur Herkunft des paulinischen Versöhnungsgedankens, ZThK 77 (1980) S. 186–199.
Hoffmann, P., Studien zur Theologie der Logienquelle (NTA NF 8), 1972.
Hofmann, J.Chr.K.v., Die Heilige Schrift neuen Testaments 3, 1868.
Hofrichter, E., Egeneto anthropos. Text und Zusätze im johanneischen Prolog, ZNW 70 (1979) S. 214–237.
Holtz, T., Die Christologie der Apokalypse des Johannes (TU 85), ²1971.
Holtzmann, H.J., Lehrbuch der neutestamentlichen Theologie, ²1911.
Hunzinger, C.-H., Art. ῥαντίζω, in: ThWNT VI S. 976–984.
Iwand, H.J., Zur Versöhnungslehre, in: Um den rechten Glauben (TB 9), 1959, S. 214–221.
Jeremias, G., Der Lehrer der Gerechtigkeit, 1963.
Jeremias, J., Art. ἀμνός, in: ThWNT I S. 342–345.
–, Art. Μωυσῆς, in: ThWNT IV S. 852–878.
–, Art. πάσχα, in: ThWNT V S. 895–903.
–, παῖς im Neuen Testament, in: Abba. Studien zur neutestamentlichen Theologie und Zeitgeschichte, 1966, S. 191–216.
–, Das Lösegeld für viele (Mk 10,45), ebd., S. 216–229.
–, Artikelloses Χριστός, Zur Ursprache von 1Cor 15,3b–5, ZNW 57 (1966) S. 211–215.
–, Der Opfertod Jesu, ²1966.
–, Die Abendmahlsworte Jesu, ⁴1967.
–, Neutestamentliche Theologie I. Die Verkündigung Jesu, ²1973.
–, Die Briefe an Timotheus (NTD 9), ¹¹1975.
–, Jesus und seine Botschaft, 1976.
Joest, W., Art. Versöhnung, in: RGG³ VI Sp. 1378–1379.
Jonas, J., Gnosis und spätantiker Geist (FRLANT 51), 1934.
Jülicher, A., Der Brief an die Römer, SNT II, ²1908.
–, Die Gleichnisse Jesu II, in: Auslegung der Gleichnisse der drei ersten Evangelien, ²1910.
Jüngel, E., Das Sein Jesu Christi als Ereignis der Versöhnung Gottes mit einer gottlosen Welt: Die Hingabe des Gekreuzigten, EvTh 38 (1978) S. 510–517.
Kähler, M., Das Kreuz, Grund und Maß der Christologie, in: Schriften zu Christologie und Mission, 1971.

Käsemann, E., Das wandernde Gottesvolk. Eine Untersuchung zum Hebräerbrief (FRLANT 55), 1939.

–, Erwägungen zum Stichwort »Versöhnungslehre im Neuen Testament«, in: Festschr. R.Bultmann, 1964, S. 47–59.

–, Eine urchristliche Taufliturgie, in: Exegetische Versuche und Besinnungen I, 1964, S. 34–51.

–, Kritische Analyse von Phil 2,5–11, ebd., S. 51–95.

–, Zum Verständnis von Röm 3,24–26, ebd., S. 96–100.

–, Das Problem des historischen Jesus, ebd., S. 187–214.

–, Zum Thema der Nichtobjektivierbarkeit, ebd., S. 224–236.

–, Zum Thema der urchristlichen Apokalyptik, ebd. II, ³1968, S. 105–131.

–, Aufbau und Anliegen des johanneischen Prologs, ebd., S. 155–180.

–, Die Heilsbedeutung des Todes Jesu bei Paulus, in: Paulinische Perspektiven, 1969, S. 61–107.

–, Art. Epheserbrief, in: RGG³ II Sp. 517–520.

–, An die Römer (HNT 8), ³1974.

Kaiser, O., Art. Versöhnung, BThW, ³1967, S. 1405–1412.

Kant, I., Die Religion innerhalb der Grenzen der bloßen Vernunft (Phil. Bibliothek 45), ⁶1961.

Kasper, W., Jesus der Christus, 1974.

Kehl, N., Der Christushymnus im Kolosserbrief. Eine motivgeschichtliche Untersuchung zu Kol 1,12–20, 1967.

Kertelge, K., »Rechtfertigung« bei Paulus. Studien zur Struktur und zum Bedeutungsgehalt des paulinischen Rechtfertigungsbegriffs (NTA NF 3), 1967.

–, Der dienende Menschensohn (Mk 10,45), in: Festschr. A. Vögtle, 1975, S. 225–239.

–, Der Tod Jesu. Deutungen im Neuen Testament (QD 74), 1976.

–, Das Verständnis des Todes Jesu bei Paulus, ebd., S. 114–136.

–, Das Abendmahl Jesu im Markus-Evangelium, in: Festschr. H.Zimmermann (BBB 53), 1980.

Kessler, H., Die theologische Bedeutung des Todes Jesu, 1970.

Kirchgässner, A., Erlösung und Sünde im Neuen Testament, 1950.

Kittel, G., Art. δόγμα, in: ThWNT II S. 233–235.

–, Art. אִזְדְּקֵף = ὑψωθῆναι = *gekreuzigt werden*. Zur angeblichen antiochenischen Herkunft des 4. Evangeliums, ZNW 35 (1936) S. 282–285.

–, Jesu Worte über sein Sterben, DTh 3 (1936) S. 166–189.

Klappert, B., Zur Frage des semitischen oder griechischen Urtextes von 1Kor 15,3–5, NTS 13 (1966/67) S. 168–173.

–, Diskussion um Kreuz und Auferstehung. Zur gegenwärtigen Auseinandersetzung in Theologie und Gemeinde, 1967.

Klausner, J., Von Jesus zu Paulus, 1950.

Klein, G., Hbr 2,10–18, in: Bibelkritik als Predigthilfe, Gesammelte Meditationen, 1971, S. 61–69.

Kliesch, K., Das heilsgeschichtliche Credo in den Reden der Apostelgeschichte (BBB 44), 1975.

Klinzing, G., Die Umdeutung des Kultes in der Qumrangemeinde und im Neuen Testament (STUNT 7), 1971.

Klostermann, E., Das Markus-Evangelium (HNT 3), ²1926.
Knopf, R., Die Briefe Petri und Judae (KEK 12), ⁷1912.
Koch, K., Sünde und Sündenvergebung um die Wende von der exilischen zur nachexilischen Zeit, EvTh 26 (1966) S. 217–239.
Kögel, J., Der Sohn und die Söhne. Eine exegetische Studie zu Hbr 2,5–18 (BFChTh 8), 1904, S. 5–6.
Köster, H., Art. ὑπόστασις, in: ThWNT VIII S. 571–588.
Kolping, A., Fundamentaltheologie II: Die konkretgeschichtliche Offenbarung Gottes, 1974.
Krämer, H., Zu Hbr 2 Vers 10 (WuD 3), 1952, S. 102–107.
Kränkel, E., Jesus, der Knecht Gottes (BU 8), 1972.
Kraft, H., Die Offenbarung des Johannes (HNT 16a), 1974.
Kramer, W., Christus Kyrios Gottessohn. Untersuchungen zu Gebrauch und Bedeutung der christologischen Bezeichnungen bei Paulus und den vorpaulinischen Gemeinden (AThANT 44), 1963.
Kraus, H.-J., Art. Erlösung, in: RGG³ II Sp. 586–588.
Kremer, J., Das älteste Zeugnis von der Auferstehung Christi (StBSt 17), 1966.
Kühl, E., Der Brief des Paulus an die Römer, 1913.
Kümmel, W.G., Verheißung und Erfüllung. Untersuchungen zur eschatologischen Verkündigung Jesu (AThANT 6), ³1956.
–, Kirchenbegriff und Geschichtsbewußtsein in der Urgemeinde und bei Jesus (SyBU 1), 1943.
–, in: *H.Lietzmann*, An die Korinther (HNT 9), ⁴1949.
–, Jesus und Paulus, in: Heilsgeschichte und Geschichte (MThST 3), 1965, S. 81–106. 439–456.
–, Πάρεσις und ἔνδειξις, ein Beitrag zum Verständnis der paulinischen Rechtfertigungslehre, ebd., S. 260–270.
–, Lukas in der Anklage der heutigen Theologie, ZNW 63 (1972) S. 149–165.
–, Einleitung in das Neue Testament, ¹⁷1973.
–, Die Theologie des Neuen Testaments nach seinen Hauptzeugen Jesus, Paulus und Johannes (NTD. E 3), ³1976.
Küng, H., Die Religionen als Frage an die Theologie des Kreuzes, EvTh 33 (1973) S. 401–423.
–, Christsein, 1974.
Kuhn, H.W., Der irdische Jesus bei Paulus als traditionsgeschichtliches und theologisches Problem, ZThK 67 (1970) S. 295–320.
–, Jesus als Gekreuzigter in der frühchristlichen Verkündigung bis zur Mitte des 2. Jahrhunderts, ZThK 72 (1975) S. 1–46.
Kuhn, K.G., Röm 6,7, ZNW 30 (1931) S. 305–310.
–, Die Abendmahlsworte, ThLZ 75 (1950) S. 399–408.
–, Über den ursprünglichen Sinn des Abendmahls und sein Verhältnis zu den Gemeinschaftsmahlen der Sektenschrift, EvTh 10 (1950/51) S. 508–527.
Kutsch, E., Das sogenannte Bundesblut in Ex 24,8 und Sach 9,11, VT 23 (1973) S. 25–30.
–, Neues Testament – Neuer Bund? Eine Fehlübersetzung wird korrigiert, 1978.
Kuss, O., Der Brief an die Römer (RNT 6), 1940.

–, Der Römerbrief, 1957ff.
–, Zur Frage einer vorpaulinischen Todestaufe, in: Auslegung und Verkündigung I, 1963, S. 162–186.
–, Der theologische Grundgedanke des Hebräerbriefes. Zur Deutung des Todes Jesu im NT, ebd., S. 281–328.
–, Der Brief an die Hebräer (RNT 8,1), [2]1966.
Lagarde, P. de, Über das Verhältnis des deutschen Staates zu Theologie, Kirche und Religion. Ein Versuch, noch Nicht-Theologen zu orientieren (Deutsche Schriften), [3]1892.
Lähnemann, J., Der Kolosserbrief. Komposition, Situation und Argumentation (StNT 3), 1971.
Larsson, E., Christus als Vorbild. Eine Untersuchung zu den paulinischen Tauf- und Eikontexten (ASNU 23), 1962.
Lehmann, K., Auferweckt am 3. Tag nach der Schrift. Früheste Christologie, Bekenntnisbildung und Schriftauslegung im Lichte von 1Kor 15,3–5 (QD 38), 1968.
Leipoldt, J., Die urchristliche Taufe im Lichte der Religionsgeschichte, 1928.
–, Das Christentum als Weltreligion im Kreise der Weltreligionen (HRW.M I 4), 1948.
–, Bilder zum neutestamentlichen Zeitalter. Umwelt des Urchristentums III, 1966.
Lietzmann, H., An die Römer (HNT 8), [3]1928.
Lindemann, A., Die Aufhebung der Zeit. Geschichtsverständnis und Eschatologie im Epheserbrief (StNT 12), 1975.
Link, H.G., Art. Kreuz, in: TBLNT, S. 826–830.
–, Art. Versöhnung, ebd., S. 1309–1313.
–, Gegenwärtige Probleme einer Kreuzestheologie, EvTh 33 (1973) S. 337–345.
Linnemann, E., Tradition und Interpretation in Röm 1,3f, EvTh 31 (1971) S. 264–275.
Lochman, J.M., Versöhnung und Befreiung. Absage an ein eindimensionales Heilsverständnis (Siebenstern 241), 1977.
Lohmeyer, E., Die Briefe an die Kolosser und an Philemon (KEK IX), [10]1954.
Löwith, K., Von Hegel zu Nietzsche. Der revolutionäre Bruch im Denken des 19. Jahrhunderts, Marx und Kierkegaard, [4]1958.
Lohse, B., Das Passafest der Quartadezimaner (BFChTh II 54), 1953.
Lohse, E., Die Ordination im Spätjudentum und im Neuen Testament, 1951.
–, Märtyrer und Gottesknecht. Untersuchungen zur urchristlichen Verkündigung vom Sühnetod Jesu, [2]1963.
–, Die Texte aus Qumran, 1964.
–, Die Geschichte des Leidens und Sterbens Jesu Christi, 1964.
–, Das Ärgernis des Kreuzes, in: *W. Baader,* Das Kreuz Christi im Widerstreit der Meinungen (Beihefte zum Konvent kirchl. Mitarbeiter 11), 1968.
–, Der Brief an die Kolosser und an Philemon (KEK IX 1), [14]1968.
–, Die alttestamentlichen Bezüge im neutestamentlichen Zeugnis vom Tode Jesu Christi, in: Die Einheit des Neuen Testaments, Exegeti-

sche Studien zur Theologie des NT, 1973, S. 111–124.
–, Wort und Sakrament im Johannes-Evangelium, ebd., S. 193–208.
–, Taufe und Rechtfertigung, ebd., S. 228–244.
–, Christologie und Ethik im Kolosserbrief, ebd., S. 249–261.
–, Ein hymnisches Bekenntnis in Kol. 2,13c–15, ebd., S. 276–284.
–, Grundriß der neutestamentlichen Theologie (ThW 5), 1974.
–, Tod und Leben im Neuen Testament, in: *O. Kaiser* und *E. Lohse*, Tod und Leben (Kohlhammer-Taschenbücher 1001), 1977, S. 81–142.
–, Die Offenbarung des Johannes (NTD 11), ^{5}1979.
–, Art. Σιών, in: ThWNT VII S. 318–338.
–, Art. χειρόγραφον, in: ThWNT IX S. 424f.
Lührmann, D., Das Offenbarungsverständnis bei Paulus und in paulinischen Gemeinden (WMANT 16), 1965.
–, Die Redaktion der Logienquelle (WMANT 33), 1969.
–, Rechtfertigung und Versöhnung. Zur Geschichte der paulinischen Tradition, ZThK 67 (1970) S. 437–452.
Luz, U., Das Geschichtsverständnis des Paulus (BEvTh 49), 1968.
–, Theologia crucis als Mitte der Theologie im Neuen Testament, Ev Th 34 (1974) S. 116–141.
Lyonnet, St., L'emploi paulinien de ἐξαγοράζειν au sens de »redimere« est-il attesté dans la littérature grecque?, Bib. 42 (1961) S. 85–89.
Maas, F., Art. כפר, in: THAT I, 1971, S. 842–857.
Maier, J., Die Texte vom Toten Meer II, 1960.
–, Die Tempelrolle vom Toten Meer (UTB 829), 1978.
Manson, W., Bist Du, der da kommen soll? Das Zeugnis der drei ersten Evangelien von der Offenbarung Gottes in Christo unter Berücksichtigung der Formgeschichte, 1952.
–, The Epistle to the Hebrews. An historical and theological reconsideration, ^{3}1957.
Marxsen, W., Die Auferstehung Jesu als historisches und theologisches Problem, 1964.
–, Erwägungen zum Problem des verkündigten Kreuzes, in: Der Exeget als Theologe. Vorträge zum NT, 1968.
–, Einleitung in das Neue Testament, ^{4}1978.
Maurer, Ch., Knecht Gottes und Sohn Gottes im Passionsbericht des Markus-Evangeliums, ZThK 50 (1953) S. 1–38.
–, Die Begründung der Herrschaft Christi über die Mächte nach Kol 1,15–20 (WuD 4), 1955, S. 79–93.
Mayer, R., Reuss, J., Die Qumranfunde und die Bibel, 1959.
Merklein, H., Zur Tradition und Komposition von Eph 2,14–18 (BZNF 17), 1973.
Meyer, A., Wer hat das Christentum begründet, Jesus oder Paulus?, 1907.
Michaelis, W., Art. πάσχω, in: ThWNT V S. 903–923.
–, Art. ὁδός, in: ThWNT V S. 79–93.
–, Art. πρωτότοκος, in: ThWNT VI S. 872–882.
Michel, O., Der Brief an die Hebräer (KEK XIII), ^{12}1966.
–, Der Brief an die Römer (KEK IV), ^{14}1978.
Moltmann, J., Der gekreuzigte Gott. Das Kreuz Christi als Grund und Kritik christlicher Theologie, 1972.

Morris, L., The Use of ἱλάσκεσθαι ect., in: Biblical Greek, ET 62 (1950/51) S. 227–233.
–, The Meaning of ἱλαστήριον in Rom 3,25, NTS 2 (1955/56) S. 33–43.
Müller, K., 1Kor 1,18–25. Die eschatologisch-kritische Funktion der Verkündigung des Kreuzes, BZ 10 (1966) S. 246–272.
–, Anstoß und Gericht. Eine Studie zum jüdischen Hintergrund des paulinischen Skandalon-Begriffes (StANT 19), 1969.
Müller, P.G., ΧΡΙΣΤΟΣ ΑΡΧΗΓΟΣ. Der religionsgeschichtliche und theologische Hintergrund einer neutestamentlichen Christusprädikation (EHS.T 23,28), 1973.
Müller, U.B., Die Geschichte der Christologie in der johanneischen Gemeinde (SBS 77), 1975.
Mussner, F., »Schichten« in der paulinischen Theologie, dargetan an 1Kor 15, BZ 9 (1965) S. 59–70.
–, Der Galaterbrief (HThK IX), 1974.
Nagel, W., Zur Problematik der Karfreitagspredigt, in: *U.Asendorf u.a.*, Die Heilsbedeutung von Kreuz und Auferstehung Jesu Christi (FuH 20), 1970, S. 29–50.
Nauck, W., Eph. 2,19–22 – ein Tauflied?, EvTh 13 (1953) S. 362–371.
Neuenzeit, P., Das Herrenmahl. Studien zur paulinischen Eucharistieauffassung (StANT 1), 1960.
Nietzsche, F., Umwertung aller Werte. Buch 1: Der Antichrist.
–, Jenseits von Gut und Böse.
Norden, E., Agnostos Theos. Untersuchungen zur Formgeschichte religiöser Rede, 1913.
Noth, M., Das 2. Buch Mose. Exodus (ATD 5), 1959.
Nygren, A., Der Römerbrief, 1951.
–, Christus, der Gnadenstuhl, in: In memoriam E.Lohmeyer, 1951, S. 89–93.
Oepke, A., Art. βάπτω, in: ThWNT I S. 527–544.
–, Irrwege in der Paulusforschung, ThLZ 77 (1952) S. 448–458.
–, Der Brief des Paulus an die Galater (ThHK 9), ²1957.
Ortkemper, F.-J., Das Kreuz in der Verkündigung des Apostels Paulus (SBS 24), 1967.
von der Osten-Sacken, P., Christologie, Taufe, Homologie – ein Beitrag zur Apokalypse Joh 1,5f, ZNW 58 (1967) S. 255–266.
Patsch, H., Abendmahl und historischer Jesus (CThM A 1), 1972.
Pax, E., Der Loskauf. Zur Geschichte eines neutestamentlichen Begriffes, Anton 37 (1962) S. 239–278.
Pelser, G.M.M., De Begrip archegos in de Brief aan de Hebreers, HTS 28 (1972) S. 86–96.
Peltzer, K., Das treffende Wort. Wörterbuch sinnverwandter Ausdrükke, ¹⁴1973.
Percy, E., Der Leib Christi (Σῶμα Χριστοῦ) in den paulinischen Homologoumena und Antilegomena (Lunds Universitets Årsskrift NF I 38, 1), 1942.
–, Die Probleme der Kolosser- und Epheserbriefe (SHVL 39), 1946.
–, Zu den Problemen des Kolosser- und Epheserbriefes, ZNW 43 (1950/51) S. 178–194.
–, Die Botschaft Jesu. Eine traditionskritische und exegetische Unter-

suchung (Lunds Universitets Årsskrift NF 49, 5), 1953.
Pesch, R., Art. Versöhnung, in: BThW II ³1967, S. 1412–1417.
–, Das Markusevangelium II (HThK II 2), 1977.
–, Das Abendmahl und Jesu Todesverständnis (QD 80), 1978, S. 137–187.
Pfister, F., Herakles und Christus (ARW 34), 1937.
Pluta, A., Gottes Bundestreue. Ein Schlüsselbegriff in Röm 3,25a (SBS 34), 1969.
Pöhlmann, W., Die hymnischen All-Prädikationen in Kol 1,15–20, ZNW 64 (1973) S. 53–74.
Pokorny, P., Epheser und gnostische Mysterien, ZNW 53 (1962) S. 160–194.
Popkes, W., Christus traditus. Eine Untersuchung zum Begriff der Dahingabe im Neuen Testament (AThANT 49), 1967.
Proksch, O., Art. λύω, in: ThWNT IV S. 329–337.
Prümm, K., Das Dynamische als Grund-Aspekt der Heilsordnung in der Sicht des Apostels Paulus (Gr 42), 1961.
Rad, G.v., Theologie des Alten Testaments, ⁶1969.
–, Das formgeschichtliche Problem des Hexateuch, Gesammelte Studien zum AT, ³1965.
Regner, F., Paulus und Jesus im 19.Jahrhundert. Beiträge zur Geschichte des Themas »Paulus und Jesus« in der neutestamentlichen Theologie (SThGG 30), 1977.
Reicke, B., The Disobedient Spirits and Christian Baptism. A Study of 1Petr 3,19 and its Context (ASNU 13), 1946.
–, Diakonia, Festfreude, Zelos, 1951.
Reimarus, H.S., Apologie oder Schutzbrief für die vernünftigen Verehrer Gottes, hg. von *G.Alexander*, I, 1972.
Rendtorff, R., Studien zur Geschichte des Opfers im Alten Israel (WMANT 24) 1967.
Rengstorf, K.H., Die Auferstehung Jésu, ⁵1967.
Rese, M., Einige Überlegungen zu Lukas 13,31–33, in: *J.Dupont*, Jésus aux origines de la christologie (BEThL 40), 1975, S. 201–225.
Reventlow, H. Graf, Rechtfertigung im Horizont des Alten Testaments (BEvTh 58), 1971.
Richter, G., Ist ἐν ein strukturbildendes Element im Logoshymnus Joh 1,1ff?, Bib. 51 (1970) S. 439–544.
Ridderbos, H., Paulus. Ein Entwurf seiner Theologie, 1970.
Rieger, P., Das Kreuz Jesu. Theologische Überlegungen (Forum 12), 1969.
–, Wie soll eine Karfreitagspredigt heute lauten?, ebd., S. 89–107.
Riesenfeld, H., Art. ὑπέρ, in: ThWNT VIII S. 510–518.
–, Art. περί, in: ThWNT VIII S. 53–56.
Riggenbach, E., Der Brief an die Hebräer (KNT 14), 1913.
Rissi, M., Die Logoslieder im Prolog des 4.Evangeliums, ThZ 31 (1975) S. 321–336.
Ritschl, A., Die christliche Lehre von der Rechtfertigung und Versöhnung II 2, 1882.
Roloff, J., Apostolat – Verkündigung – Kirche. Ursprung und Funktion des kirchlichen Apostelamtes nach Paulus, Lukas und den Pastoral-

briefen, 1965.
–, Kritische Überlegungen zur gegenwärtigen Diskussion um das Kreuz Jesu, in: *U.Asendorf u.a.*, Die Heilsbedeutung von Kreuz und Auferstehung Jesu Christi (FuH 20), 1970, S. 51–84.
–, Anfänge der soteriologischen Deutung des Todes Jesu (Mk 10,45 und Lk 22,27), NTS 19 (1972/73) S. 38–64.
–, Neues Testament (Neukirchener Arbeitsbücher), 1977.²1979.
Rost, L., Einleitung in die alttestamentlichen Apokryphen und Pseudepigraphen einschließlich der großen Qumran-Handschriften, 1971.
Ruckstuhl, E., Die literarische Einheit des Johannes-Evangeliums, in: Der gegenwärtige Stand der einschlägigen Forschungen (SF 3), 1951.
Rudolph, K., Randerscheinungen des Judentums und das Problem der Entstehung des Gnostizismus, in: *K.Rudolph*, Gnosis und Gnostizismus (WdF 262), 1975, S. 768–797.
–, Stand und Aufgaben der Forschung des Gnostizismus, ebd., S. 510–553.
–, Die Gnosis. Wesen und Geschichte einer spätantiken Religion, 1977.
Sabourin, L., Redemptio nostra et sacrificium Christi, VD 41 (1963) S. 154–174.
Sanday, W., Headlam, A.C., The Epistle to the Romans (ICC), ⁵1902.
Sanders, J.T., Hymnic Elements in Eph. 1–3, ZNW 56 (1965) S. 214–232.
Sasse, H., Art. κόσμος, in: ThWNT III S. 867–896.
Sauter, G., Versöhnung und Vergebung. Die Frage der Schuld im Horizont der Christologie, EvTh 36 (1976) S. 34–52.
Schattenmann, J., Studien zum neutestamentlichen Prosahymnus, 1965.
Schelkle, Die Passion Jesu in der Verkündigung des Neuen Testaments. Ein Beitrag zur Formgeschichte und zur Theologie des Neuen Testaments, 1949.
–, Die Petrusbriefe, der Judasbrief (HThK XIII), ²1961.
–, Die Gemeinde von Qumran und die Kirche des Neuen Testaments, ²1965.
–, Theologie des Neuen Testaments II. Gott war in Christus, 1973.
Schenke, H.M., Gott und Mensch in der Gnosis, 1962.
–, Der Widerstreit gnostischer und kirchlicher Christologie im Spiegel des Kolosserbriefes, ZThK 61 (1964) S. 391–403.
–, Die Gnosis, in: *J.Leipoldt* und *W.Grundmann*, Umwelt des Urchristentums I. Darstellung des neutestamentlichen Zeitalters, 1965, S. 370–415.
–, Die neutestamentliche Christologie und der gnostische Erlöser, in: *K.W.Tröger*, Gnosis und Neues Testament. Studien aus Religionswissenschaft und Theologie, 1973, S. 205–229.
Schierse, F.J., Verheißung und Heilsvollendung. Zur theologischen Grundfrage des Hbr (MThS I 9), 1955.
Schille, G., Das Leiden des Herrn. Die evangelische Passionstradition und ihr »Sitz im Leben«, ZThK 52 (1955) S. 161–205.
–, Frühchristliche Hymnen, ²1962.
–, Die Liebe Gottes im Christentum, ZNW 59 (1968) S. 230–244.
Schillebeeckx, E., Jesus. Die Geschichte von einem Lebenden, ⁶1978.

Schimmel, A., Art. Opfer, in: RGG³ IV Sp. 1637–1641.
Schlatter, A., Jesu Gottheit und das Kreuz (BFChTh 5,5), 1901.
–, Erläuterungen zum Neuen Testament II, 1909.
–, Die Theologie des Neuen Testaments II. Die Lehre der Apostel, 1910.
–, Der Evangelist Matthäus. Seine Sprache, sein Ziel, seine Selbständigkeit, 1929.
–, Der Evangelist Johannes, 1930.
–, Das Evangelium des Lukas, 1931.
–, Gottes Gerechtigkeit. Ein Kommentar zum Römerbrief, 1935.
–, Petrus und Paulus nach dem 1. Petrusbrief, 1937.
–, Rückblick auf meine Lebensarbeit, 1952.
–, Jesus und Paulus, ³1961.
Schlier, H., Kerygma und Sophia. Zur neutestamentlichen Grundlegung des Dogmas, in: Die Zeit der Kirche, 1956. ⁵1972, S. 206–232.
–, Der Brief an die Epheser, ²1958.
–, Der Brief an die Galater (KEK VII), ¹³1965.
–, Im Anfang war das Wort, in: Die Zeit der Kirche, 1956. ⁵1972, S. 274–287.
–, Zu Römer 1,3f., in: Festschr. Cullmann, 1972, S. 207–218.
–, Der Römerbrief (HThK VI), 1977.
Schmiedel, P.W., Die Briefe an die Korinther (HC), ²1893.
Schmidt, H.W., Das Kreuz Christi bei Paulus, ZSTh 21 (1950/52) S. 145–159.
–, Der Brief des Paulus an die Römer (ThHK VI), 1962.
Schmidt, K.L., Der Todesprozeß des Messias Jesus, Jud 1 (1945) S. 1–39.
–, Art. Abendmahl, in: RGG² II Sp. 6–16.
Schmithals, W., Das kirchliche Apostelamt. Eine historische Untersuchung, 1961.
–, Zur Herkunft der gnostischen Elemente in der Sprache des Paulus, in: Festschr. H.Jonas, 1978, S. 385–414.
–, Das Evangelium nach Markus (Ökumenischer Taschenbuch-Kommentar zum NT 2,2), 1979.
–, Der Prolog des Johannesevangeliums, ZNW 70 (1979) S. 16–43.
Schmitz, O., Die Opferanschauung des späteren Judentums und die Opferaussagen des Neuen Testaments, 1910.
Schnackenburg, R., Logoshymnus und johanneischer Prolog, BZ NF 1 (1957) S. 69–109.
–, Das Johannesevangelium I (HThK IV 1), 1965.
–, Das Johannesevangelium II, ebd., 1971.
–, Die Aufnahme des Christushymnus durch den Verfasser des Kolosserbriefes (EKK 1), 1969.
–, Ist der Gedanke des Sühnetodes Jesu der einzige Zugang zum Verständnis unserer Erlösung durch Jesus Christus?, in: *K.Kertelge*, Der Tod Jesu. Deutungen im NT (QD 74), 1976, S. 205–225.
Schneider, G., Neuschöpfung und Wiederkehr, 1961.
Schneider, J., Die Passionsmystik des Paulus. Ihr Wesen, ihr Hintergrund und ihre Nachwirkungen (UNT 15), 1929.
–, Die Taufe im Neuen Testament, 1952.
–, Der Hebräerbrief (BhG 16), 1954.
–, Die Kirchenbriefe (NTD 10), ²1967.

–, Art. σταυρός, in: ThWNT VII S. 572–580.
Schniewind, J., Die Botschaft Jesu und die Theologie des Paulus, Nachgelassene Reden und Aufsätze, 1952, S. 16–37.
–, Die Archonten dieses Äons 1Kor 2,6–8, ebd., S. 104–109.
–, Die Leugner der Auferstehung in Korinth, ebd., S. 110–139.
–, Das Evangelium nach Markus (NTD 1), [10]1963.
Schoeps, H.J., Die jüdischen Prophetenmorde, in: Aus frühchristlicher Zeit, 1950, S. 126–143.
–, Paulus. Die Theologie des Paulus im Lichte der jüdischen Religionsgeschichte, 1959.
–, Zur Standortbestimmung der Gnosis, in: *K.Rudolph*, Gnosis und Gnostizismus (WdF 262), 1975, S. 463–475.
Schrage, W., Das Verständnis des Todes Jesu Christi im Neuen Testament, in: *F. Viering*, Das Kreuz Jesu Christi als Grund des Heils, 1967, S. 51–89.
–, Römer 3,21–26 und die Bedeutung des Todes Jesu Christi bei Paulus, in: *P.Rieger*, Das Kreuz Jesu (Forum 12), 1969, S. 65–88.
–, Die katholischen Briefe (NTD 10), 1973.
–, Leid, Kreuz und Eschaton. Die Peristasen-Kataloge als Merkmale paulinischer theologia crucis und Eschatologie, EvTh 34 (1974) S. 141–175.
Schreiber, J., Theologie des Vertrauens. Eine redaktionsgeschichtliche Untersuchung des Markus-Evangeliums, 1967.
Schreiner, J., Führung. Thema der Heilsgeschichte im Alten Testament, BZ 5 (1961) S. 2–18.
Schrenk, G., Art. προγράφω, in: ThWNT I S. 771f.
–, Art. δίκαιος κτλ., in: ThWNT II S. 184–229.
–, Die Geschichtsanschauung des Paulus auf dem Hintergrund seines Zeitalters, in: Studien zu Paulus (AThANT 26), 1954, S. 49–80.
Schubert, K., Die Messiaslehre in den Texten von Chirbet Qumran, BZ NF 1 (1957) S. 177–197.
–, Die Gemeinde vom Toten Meer. Ihre Entstehung und ihr Leben, 1958.
Schürmann, H., Jesu ureigener Tod. Exegetische Besinnungen und Ausblick, 1975.
–, Jesu ureigenes Todesverständnis. Bemerkungen zur »impliziten Soteriologie« Jesu, in: Festschr. H. Zimmermann (BBB 53), 1980, S. 273–309.
Schulz, A., Nachfolgen und Nachahmen. Studien über das Verhältnis der neutestamentlichen Jüngerschaft zur urchristlichen Vorbildethik (StANT 6), 1962.
Schulz, S., Die Komposition des Johannesprologs und die Zusammensetzung des 4. Evangeliums (StEv TU 73), 1959, S. 351–362.
–, Komposition und Herkunft der johanneischen Reden (BWANT 81), 1960.
–, Die Stunde der Botschaft. Einführung in die Theologie der vier Evangelien, 1967.
–, Q. Die Spruchquelle der Evangelien, 1972.
–, Das Evangelium nach Johannes (NTD 4), [3]1978.
Schweizer, E., Die Urchristenheit als ökumenische Gemeinschaft,

EvTh 10 (1950/51) S. 273–288.
–, Erniedrigung und Erhöhung bei Jesus und seinen Nachfolgern (AThANT 28), 1962.
–, Der Menschensohn, in: Neotestamentica, 1963, S. 56–84.
–, Die historisch-kritische Bibelwissenschaft und die Verkündigungsaufgabe der Kirche, ebd., S. 136–149.
–, Römer 1,3f und der Gegensatz von Fleisch und Geist vor und bei Paulus, ebd., S. 180–189.
–, Die Kirche als Leib Christi in den paulinischen Antilegomena, ebd., S. 293–316.
–, Two New Testament Creeds Compared. 1 Cor 15,3–5 and 1 Tim 3,16, ebd., S. 122–135.
–, Die »Mystik« des Sterbens und Auferstehens mit Christus bei Paulus, EvTh 26 (1966) S. 239–257.
–, Jesus Christus im vielfältigen Zeugnis des Neuen Testaments, 1968.
–, Ökumene im Neuen Testament. Der Glaube an den Sohn Gottes, in: Beiträge zu Theologie, 1970, S. 97–111.
–, Kolosser 1,15–20, ebd., S. 113–145.
–, Der Brief an die Kolosser (EKK), 1976.
–, Das Evangelium nach Markus (NTD 1), ^{5}1978.
–, Art. σῶμα, in: ThWNT VII S. 1043–1091.
–, Art. υἱός, in: ThWNT VIII S. 364–395.
Seeberg, A., Der Katechismus der Urchristenheit, 1903.
–, Der Brief an die Hebräer, 1912.
Seidensticker, P., Lebendiges Opfer (Röm 12,1). Ein Beitrag zur Theologie des Apostels Paulus (NTA 20,1–3), 1954.
–, Die Auferstehung Jesu in der Botschaft der Evangelien. Ein traditionsgeschichtlicher Versuch zum Problem der Sicherung der Osterbotschaft in der apostolischen Zeit (SBS 26), 1967.
Sjoeberg, E., Gott und die Sünder im palästinischen Judentum nach dem Zeugnis der Tannaiten und der apokryphisch-pseudepigraphischen Literatur (BWANT IV 27), 1939.
–, Der verborgene Menschensohn in den Evangelien (Acta Reg. Societatis Humaniorum Litterarum Lundensis 53), 1955.
Snaith, H.N., I believe in . . ., 1949.
Spicq, C., Notes de Lexicographie Neo-Testamentaire I (OBO 22,1), 1948.
Stählin, G., Art. φιλέω, in: ThWNT IX S. 112–169.
Stalder, K., Die Heilsbedeutung des Todes Jesu in den lukanischen Schriften, IKZ 52 (1962) S. 222–242.
Stauffer, E., Jerusalem und Rom im Zeitalter Jesu, 1957.
Steck, O.H., Israel und das gewaltsame Geschick der Propheten. Untersuchungen zur Überlieferung des deuteronomistischen Geschichtsbildes im Alten Testament, Spätjudentum und Urchristentum (WMANT 23), 1967.
Strack, H.L., Billerbeck, P., Kommentar zum Neuen Testament aus Talmud und Midrasch I–IV, ^{7}1978f.
Strathmann, H., Das Evangelium nach Johannes (NTD 4), ^{11}1968.
–, Der Brief an die Hebräer (NTD 9), ^{10}1970.
Strecker, G., Die Leidens- und Auferstehungsvoraussagen im Markus-

evangelium (Mk 8,31; 9,31; 10,32–34), ZThK 64 (1967) S. 16–39.
–, Befreiung und Rechtfertigung. Zur Stellung der Rechtfertigungslehre in der Theologie des Paulus, in: Festschr. E.Käsemann, 1976, S. 479–508.
Strobel, A., Die Deutung des Todes Jesu im ältesten Evangelium, in: *P.Rieger,* Das Kreuz Jesu (Forum 12), 1969, S. 32–64.
–, Die Passa-Erwartung als urchristliches Problem in Lc 17,20f, ZNW 49 (1958) S. 157–196.
–, Kerygma und Apokalyptik. Ein religionsgeschichtlicher und theologischer Beitrag zur Christologie, 1967.
Stuhlmacher, P., Gerechtigkeit Gottes bei Paulus, 1966.
–, Theologische Probleme des Römerbrief-Praescripts, EvTh 27 (1967) S. 374–389.
–, Erwägungen zum ontologischen Charakter der καινὴ κτίσις bei Paulus, ebd., S. 1–35.
–, Das paulinische Evangelium I. Vorgeschichte (FRLANT 95), 1968.
–, Das Ende des Gesetzes. Über Ursprung und Ansatz der paulinischen Theologie, ZThK 67 (1970) S. 14–39.
–, Theologische Probleme gegenwärtiger Paulusinterpretation, ThLZ 98 (1973) S. 721–732.
–, »Er ist unser Friede« (Eph 2,14). Zur Exegese und Bedeutung von Eph 2,14–18, in: Festschr. R.Schnackenburg, 1974, S. 337–358.
–, Jesus als Versöhner. Überlegungen zum Problem der Darstellung Jesu im Rahmen einer biblischen Theologie des Neuen Testaments, in: Festschr. H.Conzelmann, 1975, S. 87–104.
–, Zur neueren Exegese von Römer 3,24–26, in: Festschr. W.G.Kümmel, 1975, S. 315–333.
–, Das Bekenntnis zur Auferstehung Jesu von den Toten und die biblische Theologie, in: Schriftauslegung auf dem Wege zur biblischen Theologie, 1975, S. 128–166.
–, 18 Thesen zur paulinischen Kreuzestheologie, in: Festschr. E.Käsemann, 1976, S. 509–529.
–, Zur paulinischen Christologie, ZThK 74 (1977) S. 449–463.
–, Zum Thema: Biblische Theologie des Neuen Testaments, in: *K.Haacker,* Biblische Theologie heute. Einführungen-Beispiele-Kontroversen (BThSt 1), 1977, S. 1–36.
–, Das Evangelium von der Versöhnung in Christus, 1979.
–, Vom Verstehen des Neuen Testaments (NTD. E 6), 1979.
–, Existenzstellvertretung für die Vielen: Mk 10,45 (Mt 20,28), in: Festschr. C.Westermann, 1980, S. 412–427.
Talbert, Ch.H., Luke and the Gnostics, 1966.
–, A Non-Pauline Fragment at Romans 3,24–26?, JBL 85 (1966) S. 287–296.
Theissen, G., Untersuchungen zum Hebräerbrief (StNT 2), 1969.
Thornton, T.C.G., The Meaning of καὶ περὶ ἁμαρτίας in Rom 8,3, JThSt 22 (1971) S. 515–517.
Thyen, H., Studien zur Sündenvergebung im Neuen Testament und seinen alttestamentlichen und jüdischen Voraussetzungen (FRLANT 96), 1970.
–, Aus der Literatur zum Johannes-Evangelium, ThR 39 (1974) S.

1–69.222–252.
Titius, A., Die neutestamentliche Lehre von der Seligkeit und ihre Bedeutung für die Gegenwart II: Der Paulinismus unter dem Gesichtspunkt der Seligkeit, 1900.
Tödt, H.E., Der Menschensohn in der synoptischen Überlieferung, ²1963.
Toit, A.B.du, Der Aspekt der Freude im urchristlichen Abendmahl, 1965.
Torrey, Ch.C., The Date of the Crucifixion According to the Fourth Gospel, JBL 50 (1931) S. 227–241.
Tzaferis, V., Jewish Tombs at and near Giv'at ha–Mivtar, Jerusalem, IEJ 20 (1970) S. 18–32.
Vielhauer, Ph., Art. Erlösung, in: RGG³ II Sp. 588–590.
–, Zum »Paulinismus« der Apostelgeschichte, in: Aufsätze zum NT (TB 31), 1965, S. 9–27.
–, Ein Weg zur neutestamentlichen Christologie? Prüfung der Thesen Ferdinand Hahns, ebd., S. 141–198.
–, Art. Erlöser, in: RGG³ II Sp. 579–584.
–, Oikodome. Aufsätze zum Neuen Testament II (TB 65), 1979, S. 3–168.
Viering, F., (Hg.), Zur Bedeutung des Todes Jesu. Exegetische Beiträge von *E.Käsemann, H.Conzelmann, E.Haenchen, E.E.Flessemann-van Leer, E.Lohse*, 1967.
–, (Hg.), Das Kreuz Jesu Christi als Grund des Heils, Beiträge von *E.Bizer, J.F.J.Goeters, W.Schrage, W.Kreck, W.Fürst*, 1967.
–, Der Kreuzestod Jesu. Interpretation eines theologischen Gutachtens, ²1970.
Vögtle, A., Art. Blut, in: LThK² II S. 539–541.
–, Das Neue Testament und die Zukunft des Kosmos, 1970.
–, Geschichte des Urchristentums, in: *R.Kottje* und *B.Möller*, Ökumenische Kirchengeschichte I. Alte Kirche und Ostkirche, 1970.
–, Todesankündigung und Todesverständnis Jesu, in: *K.Kertelge*, Der Tod Jesu. Deutungen im NT (QD 74), 1976, S. 51–113.
Voss, G., Die Christologie der lukanischen Schriften in Grundzügen (SN 2), 1965.
Vriezen, Th., Theologie des Alten Testaments in Grundzügen, 1957.
Wagenführer, M.A., Die Bedeutung Christi für Welt und Kirche, Studien zum Kolosser- und Epheserbrief, 1941.
Wagner, G., Das religionsgeschichtliche Problem von R 6, 1–11 (AThANT 39), 1962.
Walther, G., Jesus, das Passalamm des neuen Bundes, 1950.
Weber, O., Grundlagen der Dogmatik II, 1962.
–, Das dogmatische Problem der Versöhnungslehre, EvTh 26 (1966) S. 258–272.
Wegenast, K., Das Verständnis der Tradition bei Paulus und in den Deuteropaulinen (WMANT 8), 1962.
Weiß, H.F., Untersuchungen zur Kosmologie des hellenistischen und palästinischen Judentums (TU 97), 1966.
–, Gnostische Motive und antignostische Polemik im Kolosser- und Epheserbrief, in: *K.W.Tröger*, Gnosis und Neues Testament. Studien

aus Religionswissenschaft und Theologie, 1973, S. 311–324.
Weiß, J., Der 1. Korintherbrief (KEK V), ⁹1910.
–, Die drei älteren Evangelien, SNT, ³1917.
–, Das Urchristentum, 1917.
Weinel, H., Biblische Theologie des Neuen Testaments, ⁴1928.
Wellhausen, J., Das Evangelium Lucae, 1904.
Wendland, H.D., Die Mitte der paulinischen Botschaft. Die Rechtfertigungslehre des Paulus im Zusammenhang seiner Theologie, 1935.
Wendland, P., σωτήρ, ZNW 5 (1904) S. 335–353.
–, Die hellenistisch-römische Kultur in ihren Beziehungen zu Judentum und Christentum, ³1912.
Wengst, K., Christologische Formeln und Lieder des Urchristentums, ²1973.
Wennemer, K., 'ΑΠΟΛΎΤΡΩΣΙΣ Röm 3,24–25a, in: Studiorum Paulinorum Congressus Internationalis Catholicus 1961 I (An Bib 17.18), 1963, S. 283–288.
Weth, R., Heil im gekreuzigten Gott, EvTh 31 (1971) S. 227–244.
Whiteley, D.H.E., St. Paul's Thought on the Atonement, JThSt NS 8 (1957) S. 240–255.
Wiencke, G., Paulus über Jesu Tod. Die Deutung des Todes Jesu bei Paulus und ihre Herkunft (BFChTh II 42), 1939.
Wikenhauser, A., Die Kirche als der mystische Leib Christi nach dem Apostel Paulus, ²1940.
–, Das Evangelium nach Johannes (RNT 4), 1948.
Wilckens, U., Kreuz und Weisheit, KuD 3 (1957) S. 77–108.
–, Weisheit und Torheit. Eine exegetisch-religionsgeschichtliche Untersuchung zu 1Kor 1 und 2 (BhTh 26), 1959.
–, Der Ursprung der Überlieferung der Erscheinungen des Auferstandenen, in: Zur traditionsgeschichtlichen Analyse von 1Kor 15,1–11, in: *W.Joest* u. *W.Pannenberg*, Dogma und Denkstrukturen, 1963, S. 56–95.
–, Das Offenbarungsverständnis in der Geschichte des Urchristentums, in: *W.Pannenberg*, Offenbarung als Geschichte, ²1963, S. 42–90.
– Die Überlieferungsgeschichte der Auferstehung Jesu, in: *F.Viering*, Die Bedeutung der Auferstehungsbotschaft für den Glauben an Jesus Christus, 1968, S. 41–63.
–, Zur Rechtfertigungslehre des Paulus, in: *H.Förster*, Reformation heute, 1967, S. 9–40.
–, Die Missionsreden der Apostelgeschichte. Form- und traditionsgeschichtliche Untersuchungen (WMANT 5), ³1974.
–, Der Brief an die Römer (EKK VI/1), 1978.
Wilson, R.McL., Gnosis und Neues Testament (Urban-Taschenbücher 118), 1971.
Windisch, H., Der zweite Korintherbrief (KEK 6), ⁹1924.
–, Der Hebräerbrief (HNT 14), ²1931.
–, Zur Christologie der Pastoralbriefe, ZNW 34 (1935) S. 213–238.
–, *Preisker, H.*, Die katholischen Briefe (HNT 15), ³1951.
Wolff, H.W., Jesaja 53 im Urchristentum, ³1952.
Wolter, M., Rechtfertigung und zukünftiges Heil. Untersuchungen zu Röm 5,1–11 (BZNW 43), 1978.

Woude, A.S. van der, Die messianischen Vorstellungen der Gemeinde von Qumran (SSN 3), 1957.
Wrede, W., Paulus, ²1907.
Wrege, H.Th., Die Gestalt des Evangelisten. Aufbau und Struktur der Synoptiker sowie der Apostelgeschichte (BBE 11), 1978.
Yadin, Y., Pesher Nahum (4 A p Nahum) reconsidered, IEJ 21 (1971) S. 1–12.
Zahn, Th., Das Evangelium des Johannes (KNT IV), ²1908.
–, Der Brief des Paulus an die Römer (KNT VI), ²1910.
Zeilinger, F., Der Erstgeborene der Schöpfung. Untersuchungen zur Formalstruktur und Theologie des Kolosserbriefes, 1974.
Zeller, D., Sühne und Langmut. Zur Traditionsgeschichte von Röm 3,24–26, ThPh 43 (1968) S. 51–75.
Zimmermann, H., Das Bekenntnis der Hoffnung. Tradition und Redaktion im Hebräerbrief (BBB 47), 1977.
–, Neutestamentliche Methodenlehre, ⁴1974.
–, Christushymnus und johanneischer Prolog, in: Festschr. R. Schnackenburg, 1974, S. 249–265.